Rüdiger Götte

Das 1x1 des Portfoliomanagementes

Ein Lehr- und Arbeitsbuch
für Anfänger und Fortgeschrittene

Rüdiger Götte

DAS 1x1 DES PORTFOLIOMANAGEMENTES

Ein Lehr- und Arbeitsbuch
für Anfänger und Fortgeschrittene

ibidem-Verlag
Stuttgart

Bibliografische Information Der Deutschen Bibliothek

Die Deutsche Bibliothek verzeichnet diese Publikation in der Deutschen Nationalbibliografie; detaillierte bibliografische Daten sind im Internet über <http://dnb.ddb.de> abrufbar.

∞

Gedruckt auf alterungsbeständigem, säurefreien Papier
Printed on acid-free paper

ISBN: 3-89821-442-7

Printed in Germany

Vorwort

Durch die sich abzeichnende Rentenkrise gewinnen Vorsorge und private Vermögensbildung zunehmend an Bedeutung, getreu dem Motto: »*Es ist nie zu früh, an später zu denken.*« Daher sollte ein Anleger, der sich ein Vermögen aufbauen möchte, selbst in der Lage sein, Chancen und Risiken der Anlageprodukte beurteilen zu können.

Dieses Buch gibt dem Anleger die dazu notwendigen Instrumentarien zur Hand. Eines der wichtigsten Instrumentarien, mit dem sich der Anleger selbst ein Depot aus Aktien und Anleihen zusammenstellen kann, ist das Portfoliomanagement.

Kein Anleger muss vor dem Wort „Portfoliomanagement" angstvoll zusammenzucken. Jeder kann sich die Grundlagen des Portfoliomanagementes aneignen – es handelt sich schließlich nicht um eine Geheimwissenschaft. Es ist vielmehr wie das Erlernen eines Handwerkes ein Weg der Zeit erfordert und Mühe kostet. Den Weg dazu müssen Sie – wie bei jedem anderen Lernprozess – selber gehen. Mit diesem Buch möchte ich Ihnen dabei Hilfestellung leisten.

Dabei lege ich besonderen Wert darauf, dass die Berechnung und die Interpretation der wesentlichen Zielgrößen – Risiko und Rendite einer Investition in Aktien oder Anleihen – besonders leicht verständlich dargestellt wird. Der Investor lernt, seine Investitionen zwecks Risikominderung gezielt zu streuen. Kurz gesagt: Der Anleger wird mit Hilfe dieses Buches lernen, sein Depot selbst zu managen.

Für die freundliche Unterstützung bei den Recherchearbeiten zum vorliegenden Buch möchte ich Diplom-Ingenieur Hans-Jürgen Götte danken.

Dr. Rüdiger Götte

Inhaltsverzeichnis

Abbildungsverzeichnis

Tabellenverzeichnis

1. Einleitung

Benjamin Franklin sagte einmal: *»Der Weg zum Reichtum liegt hauptsächlich in zwei Wörtern: Arbeit und Sparsamkeit.«*

Sparen allein reicht aber nicht aus, die Ersparnisse müssen auch sinnvoll investiert werden. Rentabilität, Sicherheit und Liquidität sind die wichtigsten Kriterien, die der Anleger bei der Beurteilung einer Geldanlage berücksichtigen sollte. Doch leider bewegen sich Rendite und Sicherheit im Regelfall gegenläufig, d.h., dass eine hohe Rendite nur zu erzielen ist, wenn man auch bereit ist, ein höheres Risiko einzugehen.

Genau an diesem Punkt setzt die moderne Finanztheorie an. Sie geht davon aus, dass durch eine angemessene Mischung verschiedener Anlageformen in einem Depot das Verhältnis zwischen Rendite und Risiko deutlich verbessert werden kann.

Anliegen dieses Buches ist nicht die Beschreibung der Vielzahl der unterschiedlichen Anlageformen. Vielmehr möchte ich Ihnen knapp, präzise und verständlich das Spektrum der Möglichkeiten, sein Geld in Aktien und Anleihen zu investieren, darstellen. Hierbei kommt es nicht darauf an, die einzige »optimale Aktie« oder die »unübertreffliche Anleihe« zu finden, wichtiger ist eine optimale Mischung des Depots aus Aktien und Anleihen. Schließlich gilt auch hier der Spruch von Bertold Auerbach: *»Geld erwerben erfordert Klugheit und Geld bewahren erfordert Weisheit.«* Letztlich ist es oftmals klüger und rentabler, ein paar Stunden über sein Geld nachzudenken, als einen ganzen Monat für sein Geld zu arbeiten.

Darum versuche ich, Ihnen in leicht verständlicher, mathematisch nicht überfrachteter Form die moderne Portfoliotheorie zu erläutern. Dazu möchte ich Ihnen ein Werkzeug zur Hand geben, mit dem sie ein optimales Depot aus Aktien und Anleihen zusammenstellen und pflegen können.

Am Rande sei noch erwähnt, dass das hier vorgestellte Vorgehen der strukturierten Depotgestaltung (die so genannte Asset Allocation) von vielen professionellen Portfoliomanagern bei Fonds und Banken angewendet wird.

1.1. Die Geschichte der Brüder Dumm und Clever

Ich habe lange überlegen müssen, wie ich Sie als Leser an dieses hochinteressante Thema heranführe. Dann erinnerte ich mich an einen Spruch von Romeo Kreinberg: »*Es ist besser, aus der Erfahrung anderer als aus eigener Erfahrung zu lernen. Das kostet weniger Geld und weniger Zeit. Je mehr man von anderen lernen kann, desto billiger ist die eigene Erfahrung.*«

Darum möchte ich Ihnen die Portfoliotheorie anhand der Geschichte der Brüder Dumm und Clever[1] erläutern. Beide Brüder erbten von ihrer Patentante jeweils 100.000 Euro. Die Brüder erhielten aus ihrem Bekanntenkreis viele mehr oder minder nützliche Anlagetipps: Kauft Immobilien, die sind inflationsunabhängig! Kauft Bundesobligationen und Schatzbriefe, die bringen viele Zinsen! Kauft Aktien, die bringen die höchste Rendite! Bisher hatten sich die beiden Brüder nie Gedanken um eine Geldanlage machen müssen, weil sie einfach nicht viel anzulegen hatten.

Der Bruder Dumm wollte das Geld auf eigene Faust anlegen und sein Glück an der Börse versuchen. Gerade zu diesem Zeitpunkt schien an der Börse der Traum vom großen Geld und einem Leben in Reichtum und Luxus leicht realisierbar zu sein. Schließlich waren Kurssteigerungen von mehreren hundert Prozentpunkten bis ins Frühjahr 2001 am Neuen Markt eher die Regel als die Ausnahme.

Dagegen ließ sich Clever nicht verwirren. Er wusste, dass er sich bei einer solchen Anlagesumme unbedingt von kompetenter Stelle beraten lassen musste. Deswegen suchte Clever einen Anlageberater auf und schilderte ihm sein Problem. Der Anlageberater beabsichtigte, ihm zunächst einmal eine kurze Einführung in die zwei wichtigen Anlageklassen Anleihen und Aktien geben. Daraufhin fragte Clever: „Warum soll ich meine Zeit mit so etwas Langweiligen verschwenden?" Der Anlageberater antwortete ihm mit einem Zitat von Dieter Hildebrandt: »*Menschen, denen man die Information entzieht, macht man damit unfähig, sich selbst zu helfen.*« Clever stand also vor der Wahl, sich bei seinen Anlageentscheidungen voll und ganz auf Fremde zu verlassen oder sich Informationen anzueignen, damit er sich selbst ein Bild machen konnte. Er entschied sich dafür, ein Wissender zu werden. Der Anlageberater bestärkte Clever: „Es gibt ein schönes chinesisches Sprichwort, das genau zu Ihrer Situation passt: »*Willst du einem armen Menschen helfen, dann schenke, ihm einem*

[1] Die vorgestellten Portfolios sind lediglich Beispiele und keineswegs in die Gegenwart übertragbar.

Fisch. Aber willst du einem armen Menschen wirklich helfen, dann bringe ihm das Angeln bei.« Und genau das werde ich nun tun."

2. Einführung in Aktien und Anleihen

2.1 Was sind Anleihen?

Gestatten, mein Name ist Bond (englisch für Anleihe). Was dann folgt, ist weder geschüttelt noch gerührt, wie die Fans des englischen Spions James Bond erwarten würden, sondern eine Anlagemöglichkeit, die sich durch starkes Wachstum und gute Diversifikationsmöglichkeiten in unterschiedliche Branchen und Bonitätsklassen auszeichnet. Doch was sind eigentlich Anleihen?

Vereinfacht ausgedrückt gibt der Anleger dem Emittenten[2] beim Kauf einer Anleihe ein Darlehen, das zu einem vorab festgelegten Zinssatz verzinst wird. Zum Ende der Laufzeit der Anleihe bekommt der Investor in der Regel den Nennwert der Anleihe ausgezahlt. Da Anleihen meistens börsennotierte Wertpapiere sind, kann der Anleger sich während der Laufzeit zu jedem beliebigen Zeitpunkt von seiner Anleihe trennen, indem er die Anleihe über die Börse verkauft. Anleihen werden von den unterschiedlichsten Emittenten ausgegeben. Die Wichtigsten sind Banken, Bund, Bundesländer, Hypothekenbanken und Industrieunternehmen. Die Laufzeit der meisten Anleihen schwankt zwischen einem und dreißig Jahren. Zudem ist die Anleihe eine äußert vielseitige Anlageform mit einer schier unerschöpflichen Variationsvielfalt. Um dieses Kapitel nicht zu ermüdend zu machen, stelle ich Ihnen nur die wichtigsten Anleiheformen vor:

- Unter einer Bundesanleihe versteht man die langfristige börsengehandelte Schuldverschreibung der Bundesrepublik Deutschland mit einer Laufzeit von 10 bis 30 Jahren. Demgegenüber stehen die Bundesobligationen mit einer Laufzeit von 5 Jahren – man kann auch von einer kurzfristigen Variante der Bundesanleihen sprechen. Beide Anleihen sind mit einem festen Nominalzins ausgestattet und die Ausgabepreise sind variabel. Zudem werden diese Anleihen zum Nennwert zurückgezahlt.
- Bundesschatzbriefe sind mittelfristige Schuldverschreibungen der Bundesrepublik Deutschland. Sie sind mit einem Festzins ausgestattet, der im Verlauf der Anlagezeit steigt. Außerdem können Bundesschatzbriefe nicht an der Börse verkauft

werden. Dafür können Sie bis zu einer monatlichen Obergrenze von 5.000 Euro an den Bund zurückgegeben werden. Es werden zwei Arten von Bundesschatzbriefen emittiert. Typ A hat eine Laufzeit von 6 Jahren und die Emission und Rückzahlung erfolgt zum Nennwert. Die Zinsen werden dabei jährlich nachträglich gezahlt. Typ B hat eine Laufzeit von 7 Jahren und die Anleihe wird zum Nennwert ausgegeben. Dabei werden die Zinsen während der Laufzeit angesammelt und zusammen mit dem Kapital bei Fälligkeit ausgezahlt.

- Industrieanleihen werden von Unternehmen ausgegeben und sind meistens mit einem etwas höheren Zinssatz als Anleihen öffentlicher Emittenten versehen.
- Fremdwährungsanleihen weisen ein Währungsrisiko auf. Bei Rückzahlung des Anleihebetrages kann es deshalb vorkommen, dass der Wert der Anleihewährung unter dem ursprünglichen Kurs liegt und die Anleihe damit an Wert verliert. Demgegenüber steht aber auch die Gewinnchance, wenn die Anleihewährung gegenüber dem Euro an Wert gewinnt. Gleiches gilt natürlich für die Zinszahlungen.
- Bei einem Zerobond erhält der Anleger während der Laufzeit keine Zinszahlungen. Deswegen werden Zerobonds im Normalfall mit einem hohen Abschlag emittiert und zum Tilgungszeitpunkt zum Kurs von 100 % zurückgezahlt. Dieser Abschlag stellt dann die Zinsen dar.
- Anleihen mit variablen Zinsen gewähren keinen festen sondern einem variablen Zinsertrag. Solche Anleihen werden auch als Floating Rate Notes bezeichnet. Die Zinsen werden meistens in regelmäßigen Abständen angepasst.

Wie Sie sehen sind die Ausstattungsmöglichkeiten einer Anleihe unbegrenzt und werden von den soeben dargestellten Anleihearten noch lange nicht vollständig abgedeckt. Daher sollte jeder Anleger sich sehr genau über die Konditionen und Merkmale der Anleihe seiner Wahl informieren.

Besonderes wichtig für die Rendite einer Anleihe ist die Bonität des Emittenten. Grob gesagt drückt die Bonität eines Emittenten das Vertrauen der Marktteilnehmer in seine Fähigkeit aus, Zinsen und Tilgungsverpflichtungen zu zahlen. Deswegen gilt: Je höher die Bonität eines Emittenten, um so geringer die Rendite bzw. der Zinssatz einer Anleihe. Im Umkehrschluss bedeutet dies, dass ein Emittent mit schlechterer Bonität eine hohe Rendite bieten muss, um überhaupt noch einen Kapitalgeber zu finden.

---

[2] Der Emittent gibt die Anleihen aus. Er wird auch als Schuldner bezeichnet.

Nur in Ausnahmefallen ist die Rendite einer Anleihe identisch mit dem Zinssatz[3] der Anleihe, da es eine Differenz zwischen dem Nennwert, auf den sich der Zinssatz bezieht, und dem Kurswert gibt, zu dem der Anleger die Anleihe kauft.

Welchen Preis bzw. Kurs ein Investor für eine Anleihe zahlen muss bzw. bekommt, hängt von der Verzinsung und Laufzeit der Anleihe ab. Deshalb kommt es zu einer Differenz zwischen dem Nennwert der Anleihe und dem gehandelten Preis bzw. Kurswert. Wartet ein Anleger bis zur Tilgung, so erhält er grundsätzlich den Nennwert der Anleihe ausgezahlt. Bei einem unerwarteten Liquiditätsbedarf des Investors kann er die meisten Anleihen direkt an der Börse verkaufen.

2.2. Aktien

Schon Gottfried Heller erkannte: *»Als Daueranleger in Geldwerten (Festgeld, Festverzinsliche etc.) kommen Sie langfristig auf keinen grünen Zweig. Sitzfleisch zahlt sich langfristig nur bei Sachwerten aus – gerade auch an der Börse! Betrachten Sie ab sofort ihre Aktienanlage – ähnlich wie Ihre Immobilien – als Daueranlage.«* Wenden wir uns nun also den Aktien zu. Im Gegensatz zu Anleihen stellen Aktien Eigentumsanteile an Unternehmen dar. Darum sind Aktionäre Eigentümer der Aktiengesellschaften. Daher verbrieft eine Aktie[4] im Normalfall folgende Rechte:

- Das Recht auf Dividende, d.h., dass ein bestimmter Anteil des Gewinnes des Unternehmens an die Aktionäre ausgeschüttet wird.
- Das Recht auf die Beteiligung am Liquidationserlös, falls die Aktiengesellschaft aufgelöst wird und nach Rückzahlung des Fremdkapitals noch Vermögen übrig bleibt.
- Das Recht auf die Teilnahme an der Versammlung der Eigentümer[5] des Unternehmens und die damit verbundenen Auskunfts- und Stimmrechte.

Eine weitere Variante ist die Vorzugsaktie. Bei dieser Form der Aktien verzichtet der Aktionär auf sein Stimmrecht in der Hauptversammlung, bekommt dafür aber das Recht auf eine höhere Dividende.

Eine Aktie verliert ihre Gültigkeit erst mit dem Untergang (Konkurs oder Fusion) des Unternehmens. Ferner wird der für den Kauf einer Aktie aufgewandte Betrag nicht zu

[3] Der Zinssatz einer Anleihe wird dem Anleger Jahr für Jahr bis zur Tilgung gezahlt.

[4] Diese Aktien werden als Stammaktie bezeichnet.

[5] Dies wird als Hauptversammlung bezeichnet.

einem bestimmten Zeitpunkt zurückgezahlt, der Anleger kann seine Aktie nur über die Börse verkaufen.

In Deutschland werden mehr als 700 Unternehmen an der Börse gehandelt. Damit die Anleger einen Überblick über diese Vielfalt von Unternehmen bekommen, wurden die Aktienindices eingeführt. Diese Aktienindices teilen die Aktien meistens nach bestimmten Kriterien in unterschiedliche Sektoren ein. So wird beispielsweise der Deutsche Aktienindex (Abk. DAX) nach Markwert und Börsenumsatz zusammengestellt. Daher findet man im DAX die großen Namen der deutschen Industrie, Banken und Versicherungen. Im Allgemeinen richtet sich der Börsenkurs einer Aktie nach Angebot und Nachfrage der Anleger nach dieser Aktie und unterliegt starken Schwankungen. Demgemäß wird die Aktie auch als Risikopapier angesehen. Aber dieses höhere Risiko wird mittel- bis langfristig mit einer weitaus höheren Rendite belohnt, als sie mit Anleihen erreicht werden könnte. Demzufolge ist die Aktie auf mittel- bis langfristiger Sicht eher ein Chancenpapier.

Die höheren Aktien-Renditen resultieren aus Dividenden und den Kurssteigerungen, die natürlich nicht sicher sind. Sie hängen im Wesentlichen von der Geschäftslage und der Gewinnsituation des Unternehmens ab. Dementsprechend ist es bei einer Aktienanlage wichtig, neben der Renditechance auch immer das Risiko zu berücksichtigen und dieses durch geeignete Maßnahmen zu reduzieren.

Clever lauschte den Ausführungen des Anlageberaters gespannt. Nun wusste er zwar, was Aktien und Anleihen sind, wirklich schlauer als vorher war er aber noch nicht. „In welche Anleihe bzw. Aktie soll ich denn nun investieren?“ fragte er den Anlageberater.

Der Anlageberater warnte Clever, den zweiten Schritt vor dem ersten zu tun: „Zuerst müssen Sie sich für eine Anlagephilosophie entscheiden.“

Clever fragte nach: „Was hat denn die Philosophie mit der Geldanlage zu tun? Haben die bekannten Philosophen wie Sokrates und Platon allgemeine Grundsätze für die Geldanlage aufgestellt?“

„Nein, die Anlagephilosophie hat nur im weitesten Sinne etwas mit Philosophie zu tun. Vielmehr ist damit gemeint, dass Sie sich Gedanken darüber machen, welche Rendite Sie erwarten, welches Risiko Sie eingehen möchten und letztlich auch, über welchen Anlagehorizont sie verfügen“, so der Anlageberater

„Ist doch klar, was ich möchte“, antwortete der naive Clever. „Ich möchte eine möglichst hohe Rendite haben und mein Geld dabei sicher anlegen.“

Der Anlageberater musste nun doch etwas schmunzeln: „Ihr Wunsch deckt sich mit der Vorstellung vieler Investoren. Die meisten Anleger wünschen sich eine höchstmögliche Rendite bei minimalem Risiko. Man bezeichnet solche Investoren auch als risikoavers. Aber: Wer mehr Rendite haben möchte, muss auch mehr Risiko in Kauf nehmen. Dieses Risiko kann man mittels Streuung seiner Anlage in den Griff bekommen. Im Übrigen haben die meisten Investoren genauso wie Sie ganz falsche Vorstellungen über die Geldanlage. Viele Anleger reduzieren ihre Entscheidungen nur darauf, welche Aktien und Anleihen sie kaufen bzw. verkaufen möchten, anstatt sich zu fragen, was Sie eigentlich mit Ihrer Geldanlage erreichen wollen. Sie denken fälschlicherweise der Gewinn an sich wäre das Ziel der Kapitalanlage. Doch Kostolany bringt es auf den Punkt: »*Nicht reich muss man sein, sondern unabhängig.*« Darum werde ich Ihnen zunächst die Zusammenhänge zwischen den Anlagekriterien Sicherheit, Liquidität und Rentabilität erläutern.“

3. Anlagekriterien

Schon Antoine de Saint-Exupéry stellte fest: »*Um klar zu sehen, genügt oft ein Wechsel der Blickrichtung.*« Darum gehen Sie nicht wie viele Anleger vor und reduzieren bei der Beurteilung einer Geldanlage ihren Blick einzig auf die Rendite.

Eine Geldanlage lässt sich nämlich nur anhand der folgenden drei Anlagekriterien sinnvoll beurteilen:

- Sicherheit
- Liquidität
- Rentabilität

Wie diese konkurrierenden Zielkriterien letztlich zu gewichten und in welche Reihenfolge sie zu bringen sind, ist eine Frage der persönlichen Präferenzen des Anlegers.

Im Allgemeinen ist jeder Anleger darin bestrebt, in jeder Kategorie ein optimales Ergebnis zu erzielen, also hohe Zinssätze, attraktive Gewinnausschüttungen und Kapitalzuwächse bei einer hohen Sicherheit und einer jederzeitigen Verfügbarkeit des angelegten Kapitals[6]. Doch was versteht man nun genau unter den einzelnen Anlagekriterien?

3.1 Die Sicherheit

Unter dem Anlagekriterium Sicherheit versteht man im Allgemeinen die Erhaltung des angelegten Vermögens.

Dabei hängt die Sicherheit einer Kapitalanlage von unterschiedlichen Risiken ab, wie zum Beispiel dem Kursrisiko bei Aktien oder der Bonität des Schuldners bei Anleihen. Bei Auslandsanlagen kommen als weiteres Risiko die politische Stabilität des Anlagelandes und das Währungsrisiko hinzu. Um die Sicherheit des angelegten Kapitals zu erhöhen, ist es notwendig, eine ausgewogene Aufteilung des Vermögens[7] vorzunehmen.

---

[6] Dieses Profil einer Vermögensanlage bezeichnet man als ideale Vermögensanlage.

[7] Dies bezeichnet man auch als Diversifikation.

3.2 Die Liquidität

Die Liquidität einer Kapitalanlage wird dadurch bestimmt, wie schnell der Anlagebetrag, der in einer bestimmten Form (z.B. Aktien oder Anleihen) investiert wurde, realisiert bzw. wieder zu Bankguthaben oder Bargeld umgewandelt werden kann.

Bei der Definition der Liquidität spielt es aber keine Rolle, ob die Kapitalanlage zum Zeitpunkt der Umwandlung im Verlust oder Gewinn steht. Deshalb sollte dieses Kriterium immer im Zusammenhang mit der Rentabilität bzw. der Sicherheit einer Anlageform gesehen werden.

3.3 Die Rentabilität

Mit der Rentabilität einer Wertpapieranlage ist der Ertrag einer Wertpapieranlage definiert.

Zu den Erträgen gehören Zinsen, Dividendenzahlungen und sonstige Ausschüttungen sowie Wertsteigungen der Anlage durch Kursveränderungen[8]. Solche Erträge können dem Anleger je nach Art der Vermögensanlage regelmäßig zufließen oder angesammelt werden. Ebenso können die Erträge einer Wertpapieranlage in einem Zeitraum gleich bleiben[9] oder schwanken[10].

Zudem haben natürlich unterschiedliche Anlageformen auch unterschiedliche Arten von Erträgen. Um dennoch die Rentabilitäten verschiedener Anlageformen unabhängig von unterschiedlichen Ertragsarten vergleichen zu können, wurde die Kennzahl Rendite eingeführt. Mit Rendite bezeichnet man das Verhältnis des jährlichen Ertrages bezogen auf den Kapitaleinsatz.

3.4 Wertbeständigkeit der Anlageform

Unter Wertbeständigkeit einer Anlageform versteht man den Schutz vor Inflation, d.h. der Geldentwertung. Durch die Inflation kann es vorkommen, dass die gesamte Rendite einer Anlageform aufgefressen wird. Dies führt dazu, dass der Investor effektiv gesehen keinen Gewinn mit der Anlage erzielt. Zudem kann der Anleger in Zeiten von großen Inflationsraten mit seiner Wertpapieranlage nach Abzug der Inflationsrate

---

[8] Bei Aktien können Kurssteigerungen einen Großteil des Ertrages ausmachen.

[9] Dies ist z.B. bei Anleihen der Fall.

[10] Dies ist z.B. bei Aktien der Fall.

Verlust machen, obwohl er Erträge aus der Kapitalanlage bekommen hat. Demzufolge muss die Rentabilität einer Kapitalanlage immer im Zusammenhang mit der Inflation beurteilt werden. In der Regel wird durch die Inflation die Rentabilität einer Kapitalanlage schlechter.

3.5 Zusammenspiel der Anlagekriterien Sicherheit, Rentabilität und Liquidität

Das Wechselspiel zwischen den Anlagekriterien Sicherheit, Rentabilität (sprich: Ertrag oder Rendite) und Liquidität (sprich:Verfügbarkeit oder Laufzeit) führt zum magischen Dreieck der Vermögensanlage.

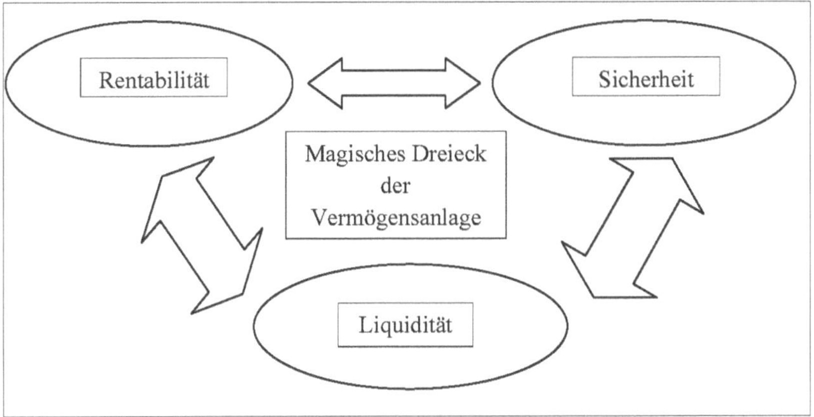

Abbildung 1: Das magische Dreieck der Vermögensanlage

Aus dem magischen Dreieck der Vermögensanlage wird deutlich, dass eine gleichzeitige Maximierung aller drei Größen in keiner Anlageform möglich ist. Prinzipiell gilt: Je höher die Verfügbarkeit einer Anlageform bzw. je höher die Sicherheit einer Anlageform ist, um so niedriger ist leider auch die dabei zu erwartende Rendite.

Allerdings ist dieses »Dilemma« keineswegs ein Problem der Neuzeit. Bereits 1738 formulierte der schweizerische Mathematiker Daniel Bernoulli in seinem »Versuch einer neuen Theorie zur Wertbestimmung von Glücksfällen« das so genannte Bernoulli-Prinzip: »*Wähle diejenige Handlungsalternative, für die der Erwartungswert des Risikonutzens sein Maximum erreicht!*«

Deswegen muss der Anleger innerhalb des magischen Dreieckes der Vermögensanlage Präferenzen setzen, d.h. er muss entscheiden, welche individuellen Anlageziele er verfolgt. Er muss also bestimmen, welches Anlagekriterium bzw. welche Anlagekriterien er bevorzugt. Dabei muss sich der Anleger vom Traum einer geradlinigen Wertentwicklung seines Vermögens lösen.

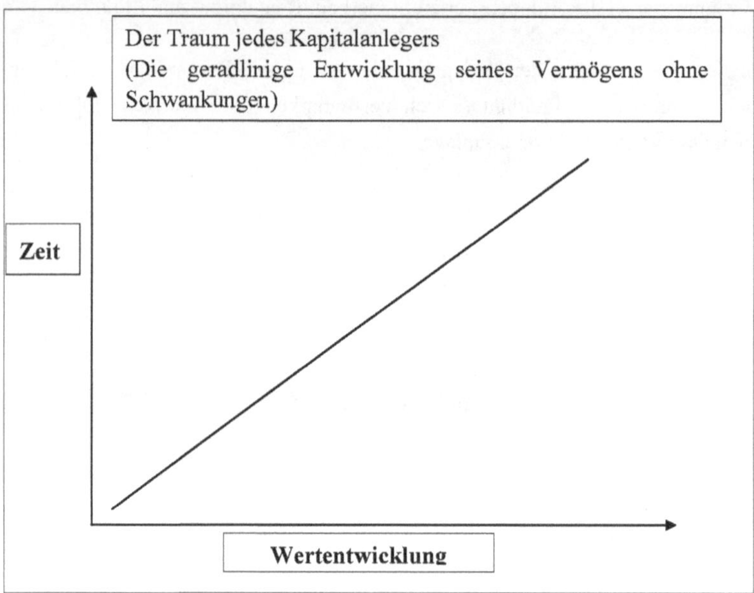

Abbildung 2: Der Traum jedes Kapitalanlegers

Die überwiegende Mehrzahl der Anleger strebt bei der Geldanlage nach einer möglichst hohen Rendite und zwar bei einem kleinen Risiko. Anleger bevorzugen demnach die Anlagekriterien Rendite und Sicherheit. Bei erfahrenen Anlegern kommt bei der Beurteilung einer Anlageform auch noch die Liquidität ins Spiel.

Leider gibt es keine Anlageform, die alle gewünschten Kriterien optimal erfüllt. Daher muss der Anleger bei jeder Investitionsentscheidung zwischen den wichtigsten Anlagezielen Rendite und Sicherheit abwägen. Denn eine höhere Rendite kann nur erzielt werden, wenn der Anleger bereit ist, ein höheres Risiko einzugehen.

„Wie soll ich denn die Rendite und das Risiko einer Anlage beurteilen? Im Normalfall sieht man doch beispielsweise bei Anleihen nur den Zinssatz oder bei Aktien die Dividenden", so Clever nach diesen Ausführungen des Anlageberaters.

„Genau an diesem Punkt setzt die moderne Portofoliotheorie an. Schon Henry Ford sagte: »*Die meisten Menschen verwenden mehr Zeit und Kraft darauf, über Probleme zu diskutieren, statt sie anzupacken.*« Darum werde ich Ihnen nun zunächst eine kleine Einführung in diese fantastische Theorie geben. Lassen Sie sich also überraschen," entgegnete dieser.

3.6 Wie die moderne Portfoliotheorie die Anlagekriterien Rentabilität und Sicherheit miteinander verknüpft

Zwischen 1960 und 1980 wurde deutlich, dass eine höhere Rendite eher auf die Bereitschaft zurückzuführen ist, mehr Risiko einzugehen. Schließlich war der Menschheit schon immer bewusst: »*Wer nichts wagt, der nichts gewinnt.*« Aber selbstverständlich haben die Menschen schon immer auch die Chancen und Risiken gegeneinander abgewogen, wenngleich die Folgen ihrer Entscheidungen wenig präzisiert und erst recht nicht quantifiziert waren.

Die schwierige Entscheidung, wie viele Anlagerisiken man eingehen sollte um mehr Rendite zu erzielen, konnte vor ca. 50 Jahren eigentlich nur intuitiv getroffen werden – Obgleich schon der Talmud[11] vor über zwei Jahrtausenden folgende Anlagetipps gab: *»Lege ein Drittel deines Vermögens in Land, ein Drittel in Geschäften an und halte ein Drittel liquide.«* Auf die heutige Zeit übertragen, würden die Ratschläge des Talmuds so formuliert werden: *»Lege ein Drittel deines Vermögens in Immobilien an, ein weiteres Drittel in Aktien und das letzte Drittel halte liquide oder kaufe davon Staatsanleihen.«*

Die Ratschläge des Talmuds sind übrigens nicht so weit entfernt von den Empfehlungen der meisten heutigen Banken. Denn die Vorgehensweise des Talmuds ist nichts anderes als eine naive Art der Diversifikation des Vermögens, um die Risiken besser zu verteilen. Aber diese naive Diversifikation kann den Risikobegriff nicht präzise beschreiben. Mit ihr können folgende wichtige Fragen nicht beantwortet werden:

- Wie viele Risiken sollte ein Investor eingehen?

- Wie diversifiziert man bestmöglich?
- Wie misst man das Risiko einer Anlage?

Dies führte zur Entwicklung der Portfoliotheorie von Markowitz, Roy, Sharpe und Tobin in den Jahren von 1950 bis 1970. Im Prinzip macht es diese Theorie möglich, die Frage „Wie viel Rendite kann ich als Anleger erwarten, wenn ich ein gewisses Risiko eingegangen bin" zu beantworten.

Dazu geht die Theorie davon aus, dass der Investor immer das Wertpapier wählt, das ihm bei gegebenem Risiko die maximale Rendite verspricht bzw. bei gewünschter Rendite das geringste Risiko aufbürdet. Ein weiterer Aspekt der Theorie ist, dass es mittels Diversifikation durch die Berücksichtigung des Risikos der Wertpapiere möglich ist, das Gesamtrisiko aller Anlagen des Investors zu senken. Im Normalfall ist das Risiko des gesamten Depots nämlich viel geringer als der Durchschnitt der Einzelrisiken der jeweiligen Wertpapiere. Der Grund dafür ist, dass sich die Risiken der verschiedenen Wertpapiere im Depot zum Teil kompensieren können.

Das moderne Portfoliomanagement zielt darauf ab, dem Anleger die Möglichkeit zu geben, sein Depot nicht zufällig sondern ganz bewusst aus verschiedenen Wertpapieren aufzubauen, um das von ihm gerade noch tolerierbare Risiko bei einer maximalen Rendite zu erreichen. Als Anleger sollte man sich merken, dass auch bei der Anlageentscheidung der Spruch gilt: »*Erst die Dosis macht das Gift.*« Schließlich kann man durch Mischung riskanter und weniger riskanter Anlagen das Gesamtrisiko eines Portfolios senken.

Im Prinzip versucht das moderne Portfoliomanagement den Traum jedes Anlegers, also eine geradlinige Wertentwicklung seines Vermögens, (siehe Abbildung 2) zu erfüllen, indem durch Mischung von Wertpapieranlagen eine Verstetigung der Wertwertwicklung erreicht wird.

[11] Der Talmud ist eines der Hauptwerke des Judentums und enthält die rabbinischen Kommentare und Auslegungen zur Thora.

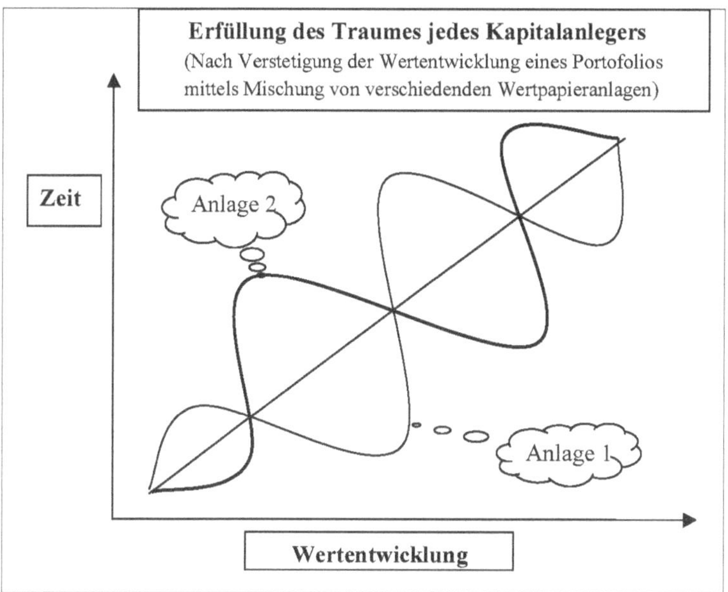

Abbildung 3: Erfüllung des Traumes jedes Kapitalanlegers

Da schon ein altes deutsches Sprichwort sagt »*ein guter Anfang ist die halbe Arbeit*«, werde ich Ihnen nicht sofort das moderne Portfoliomanagement vorstellen, sondern zunächst einmal die wichtigen Grundlagen erläutern. Dazu werde ich Ihnen zuerst die wichtigen Begriffe Rendite und Risiko aus der Sicht des Portfoliomanagementes detailliert erklären.

„Gut", dachte sich Clever. „Durch Aufteilung meines Erbes auf verschiedene Anlagen kann ich eine gute Rendite erzielen und gleichzeitig das Risiko deutlich vermindern."

Dumm hingegen hatte sein Erbe bereits investiert, und zwar in Comroad, eine aussichtsreiche Aktie des Neuen Marktes, und damit sogar schon einen ansehnlichen Gewinn erwirtschaftet.

Der Anlageberater beurteilte Dumms Vorgehen folgendermaßen: „An der Börse hat man immer zeitweise Glück. Er sollte sich an das Sprichwort »*Glück und Glas, wie leicht bricht das*« erinnern. Die Vergangenheit hat gezeigt, dass Selbstüberschätzung seiner Fähigkeiten an der Börse meistens mit dem Verlust des Vermögens endet."

Clever war aber dennoch verwirrt. „Hat Dumm doch recht? Ist es wirklich so einfach, an der Börse Geld zu verdienen?"

Der Anlageberater entgegnete Clever mit einem entschiedenen ‚Nein': „Das ist nur zeitweise möglich und zwar nur in Spekulationsblasen. Dabei werden die Aktienkurse in ungeahnte Höhen getrieben, um dann nach Ende der Spekulationseuphorie ins Bodenlose zu fallen. Kursverluste von mehr als 90 % sind dann eher die Regel als die Ausnahme. Sehen Sie doch mal in Ihrem Geschichtsbuch nach, dort finden Sie viele Beispiele für solche Phasen – wie den großen Börsenkrach von 1929 in New York."

Clever war nun etwas überzeugter: „Dann führt wohl kein Weg daran vorbei, dass ich mich kompetent beraten lasse. Kommen wir doch zurück zu den Begriffen Rendite und Risiko einer Geldanlage. Mir ist nämlich überhaupt noch nicht klar, wie ich die Rendite und das Risiko von Anleihen und Aktien messen oder ausrechnen soll."

4. Der Begriff: Rendite

4.1 Einführung

Einer der wichtigsten Begriffe im Portfoliomanagement ist die Rendite. Sie gibt die Wertveränderung einer Anlage innerhalb einer bestimmten Periode (z.B. Jahr oder Monat) an. Um die Rendite einer bestimmten Periode zu messen, ermittelt man die Differenz zwischen dem Kurs am Ende und am Anfang der betrachteten Periode, zzgl. eventuell ausgezahlter Erträge wie beispielsweise Dividenden oder Zinsen.

$$R_T = \frac{(K_T - K_O) + E_T}{K_O} \cdot 100\,\%$$

mit R_T= Rendite der Periode t

K_O= Kurs zu Beginn der Periode t

K_T= Kurs am Ende der Periode t

E_T= Erträge (z, B, Zinsen und Dividenden) innerhalb der Periode t

Vielleicht schrecken Sie bei dem Anblick einer solch komplexen Formel etwas zurück. Leider muss ich Ihnen in diesem Kapitel eine Vielzahl dieser Formeln vorstellen. Sie sollten sich einfach an das Technikgefühl der 60er Jahre erinnern: »*Anything goes!*« So ist beispielsweise die Mondlandung abgehakt oder der Tunnel unter dem Ärmelkanal ist ein alter Hut. Also, warum sollten Sie nicht solche abstrakten Formeln verstehen können?

Um der abstrakten Formel der Rendite „Leben einzuhauchen“, sehen wir uns folgendes Beispiel an. Wir betrachten zunächst die Wertentwicklung (siehe Tabelle 1, Seite 18) der SAP-Aktie und berechnen die Rendite für jedes Jahr. Für das Jahr 2001 würde die Rechnung wie folgt lauten:

$$R_T = \frac{(K_T - K_O) + E_T}{K_O} \cdot 100\,\% = \frac{(146{,}3\text{ EURO} - 126\text{ EURO}) + 0\text{ EURO}}{126\text{ EURO}} \cdot 100\,\% = 20{,}30\,\%$$

Tabelle 1: Wertentwicklung der SAP-Aktie

Jahr	Kurs Anfang des Jahres	Kurs Ende des Jahres	Rendite
1999	119,67 €	195,33 €	75,66 %
2000	211,83 €	150,80 €	-61,03 %
2001	126,00 €	146,30 €	20,30 %
2002	151,94 €	75,52 €	-76,42 %
2003	84,84 €	133,15 €	48,31 %

Um die durchschnittliche Rendite pro Periode (Jahr) einer Anlage über mehrere Perioden (Jahre) hinweg zu ermitteln, verwendet man folgende Formel:

$$R_{[x,y]} = \sqrt[n]{\frac{K_y}{K_x}} - 1$$

mit $R_{[x,y]}$ = durchschnittliche Rendite pro Periode im Zeitraum von x bis y
K_x = Kurs zu Beginn der Periode x
K_y = Kurs am Ende der Periode y und n = Anzahl der betrachteten Perioden

In unserem Beispiel würde z.B. die Rendite p.a. des Wertpapieres SAP im Zeitraum von 1999 bis 2003 wie folgt ermittelt werden:

$$R_{[x,y]} = \sqrt[n]{\frac{K_y}{K_x}} - 1 = \sqrt[4]{\frac{133{,}5\ \text{Euro}}{119{,}67\ \text{Euro}}} - 1 = 2{,}77\ \%$$

Diese Größe lässt jedoch die zum Teil erheblich schwankenden Renditen während der einzelnen Perioden bzw. Jahre vollkommen außen vor. Es werden lediglich die Werte zu Beginn und am Ende des Zeitraums berücksichtigt.

Möchte man wissen, wie hoch die zu erwartende Rendite in jeder der betrachteten Perioden im Mittel ist, muss der Mittelwert oder Erwartungswert berechnet werden.

$$\mu_{[x,y]} = \frac{1}{n} \cdot \sum_{i=x}^{y} R_i$$ mit $\mu_{[x,y]}$ = Erwartungswert pro Periode im Zeitraum von x bis y

Anhand der Formel erkennt man, dass der Erwartungswert nichts anderes ist als das gewichtete arithmetische Mittel der Renditen der einzelnen betrachteten Perioden bzw. Jahre. Die zu erwartende Rendite (Erwartungswert) unseres Wertpapiers SAP in den Jahren 1999 bis 2003 beträgt:

$$\mu_{[1999,2004]} = \frac{1}{5} \cdot \sum_{i=x}^{y} R_i = \frac{1}{5} \cdot (75{,}66 - 61{,}03 + 20{,}30 - 76{,}42 + 40{,}31) = 1{,}36$$

Im statistischen Mittel des betrachteten Zeitraums kann also davon ausgegangen werden, dass die SAP-Aktie pro Jahr eine Rendite von 1,36 % hat.

In den nächsten Abschnitten sehen wir uns im Detail die Renditeberechnung für Anleihen und Aktien an. Sie werden sehen, dass sämtliche Formeln sich von den hier dargestellten Formeln für die Rendite ableiten lassen.

4.2 Renditeberechnung bei Anleihen

Die Rendite, die ein Anleger mit einer Anleihe erreichen kann, setzt sich aus den laufenden Zinszahlungen und eventuellen Kursveränderungen der Anleihe zwischen Kauf und Verkauf zusammen. Die laufenden Zinszahlungen einer Anleihe werden durch den in den Anleihebedingungen festgelegten Zinssatz[12] bestimmt. Wichtig dabei ist, dass sich der Zinssatz stets auf den Nennwert[13] der Anleihe bezieht und nicht auf den derzeitigen Marktwert bzw. Kurswert. Die Formel zur Berechnung der jährlichen Zinszahlungen lautet:

$$\text{Zinsbetrag} = \frac{\text{Nennwert der Anleihe} \cdot \text{Zinssatz}}{100}$$

Beispiel 1:	Berechnung des Zinsbetrages
	Der Nennwert der Anleihe beträgt 100 Euro und der Zinssatz beträgt 5 %. $\text{Zinsbetrag} = \frac{\text{Nennwert der Anleihe} \cdot \text{Zinssatz}}{100} = \frac{100\,\text{Euro} \cdot 5\,\%}{100} = 5\,\text{Euro}.$ Der Investor erhält 5 Euro Zinsen pro Jahr.

Diesen so genannten nominellen Zinssatz bekommt der Anleger aber nur, wenn er die Anleihe zum Nennwert kauft. Da in der Regel der Anschaffungspreis einer Anleihe vom Nennwert abweicht, erhält der Anleger einen anderen als den nominellen Zins-

[12] Dieser Zinssatz wird auch als Kupon oder Nominalzins bezeichnet.

[13] Dies wird auch als Nominalwert einer Anleihe bezeichnet.

satz. Aus diesem Grund ist es auch nicht ratsam, seine Kaufentscheidung für eine Anleihe einzig von der Höhe des Kupons abhängig zu machen. Vielmehr müssen wir ein anderes Verfahren zur Bestimmung der Rendite einer Anleihe anwenden.

4.2.1 Die effektive Rendite einer Anleihe

Die Abweichung des Anschaffungskurses einer Anleihe von ihrem Nennwert bewirkt logischerweise auch eine Abweichung der Rendite von ihrem Nominalzins. Eine solche Abweichung tritt nicht nur bei bereits auf dem Markt gehandelten Anleihen auf, sondern auch bei Anleihen, die gerade erst neu emittiert wurden. Hierbei nimmt der Emittent eine Feineinstellung der Rendite zum Zeitpunkt der Emission vor, da in der Regel bis auf den Nominalzinssatz alle anderen Emissionsbedingungen schon feststehen.

Deshalb werden die Anleihen mit einem Agio (der Ausgabepreis ist höher als der Nennwert), mit einem Disagio (der Ausgabepreis ist niedriger als der Nennwert) oder zu pari (der Ausgabepreis ist gleich dem Nennwert) emittiert. Da die Tilgung[14] meistens zum Nennwert der Anleihe erfolgt, erleidet der Anleger bei einem Agio einen Kursverlust und bei einem Disagio einem Kursgewinn.

Dieser Kursgewinn bzw. -verlust muss bei der Suche nach der effektiven Rendite einer Anleihe berücksichtigt werden. Dazu wird der Kursgewinn bzw. -verlust mit Hilfe der folgenden Formel kalkulatorisch auf die mittlere Restlaufzeit der Anleihe verteilt:

$$\text{Effektive Rendite} = \frac{\text{Zinssatz} + \frac{\text{Nennwert - Emissionskurs}}{\text{Restlaufzeit}}}{\text{Emissionskurs}}$$

Beispiel 2:	Berechnung der effektiven Rendite einer Anleihe
	Der Nennwert einer fünfjährigen Anleihe beträgt 100 Euro und der Zinssatz beträgt 5 %. Ferner wird die Anleihe zu einem Emissionskurs von 101 % emittiert. $\text{Effektive Rendite} = \frac{\text{Zinssatz} + \frac{\text{Nennwert - Emissionskurs}}{\text{Restlaufzeit}}}{\text{Emissionskurs}} = \frac{5 + \frac{100-101}{5}}{101} = 4{,}75\,\%$ Der Investor erhält eine effektive Rendite von 4,75 %.

[14] Mit Tilgung einer Anleihe ist die Rückzahlung des Nennwertes der Anleihe am Laufzeitende gemeint.

Mit der effektiven Rendite bekommt der Investor einen ersten Einblick, in welche Anleihen er investieren sollte. Diese Einschätzung sollte aber um die Überlegung ergänzt werden, wie lange der Anleger seine Ersparnisse anlegen möchte.

Eines darf bei der Investition in Anleihen niemals vergessen werden: Der künftige Wert einer Anleihe steht nur zu einem einzigen Zeitpunkt genau fest und zwar zum Tilgungszeitpunkt. Zwischen dem Kauf der Anleihe und dem Tilgungszeitpunkt schwankt der Kurs der Anleihe. Wie weit der Kurs vom Einstandskurs abweicht, hängt in erster Linie von den Veränderungen des Marktzinsniveaus ab. Das Niveau des Marktzinses wird durch die staatliche Haushaltspolitik, die Politik der Notenbank, die Entwicklung der Konjunktur, die Inflation, das ausländische Zinsniveau und die Wechselkurserwartungen beeinflusst. Allgemein gilt: Eine Veränderung des Marktzinsniveaus nach der Ausgabe einer Anleihe beeinflusst die Kursentwicklung jeweils in entgegengesetzter Richtung.

Beispiel 3:	Kursänderung einer Anleihe bei Änderung des Marktzinssatzes	
	Als Beispiel wird eine 3 jährige Anleihe mit einem Zinssatz von 5 % verwendet. Zum Ausgabezeitpunkt der Anleihe beträgt der Marktzinssatz 5 %, d.h., die Anleihe wird zu 1000 Euro emittiert. Danach ändert sich der Marktzins, wie folgt.	
	Fall	Ergebnis
	Der Marktzins fällt auf 2 %.	Der Kurs der Anleihe steigt auf ca. 1081 Euro.
	Der Marktzins steigt auf 8 %.	Der Kurs der Anleihe fällt auf ca. 918 Euro.

Das Beispiel 3 zeigt, dass bei einer Erhöhung des Marktzinsniveaus in der Regel der Kurs der Anleihe sinkt und bei einer Senkung des Marktzinsniveaus steigt, bis die Rendite der Anleihe in etwa dem Marktzinssatz entspricht.

Dabei ist die Heftigkeit, mit der eine Anleihe auf die Veränderungen des Marktzinssatzes reagiert, von zwei Faktoren abhängig: von der Restlaufzeit und von der Höhe des Nominalzinssatzes der Anleihe. Zudem gilt folgende allgemeine Gesetzmäßigkeit:

- Bei Anleihen mit einer längeren Restlaufzeit und niedrigerer Nominalverzinsung sind die Kursänderungen größer als bei Anleihen mit kürzerer Laufzeit und höherer Verzinsung.

In Zeiten von steigenden Kapitalmarktzinsen haben Anleihen ein erhebliches Zinsänderungsrisiko. Allerdings ist dieses Risiko nur dann relevant, wenn der Investor beabsichtigt, seine Anleihe nicht bis zum Ende der Laufzeit zu halten. Andernfalls erfolgt die Einlösung der Anleihe zum Nennwert, d.h., der Investor hat kein Zinsänderungsrisiko.

4.2.2 Fairer Wert einer Anleihe

Schon Benjamin Franklin sagte »*eine Investition in Wissen bringt die besten Zinsen*«. Darum sollten wir uns mit weiteren Kriterien auseinandersetzen. Oftmals stehen einem Anleger nämlich mehrere Anleihen zur Auswahl. Als Kriterium für die Wahl der besten Anleihe steht zum Beispiel die effektive Rendite zur Verfügung. So kann der Anleger für jede Anleihe die effektive Rendite ausrechnen und anschließend die Anleihe mit der höchsten Rendite kaufen.

Ein alternatives Verfahren ist die Berechnung des fairen Wertes einer Anleihe. Bei diesem Verfahren wird der Kurs der Anleihe ermittelt, welcher sich bei gegebener Rendite, einem vorgegebenen Tilgungskurs (meistens Nennwert) und einer gegeben Restlaufzeit ergibt. Dieser faire Wert der Anleihe wird dann mit dem tatsächlichen Börsenkurs der Anleihe verglichen. Liegt der faire Wert der Anleihe unterhalb des Börsenkurses, so ist die Anleihe unterbewertet und damit kaufenswert. Das Gegenteil tritt ein, wenn der faire Wert der Anleihe oberhalb des Börsenkurses der Anleihe liegt. In diesem Fall ist die Anleihe überbewertet und nicht mehr kaufenswert. Wie wird nun der faire Wert einer Anleihe berechnet?

In der Regel ist der faire Wert einer Anleihe identisch mit dem Wert, der sich in Zukunft aus den zu erwartenden Zahlungen aus der Anleihe an ihren Inhaber ergibt – also aus den jährlichen Zinsen und dem Tilgungsbetrag der Anleihe am Ende der Laufzeit. Um die Berechnung des fairen Wertes einer Anleihe möglichst anschaulich zu machen, werde ich diese direkt anhand eines Beispiels erläutern. Unsere Beispielsanleihe hat folgende Konditionen.

Tabelle 2: Zins und Tilgungsplan für die Beispielsanleihe zum Nennwert von 100 Euro, einem Kupon von 5 %, sowie einer Laufzeit von 5 Jahren

Zinszahlungstermin	Zahlungsart	Betrag
31.12.2003	Zinsen	5 Euro
31.12.2004	Zinsen	5 Euro
31.12.2005	Zinsen	5 Euro
31.12.2006	Zinsen	5 Euro
31.12.2007	Zinsen	5 Euro
	Tilgung	100 Euro

Die Ausschüttung der Zinsen im Jahr 2006 bzw. 2007 ist aber nicht mit einer heutigen Zinszahlung vergleichbar. Schließlich würde eine heutige Zinszahlung die Möglichkeit eröffnen, sofort über das Geld zu verfügen[15]. Um den heutigen Wert einer zukünftigen Zinszahlung zu ermitteln, wird der Betrag mit dem aktuellen Marktzinssatz abgezinst, der zurzeit ca. 3,75 % beträgt. Die Formel für die Abzinsung von Zinszahlungen auf den heutigen Wert (den so genannten Barwert) lautet:

$$\text{Barwert} = \frac{\text{Wert in n Jahr}}{\left(1+\left(\frac{\text{Marktzinssatz}}{100}\right)\right)^{n}} \quad \text{(n=Anzahl der Jahre)}$$

Tabelle 3: Barwert der Zinszahlungen für die Beispielsanleihe aus Tabelle 2 bei einem Marktzins von 3,75 %

Zinszahlungstermin	Zahlungsart	Betrag	Barwert
31.12.2003	Zinsen	5 Euro	4,82 Euro
31.12.2004	Zinsen	5 Euro	4,65 Euro
31.12.2005	Zinsen	5 Euro	4,48 Euro
31.12.2006	Zinsen	5 Euro	4,32 Euro
31.12.2007	Zinsen	5 Euro	4,16 Euro
	Tilgung	100 Euro	83,19 Euro
		Summe:	**105,60 Euro**

Der faire Wert der Anleihe beträgt also 105,60 Euro. Würde der Anleger beim Kauf der Anleihe mehr als 105,60 Euro bezahlen, würde er eine geringere als die marktübliche Rendite bekommen. Läge der Kaufpreis der Anleihe unterhalb von 105,60 Euro, so wäre die Anleihe unterbewertet und der Käufer kann eine höhere als die marktübliche Rendite erzielen.

[15] So könnte z.B. ein Anleger die heutigen Zinsen wieder anlegen und wiederum Zinsen kassieren.

4.2.3 Rendite einer Anleihe während des vergangenen Jahres

Stanislaw Jerzy Lec sagte einmal: »*Wo sind die Fundstellen der Weisheit? Gewöhnlich dort, wo diese begraben liegt.*« Also beginnen wir, die Weisheit auszugraben und uns einer neuen Situation zu stellen.

Die Mehrzahl der Anleger hält erfahrungsgemäß eine Anleihe bis zur Tilgung. Für diese Gruppe von Anlegern sind die zwischenzeitlichen Schwankungen des Kurses der Anleihe belanglos. Aber viele Anleger möchten natürlich wissen wie ertragreich ihre Anlage war. Das ist besonders sinnvoll, wenn man zwei Anleihen mit unterschiedlichen Laufzeiten vergleicht. Dazu wird die Rendite einer Anleihe im Ablauf eines Jahres ermittelt. Hierzu wird einfach die eingetretene Wertveränderung durch den Anfangswert geteilt. Diese Wertveränderung resultiert aus Zinszahlungen und Kursveränderungen der Anleihe.

$$\text{Rendite im betrachteten Jahr} = \frac{\text{Wert am Jahresende - Wert am Jahresanfang} + \left(\text{Zinssatz} \cdot \frac{\text{Nennwert}}{100}\right)}{\text{Wert am Jahresanfang}}$$

Beispiel 4:	Rendite des vergangenen Jahres
	Als Beispielsanleihe wird eine 5-jährige Anleihe mit einem Zinssatz von 5 % verwendet. Zum Anfang des Jahres 2003 war die Anleihe 100 Euro und zum Ende des Jahres 2003 99 Euro wert. So lautet die nachträgliche Rendite des Anlegers für das Jahr 2003. $\text{Rendite im Jahr 2003} = \frac{99 - 100 + \left(5 \cdot \frac{100}{100}\right)}{100} = \frac{-1+5}{100} = \frac{4}{100} = 0{,}04 \text{ bzw. } 4 \text{ Prozent}$

Würde man den Erfolg der Beispielsanleihe (siehe Beispiel 4) nur anhand des Nominalzinses von 5 % beurteilen, entstünde ein falscher Eindruck der Rentabilität. Denn die Rentabilität der Anleihe wird durch die Kursverluste der Anleihe im Jahr 2003 verringert und durch weitere Faktoren wie Depotkosten und Steuern belastet.

4.2.4 Rendite eines Anleihedepots

Häufig kommt es vor, dass ein Wertpapierdepot aus mehreren Anleihen besteht, die verschiedene Nominalzinssätze, Fälligkeiten und Nennwerte haben. Für den Anleger ist deshalb auch die Rendite seines Gesamtdepots[16] interessant.

Um die Gesamtrendite zu ermitteln, muss der Anleger zunächst die Renditen jeder Anleihe separat bestimmen. Anschließend wird hieraus das arithmetische Mittel der Renditen gebildet, das dann der Gesamtrendite des Depots entspricht.

Beispiel 5:	Berechnung der Gesamtrendite eines Depots mit gleichem Nennwert der Anleihen
	Nehmen wir an, dass Sie vier verschiedene Anleihen mit einem Nennwert von jeweils 10.000 Euro in einem Depot haben. Ferner betragen die Einzelrenditen der Anleihen 4 %, 5 %, 6 % und 3 %. So ergibt sich die Gesamtrendite wie folgt: $\text{Gesamtrendite} = \frac{4\,\% + 5\,\% + 6\,\% + 3\%}{4} = \frac{18}{4} = 4{,}5\,\%$ Die Gesamtrendite des Anleihedepots beträgt 4,5 %.

Die einzelnen Anleihen haben in den meisten Depots nicht alle den gleichen Nennwert. In diesem Fall muss die Berechnung der Gesamtrendite des Depots mit Hilfe des gewogenen arithmetischen Mittels erfolgen.

$$rD = \frac{r_1 \cdot W_1 + r_2 \cdot W_2 + \cdots + r_n \cdot W_n}{W_1 + W_2 + \cdots + W_n}$$

(rD=Gesamtrendite des Depots, r_1 ... r_n=Rendite der ersten, ... n Anleihen; W_1 ... W_n=Wert der ersten, ... n Anleihe)

Als Wert für die Anleihen verwendet man aber nicht die Nennwerte, sondern die Kurswerte der Anleihen zu einem bestimmten Zeitpunkt, für den man die Gesamtrendite des Depots ermitteln möchte.

[16] Ein Depot wird auch als Portfolio bezeichnet.

Beispiel 6:	Berechnung der Gesamtrendite eines Depots mit unterschiedlichen Nennwerten der Anleihen
	Nehmen wir an, dass Sie vier verschiedene Anleihen in einem Depot haben. Ferner betragen die Einzelrenditen und der Nennwert der Anleihen 4 % (10.000 Euro), 5 % (20.000 Euro), 6 % (5.000 Euro) und 3 % (15.000 Euro). So ergibt sich die Gesamtrendite wie folgt: $\text{Gesamtrendte} = \frac{4\% \cdot 10.000 + 5\% \cdot 20.000 + 6\% \cdot 5.000 + 3\% \cdot 15.000}{10.000\text{EUR} + 20.000\text{EUR} + 5.000\text{EUR} + 15.000\text{EUR}} = \frac{40.000 + 100.000 + 30.000 + 45.000}{50.000} = \frac{215.000}{50.000} = 4{,}3\%$ Die Gesamtrendite des Anleihedepots beträgt 4,3 %.

4.3 Renditeberechnung bei Aktien

Eine Aktiengesellschaft beteiligt ihre Aktionäre durch Ausschüttung einer Dividende an dem von ihr erzielten Gewinn. Je nach Land wird die Dividende quartalsweise, halbjährlich oder jährlich ausgeschüttet. Die Höhe der Dividende hängt vom Geschäftserfolg des Unternehmens ab. Wenn in schlechten Jahren weniger bzw. kein Gewinn erzielt wird, wird meistens auch die Dividende gekürzt bzw. entfällt ganz. Dagegen kann die Dividende bei deutlichen Gewinnsteigerungen erhöht werden. Daher lautet eine alte Börsenweisheit: »*Dividende gut, alles gut.*« Zur Überprüfung der Dividende wurde die Kennzahl der Dividendenrendite eingeführt.

$$\text{Dividendenrendite} = \frac{\text{Dividende}}{\text{Börsenkurs}} \cdot 100$$

Beispiel 7:	Berechnung der Dividendenrendite
	Nehmen wir an, Sie besitzen Aktien der Bayer AG. Die Bayer AG zahlt Ihnen eine Dividende von 0,9 Euro bei einem Aktienkurs von 20,50 Euro. So ergibt sich die Dividendenrendite wie folgt: $\text{Dividendenrendite} = \frac{\text{Dividende}}{\text{Börsenkurs}} \cdot 100 = \frac{0{,}9\text{ Euro}}{20{,}50\text{ Euro}} \cdot 100 = 4{,}39\%$ Die Dividendenrendite von Bayer beträgt 4,39 %.

Im Normalfall liegt die Dividendenrendite um einige Prozentpunkte unter der Verzinsung von Anleihen. Dieser vermeintliche Nachteil der Ausschüttung wird durch die zweite Ertragsquelle der Aktie, den Kurssteigerungen, meistens mehr als ausgeglichen. Berücksichtigt man die Kursveränderungen einer Aktie, so kommt man zur Gesamtrendite einer Aktie.

4.3.1 Gesamtrendite einer Aktie

Schon La Rocheford sagte: »*Um die Dinge recht zu kennen, muss man ihre Einzelheiten kennen.*« Darum müssen wir zunächst einmal die Frage klären, was eigentlich Kurssteigerungen von Aktien sind.

Kurssteigerungen sind für den Aktionär unrealisierte Gewinne. Um in den Genuss dieser Gewinne zu kommen, müsste der Anleger die Aktie erst ganz oder teilweise an der Börse verkaufen. Um sich einen Überblick über die Wertentwicklung der Aktie zu verschaffen, muss die Kursveränderung seit dem Kauf der Aktie einschließlich der erhaltenen Dividenden in Relation zu dem Anschaffungskurs gebracht werden.

$$\text{Gesamtrendite} = \frac{\text{Aktienkurs - Anschaffungskurs + Dividende}}{\text{Anschaffungskurs}} \cdot 100$$

Beispiel 8:	Berechnung der Gesamtrendite mit positiver Kursentwicklung
	Nehmen wir an, Sie besitzen Aktien der Bayer AG. Die Bayer AG zahlt Ihnen eine Dividende von 0,9 Euro bei einem Aktienkurs von 20,50 Euro. Überdies lag der Anschaffungskurs bei 19,50 Euro. So ergibt sich die Gesamtrendite wie folgt: $\text{Gesamtrendite} = \frac{20{,}50\text{ Euro} - 19{,}50\text{ Euro} + 0{,}9\text{ Euro}}{19{,}50\text{ Euro}} \cdot 100 = \frac{1{,}9\text{ Euro}}{19{,}50\text{ Euro}} \cdot 100 = 9{,}74\,\%$ Die Gesamtrendite von Bayer beträgt 9,74 %.

Doch positive Kursentwicklungen sind genauso wie die Dividenden nicht garantiert. Es kann also auch vorkommen, dass der aktuelle Börsenkurs unterhalb des Anschaffungskurses liegt.

Beispiel 9:	Berechnung der Gesamtrendite mit negativer Kursentwicklung
	Nehmen wir an, Sie besitzen Aktien der Bayer AG. Die Bayer AG zahlt Ihnen eine Dividende von 0,9 Euro bei einem Aktienkurs von 18,50 Euro. Überdies lag der Anschaffungskurs bei 19,50 Euro. So ergibt sich die Gesamtrendite wie folgt: $\text{Gesamtrendite} = \frac{18{,}50\text{ Euro} - 19{,}50\text{ Euro} + 0{,}9\text{ Euro}}{19{,}50\text{ Euro}} \cdot 100 = \frac{-0{,}1\text{ Euro}}{19{,}50\text{ Euro}} \cdot 100 = -0{,}51\,\%$ Die Gesamtrendite von Bayer beträgt -0,51 %.

Wie wir aus den Beispielen sehen können, führt eine negative Kursentwicklung der Aktien immer zu einer niedrigeren Gesamtrendite. Wegen dieses Kursrisikos und der nicht garantierten Dividende hat ein Aktionär ein höheres Ertragsrisiko als der Besitzer von Anleihen. Für dieses höhere Risiko wird der Aktionär aber belohnt, denn auf lange Sicht haben Aktien eine bessere Rendite als Anleihen. Um das Ertragsrisiko kalkulierbar bzw. beherrschbar zu machen, muss ein Aktionär einige Regeln beachten, die in den folgenden Kapiteln erklärt werden. Vorher sind aber noch Ergänzungen zur Renditeberechnung bei Aktien notwendig.

4.3.2 Rendite eines Aktiendepots

Zur Ermittlung der Rendite eines Aktiendepots greifen wir wieder auf das Konzept des arithmetischen Mittelwertes (siehe Seite 35 ff.) zurück.

Zur Berechnung der Rendite eines Aktiendepots nehmen wir an, dass der Anleger ein Depot aus 50 Bayer, 100 BASF, 50 Schering und 100 E.ON-Aktien besitzt.

Tabelle 4: Beispielsaktiendepot für die Renditeberechnung

Aktie	Anzahl	Anschaffungskurs	Börsenkurs	Dividende	Anschaffungswert	Endwert (Börsenkurs + Dividende)*
BASF	100	30 Euro	33 Euro	0,9 Euro	3.000 Euro	3.390 Euro (13 %)
Schering	50	40 Euro	41 Euro	0,8 Euro	2.000 Euro	2.090 Euro (4,5 %)
Bayer	50	18 Euro	19 Euro	0,9 Euro	900 Euro	995 Euro (10,6 %)
E.ON	100	35 Euro	38 Euro	1,0 Euro	3.500 Euro	3.900 Euro (11,4 %)
				Summe	9.400 Euro	10.375 Euro

*Rendite der einzelnen Aktien

Am einfachsten erhält man die Rendite des Aktiendepots, indem man folgende Formel anwendet.

$$\text{Rendite Depot} = \frac{\left(\sum_{1}^{n}\text{Endwert} - \sum_{1}^{n}\text{Anschaffungswerte}\right)\cdot 100}{\sum_{1}^{n}\text{Anschaffungswerte}} = \frac{(10.375\,\text{Euro} - 9.400\,\text{Euro})\cdot 100}{9.400\,\text{Euro}} = 10{,}37\,\%$$

Für unser Beispielsaktiendepot aus Tabelle 4 ergibt sich eine Gesamtrendite von 10,37 %.

Zur Berechnung der Rendite eines Aktiendepots über mehrere Jahre hinweg geht man wie folgt vor[17]. Zunächst braucht man die Depotwerte zum Jahresende. Ferner gehen wir davon aus, dass sämtliche erhaltenen Dividenden oder sonstigen Einnahmen des

[17] Dieses werde ich ausführlich darstellen, weil so auch die Rendite von einem Wertpapierdepot, welches aus unterschiedlichen Assetklassen besteht, wie z.B. aus Aktien und Renten, berechnet wird.

Depots wieder in neue Wertpapiere investiert wurden, d.h. im Depot verbleiben. Ansonsten müssen die entnommenen Dividenden zum Jahresende auf den Depotwert addiert werden. Wir können nun die prozentuale Wertveränderung des Depots für jedes Jahr berechnen, indem wir die Wertänderung in einem Jahr durch den Anfangswert teilen und mit 100 multiplizieren. So beträgt beispielsweise die Rendite für das Jahr 2004:

$$\text{Rendite}_{2004} = \frac{9.900\text{ Euro} - 10.375\text{ Euro}}{10.375\text{ Euro}} \cdot 100 = -4{,}58\,\%$$

Tabelle 5: Beispielsdepot zur Berechnung der Rendite eines Aktiendepots über mehrere Jahre hinweg

Jahr	Depotwert zum Jahresende	Entnommene Dividenden	Endwert*	Wertveränderung	Rendite
2003	10.375 Euro	0 Euro	10.375 Euro		
2004	9.700 Euro	200 Euro	9.900 Euro	- 475	- 4,58 %
2005	11.850 Euro	50 Euro	11.900 Euro	2.000	20,20 %
2006	11.000 Euro	0 Euro	11.000 Euro	- 900	- 7,56 %
2007	12.800 Euro	200 Euro	13.000 Euro	2.000	18,18 %

*Der Endwert ergibt sich durch Addition des Depotwertes zum Jahresende und der entnommenen Dividenden.

Um die Rendite des Aktiendepots von 2003 bis 2007 zu errechnen, muss das geometrische Mittel herangezogen werden. Es wird ermittelt, indem der Endwert der Berichtsperiode durch den Anfangswert der Berichtsperiode geteilt wird. Für unser Beispiel wäre der Endwert 13.000 Euro und der Anfangswert 10.375 Euro. Aus diesem ermittelten Faktor wird nun eine Wurzel genau des Grades gezogen, welche der Zahl der Jahre entspricht, über die die Rendite ermittelt werden soll, also für unser Beispiel 4. So ergibt sich mit Hilfe des geometrischen Mittels für unser Beispielsdepot eine Rendite von:

$$\text{Rendite Depot} = \sqrt[n]{\frac{\text{Endwert}}{\text{Anfangswert}}} - 1 = \sqrt[4]{\frac{13.000\text{ Euro}}{10.375\text{ Euro}}} - 1 = 5{,}8\,\%$$

Das Beispielsaktiendepot legte im Zeitraum von 2003 bis 2007 durchschnittlich im Jahr um 5,8 % zu.

Aus dem Beispielsaktiendepot aus Tabelle 5 erkennt man, dass es zwei Verlustjahre gab, in denen der Depotwert gesunken ist. Daraus wird das besondere Risiko einer

Aktienanlage deutlich, nämlich das Kursverluste drohen können. In den nachfolgenden Kapiteln werde ich Ihnen aufzeigen, wie Sie dieses Risiko minimieren können.

Clever bemerkte, dass die Renditeberechnung nicht so einfach ist. „Aber was hat es mit dem Risiko auf sich, welches doch mehrmals angesprochen wurde. Das ist doch die Kehrseite der Medaille Rendite."

„Genau", sagte der Anlageberater. „Sie haben recht, ohne Risiko können Sie keine ordentliche Rendite erzielen. Aber es gibt nicht das Risiko. Vielmehr ist das Risiko ein Oberbegriff für die verschiedenartigsten Risiken, die Ihrer Geldanlage drohen. So unterliegen Aktien anderen Risiken als Anleihen. Ferner wird unterschieden zwischen wirtschaftlichen und politischen Risiken."

Clever fragte den Anlageberater: „Und wie behält man da den Überblick?"

Der Anlageberater antwortete: *»Der Kluge häuft Wissen auf, der Weise sortiert es.«* Darum müssen wir uns zunächst die einzelnen Risiken ansehen. Dann wird der ganze Bereich übersichtlicher und man findet den richtigen Weg, um mit diesen Risiken umzugehen."

5. Der Begriff: Risiko

Was ist Risiko? Die spontane Antwort müsste wohl lauten: Risiko ist die Möglichkeit, einen Verlust zu erleiden. Aber Risiko steht auch für die Chance (Rendite), und jede Chance steht auch für ein Risiko.

Doch der Begriff Risiko vereinigt eine Vielzahl von zum Teil sehr verschiedenen Gefahren, welche dem Investor bzw. seiner Geldanlage drohen. So vielfältig die Risiken auch sein mögen, ihre Wirkung ist doch stets dieselbe – sie schlägt sich auf den Wert bzw. die Wertentwicklung der Anlage nieder.

Bei Finanzanlagen (Aktien und Anleihen) stehen im allgemeinen Preis- und Marktrisiken im Vordergrund. Preis- und Marktrisiken bedeuten, dass der Marktwert der Finanzanlagen im zeitlichen Verlauf Schwankungen unterworfen ist, da sich Zinssätze und Aktienkurse auf wenig prognostizierbare Weise verändern.

Allgemein gilt: Je höher die eingegangenen Risiken, desto größer sind langfristig die Gewinnchancen. Dieser Grundsatz ist auch der Unterschied zwischen Aktienanlegern und Glücksspielern. So bringt beispielsweise im Roulette die konservative Strategie *»Setze auf Rot«* langfristig die gleiche (negative) Performance wie die aggressive Strategie *»Setze auf die Zahl 2«*.

Wie stark die Finanzmärkte Risikobereitschaft belohnen, ist abhängig von der mittleren Risikoaversion sämtlicher Marktteilnehmer, d.h. der Investoren. Vereinfacht ausgedrückt bedeutet das, dass sich in einer Welt von Feiglingen bereits ein bisschen mehr Mut auszahlen kann. Aber in einer Welt von Zockern findet dieses bisschen Mut kaum Anerkennung. Daher schwankt die Risikoprämie folglich im Laufe der Zeit. In einer Zeit, in der Anleger sich risikoavers verhalten ist die Risikoprämie höher als in anderen Zeiten. Ein solches Verhalten beobachtet man häufig nach Kurseinbrüchen, nach denen viele Anleger vorsichtiger oder zunehmend risikoavers werden.

Die eigentliche Frage ist aber: Warum gibt es überhaupt Marktrisiken? Leider lässt sich diese Frage nicht ohne weiteres beantworten. Eine mögliche Antwort ist, dass die Kurse der Wertpapiere in erster Linie schwanken, weil die Wertpapiere im Spiegel eines Stroms neuer Nachrichten permanent neu zu beurteilen sind und deswegen die Investoren mit Kauf- und Verkaufsordern reagieren[18].

Eine andere Begründung ist, dass die Kurse der Wertpapiere einfach deshalb schwanken, weil Handel stattfindet – selbst wenn es keine neuen Nachrichten gibt, die für eine Neubewertung sprechen würden.

Um Ihnen schon im Vorfeld etwas die Angst zu nehmen, habe ich in Tabelle 6 die wichtigsten Risiken der Anlageformen Aktien und Anleihen sowie deren Messung aufgeführt. Sie sehen also, dass es für fast jedes Risiko eine Mess-Möglichkeit gibt und somit auch eine Variante, ihnen zu begegnen.

Tabelle 6: Die wichtigsten Risiken der Anlageformen Aktien und Anleihen

Risiko	Anlageform	Messung
Kursrisiko	Aktien, Anleihen	Volatilität
Zinsänderungsrisiko	Anleihen	Modified Duration
Bonitätsrisiko	Anleihen	Rating
Geldentwertungsrisiko	Aktien, Anleihen	Inflationsrate
Währungsrisiko	Betrifft alle auf fremder Währung lautenden Aktien und Anleihen	Volatilität
Politische Risiken	Aktien und Anleihen	

5.1 Kursrisiken bei Aktien

Wie wir aus den vorherigen Kapiteln wissen, setzt sich die Gesamtrendite einer Aktie aus den Kursänderungen und Dividenden zusammen. Leider sind beide Faktoren nicht konstant. Hieraus ergibt sich eine Unregelmäßigkeit der Kurs- und Dividendenentwicklung, die in der unregelmäßigen Renditeentwicklung einer Aktie mündet. Diese unsichere Rendite ist zugleich eines der Hauptrisiken der Aktienanlage überhaupt. Zur Messung dieses Risikos verwendet man die Volatilität einer Aktie.

Dabei misst die Volatilität, wie stark die tatsächliche Rendite einer Aktie von der durchschnittlichen Rendite[19] der Aktie abweicht. Zur Messung der Volatilität[20] wird auf das mathematische Konzept der Standardabweichung zurückgegriffen.

$$\sigma = \sqrt{\frac{1}{n}\sum_{i=1}^{n}(r_i - \mu)^2}$$

(σ = Standardabweichung, n = Zahl der Renditen, i = Index für die Jahre, r_i = Rendite im Jahr i, μ = Erwartungswert der Rendite)

Haben Sie keine Angst vor dieser komplex aussehenden Formel, sondern versuchen Sie diese gedanklich nachzuvollziehen. Getreu dem Spruch von Johann Wolfgang von Goethe: »*Es ist nicht genug zu wollen, man muss es auch tun.*« Damit Sie das auch »*tun*« können, werde ich Ihnen Schritt für Schritt erklären, wie man eine solch monströse Formel löst.

Dazu nehmen wir an, dass die Cisco-Aktie innerhalb der letzten vier Jahre von 15 Euro auf 19 Euro gestiegen ist. Der Einfachheit halber nehmen wir ferner an, dass die Cisco AG keine Dividenden ausgeschüttet hat. Werden Dividenden ausgeschüttet, so müssen sie zum Kurswert hinzugezählt werden.

Tabelle 7: Ermittlung der jährlichen Wertveränderungen (Rendite) der Cisco AG

Jahr	Aktienkurs am Jahresende	Wertveränderung
2003	15 Euro	
2004	13 Euro	- 13,33 %
2005	14 Euro	7,69 %
2006	17 Euro	21,43 %
2007	19 Euro	11,76 %

[18] Dies wird auch als Hypothese der Informationseffizienz bezeichnet.

[19] Die Durchschnittsrendite wird auch als Erwartungswert bezeichnet.

[20] Umgangssprachlich erinnert die Volatilität an die Flüchtigkeit des Federviehs – das lateinische Wort volare bedeutet sich heben, fliegen, die Flügel bewegen oder sich schnell bewegen. Hier wird die Volatilität verwendet zur Beschreibung der Streuung der Rendite.

Im nächsten Schritt wird die durchschnittliche Rendite (Erwartungswert) mittels des arithmetischen Mittels[21] bestimmt.

$$\mu\ (\text{Erwartung swert}) = \frac{(-13{,}33\ \% + 7{,}69\ \% + 21{,}43\ \% + 11{,}76\ \%)}{4} = 6{,}88\ \%$$

Im darauf folgenden Schritt zieht man die Durchschnittsrendite von den jährlichen Renditen (Wertveränderung) ab.

Tabelle 8: Ermittlung des Unterschieds zur Durchschnittsrendite der Cisco AG

Jahr	Aktienkurs am Jahresende	Wertveränderung	Unterschied zur Durchschnittsrendite
2003	15 Euro		
2004	13 Euro	- 13,33 %	- 20,22 %
2005	14 Euro	7,69 %	0,80 %
2006	17 Euro	21,43 %	14,54 %
2007	19 Euro	11,76 %	4,88 %

Der Unterschied zur Durchschnittrendite wird nun mit sich selbst multipliziert, d.h. quadriert. Diese Vorgehensweise dient dazu, dass der negative Unterschied zur durchschnittlichen Durchschnittsrendite positiv wird und dass die größeren Unterschiede stärker gewichtet werden.

Tabelle 9: Quadrierung des Unterschieds zur Durchschnittsrendite für die Cisco AG

Jahr	Aktienkurs am Jahresende	Wertveränderung	Unterschied zur Durchschnittsrendite	Quadrat des Unterschieds zur Durchschnittsrendite
2003	15 Euro			
2004	13 Euro	- 13,33 %	- 20,22 %	408,90 %²
2005	14 Euro	7,69 %	0,80 %	0,65 %²
2006	17 Euro	21,43 %	14,54 %	211,43 %²
2007	19 Euro	11,76 %	4,88 %	23,78 %²

Um die Varianz zu errechnen, muss das arithmetische Mittel des quadrierten Unterschieds zur Durchschnittsrendite berechnet werden.

$$\sigma^2\ (\text{Varianz}) = \frac{(408{,}90\ \%^2 + 0{,}65\ \%^2 + 211{,}43\ \%^2 + 23{,}78\ \%^2)}{4} = 161{,}19\ \%^2$$

---

[21] Siehe für Informationen zum arithmetischen Mittel Seite 35 ff.

Abschließend wird die Volatilität bzw. Standardabweichung der Aktienrenditen von Cisco bestimmt. Dazu muss nur noch die Wurzel aus der Varianz gezogen werden.

$$\sigma\,(\text{Standardabweichung}) = \sqrt{\sigma^2} = \sqrt{161{,}19\,\%^2} = 12{,}70\,\%$$

Was bedeutet die Volatilität für mich als Anleger? Oder: Was sagt die Volatilität von 12,70 % für die Cisco-Aktie aus? Im Allgemeinen gilt: Je höher die Volatilität[22] ist, desto höher ist auch das Risiko der Aktie. Diese doch sehr banale Aussage kann mit Hilfe der Zweidrittelregel der Wahrscheinlichkeitstheorie präzisiert werden. Demnach liegt die Rendite einer Anlageform mit einer Wahrscheinlichkeit von 2/3 zwischen dem Erwartungswert abzüglich der Volatilität und dem Erwartungswert zuzüglich der Volatilität, d.h. im Intervall [μ-σ; μ+σ]. Das klingt relativ kompliziert, ist es aber nicht. Sehen wir uns doch gleich unser Beispiel der Cisco AG an.

Beispiel 10:	Berechnung der Zweidrittelregel am Beispiel der Cisco AG.
	Die Cisco AG hat eine Volatilität auf Jahresbasis von 12,70 % und eine Durchschnittsrendite von 6,88 %. Untergrenze: $\mu - \sigma = 6{,}88\,\% - 12{,}70\,\% = -5{,}82\,\%$ Obergrenze: $\mu + \sigma = 6{,}88\,\% + 12{,}70\,\% = 19{,}58\,\%$ Dies bedeutet: Mit einer Wahrscheinlichkeit von ca. 66 % ist die jährliche Gesamtrendite der Cisco AG nie geringer ist als -5,82 %, sie wird aber auch mit gleicher Wahrscheinlichkeit nicht höher als 19,58 % sein.

Geht man noch tiefer in die Wahrscheinlichkeitstheorie, so kann man die Zweidrittelregel erweitern auf eine Wahrscheinlichkeit von 99,99 %. Dies gelingt, indem das Intervall auf der Basis von (μ - 4 · σ) und (μ + 4 · σ) berechnet wird. Für unser Beispiel der Cisco AG bedeutet das, dass mit einer Wahrscheinlichkeit von 99,99 % die jährliche Gesamtrendite zwischen -43,92 % und 57,68 % liegt.

Vielleicht noch wichtiger für den Anleger ist die leicht negative Korrelation zwischen Kursveränderungen einer Aktie und deren Volatilität. Damit ist folgendes gemeint:

---

[22] In der Regel gilt: Je höher die Volatilität eines Wertpapiers ist, desto stärker schwankt der Kurs. Damit verbunden sind zwar auch höhere Renditechancen, aber gleichzeitig auch ein entsprechend höheres Risiko.

- Wenn die Aktienkurse fallen, geht dies tendenziell einher mit einer Erhöhung der Volatilität.
- Wenn dagegen die Aktienkurse steigen, geht das tendenziell einher mit einer Verringerung der Volatilität.

Anschaulich ausgedrückt, kann man diesen Effekt der Volatilität so beschreiben: In unruhigen Börsenzeiten (Volatilität steigt) sind Kursrückgänge wahrscheinlicher. Die höhere Volatilität bedeutet auch eine höhere Unsicherheit, und folglich sind die mit dem Wertpapier verbundenen zukünftigen Zahlungen (Dividenden) stärker zu diskontieren. Wenn sich die Zeiten an der Börse wieder beruhigen (Volatilität sinkt), dann kommt es meistens zu einem Kursanstieg. Denn die niedrigere Volatilität bedeutet einen Rückgang der Unsicherheit, und somit sind die mit einer Aktie verbundenen Zahlungen (Dividenden) weniger stark zu diskontieren.

Kennen Sie auch die Redewendung: »*Ohne Fleiß kein Preis*«? Um den Preis zu erhalten, müssen wir uns noch etwas genauer mit dem Berechnungszeitraum der Volatilität beschäftigen.

Für unser Beispiel der Cisco AG sind wir bei der Berechnung der Volatilität von jährlichen Renditen ausgegangen. Die Volatilität kann aber auch für kürzere Zeiträume berechnet werden, zum Beispiel quartals- oder monatsweise. Überdies ist die Volatilität einer Aktie keine feststehende Größe, sie kann sich innerhalb kurzer Zeit ändern. Deshalb werden für die Volatilitätsberechnung meistens kürzere Zeiträume zu Grunde gelegt.

Es ist natürlich ein Unterschied, ob eine Aktie innerhalb eines Jahres, eines Monats oder einer Woche eine Rendite von 4 % hat. Deswegen werden alle Volatilitäten auf ein Jahr bezogen[23].

$$\text{Tagesrenditen}: \sigma_{\text{annualisierte}} = \sigma \cdot \sqrt{250}$$

$$\text{Wochenrenditen}: \sigma_{\text{annualisierte}} = \sigma \cdot \sqrt{52 \cdot \frac{250}{365}}$$

$$\text{Monatsrenditen}: \sigma_{\text{annualisierte}} = \sigma \cdot \sqrt{12 \cdot \frac{250}{365}}$$

$$\text{Quartalsrenditen}: \sigma_{\text{annualisierte}} = \sigma \cdot \sqrt{4 \cdot \frac{250}{365}}$$

$$\text{Jahresrenditen}: \sigma_{\text{annualisierte}} = \sigma$$

[23] In diesem Zusammenhang spricht man auch von annualisierten Standardabweichungen.

Der Faktor 250 in den obigen Formeln ergibt sich aus der Tatsache, dass das Handelsjahr an den Börsen 250 Tage hat. Sehen wir uns doch mal die Volatilitäten als annualisierte Standardabweichungen bei unterschiedlichen Zeiträumen für unser Beispiel der Cisco AG an.

$$\text{Tagesrenditen}: \sigma_{\text{annualisierte}} = \sigma_{\text{Cisco}} \cdot \sqrt{250} = 12{,}70 \cdot \sqrt{250} = 200{,}74$$

$$\text{Wochenrenditen}: \sigma_{\text{annualisierte}} = \sigma_{\text{Cisco}} \cdot \sqrt{52 \cdot \frac{250}{365}} = 12{,}70 \cdot \sqrt{52 \cdot \frac{250}{365}} = 75{,}77$$

$$\text{Monatsrenditen}: \sigma_{\text{annualisierte}} = \sigma_{\text{Cisco}} \cdot \sqrt{12 \cdot \frac{250}{365}} = 12{,}70 \cdot \sqrt{12 \cdot \frac{250}{365}} = 36{,}40$$

$$\text{Quartalsrenditen}: \sigma_{\text{annualisierte}} = \sigma_{\text{Cisco}} \cdot \sqrt{4 \cdot \frac{250}{365}} = 12{,}70 \cdot \sqrt{4 \cdot \frac{250}{365}} = 21{,}01$$

$$\text{Jahresrenditen}: \sigma_{\text{annualisierte}} = \sigma_{\text{Cisco}} = 12{,}70$$

Dieses Beispiel macht besonderes deutlich, dass es wichtig ist, die Zeiträume für die Berechnung der Rendite genaustens zu beachten. Heute braucht ein Anleger die Volatilitäten nicht mehr selber ausrechnen, sondern kann sie direkt aus dem Internet (zum Beispiel www.onvista.de) oder aus den Wirtschaftszeitungen (zum Beispiel Handelsblatt) beziehen. Zudem haben sich an der Börse zwei Volatilitäten durchgesetzt und zwar auf Basis von 30 bzw. 250 Handelstagen.

Allerdings gibt es zwei Einschränkungen, die zu einem vorsichtigeren Gebrauch der Volatilität führen sollten:

1. Zunächst einmal beruht die Interpretation der Volatilität auf der Annahme, dass die Renditen um die Durchschnittsrendite normal verteilt sind. Dies bedeutet, dass es umso unwahrscheinlicher ist, die gewünschte Rendite zu erreichen, je weiter sie von der Durchschnittsrendite abweicht. Die Votalität stellt nur eine Annahme dar, welche allerdings ein recht gutes Abbild der Wirklichkeit liefert.
2. Außerdem muss man bedenken, dass die Ermittlung der Volatilität aus historischen Daten erfolgt. Leider besteht kein zwingender Grund dafür, dass die Kursschwankungen einer Aktie in der Zukunft genauso stark sind wie in der Vergangenheit. Deswegen wurde die implizierte Volatilität eingeführt. Die implizierte Volatilität spiegelt die zukünftige Erwartung des Marktes an die Schwankungsbreite der Aktie wieder. Sie wird im Internet oder in der Wirtschaftspresse publiziert.

Trotz dieser Einschränkungen bleibt die Volatilität die beste Kennzahl zur Beschreibung des Risikos einer Aktie.

5.2 Zinsschwankungsrisiko bei Anleihen

Der Börsenexperte Warren Buffet gab einem Anleger den Ratschlag: »*Risiko entsteht dann, wenn Sie nicht wissen, was sie tun.*« Folglich sollten wir auch bei Anleihen einen Blick auf das Risiko werfen.

Genauso wie Aktien unterliegen Anleihen Kursschwankungen, die ebenfalls mit Hilfe der Volatilität beschreibbar sind. Der Kurs einer Anleihe wird vor allem vom Marktzins und seiner Veränderung im Zeitablauf bestimmt. Dieser Zusammenhang zwischen der Änderung des Marktzinses und den Kursschwankungen der Anleihen wird rechnerisch mit Hilfe des Modells des Modified Duration beschrieben.

Im Gegensatz zu der Volatilität, die eher das Kursrisiko beschreibt, geht die Modified Duration der Ursache der Kursschwankung, der Marktzinsänderung, auf den Grund. Deswegen wird auch zur Beschreibung des Zinsschwankungsrisikos bei Anleihen die Modified Duration verwendet. Dabei geht die Modified Duration eigentlich der Frage nach: Wie ändert sich der Anleihekurs, wenn der Marktzins um einen Prozentpunkt steigt oder fällt?

Ich möchte die Berechnung der Modified Duration gleich anhand eines Beispiels verdeutlichen. Nehmen Sie dazu an, dass Sie eine Anleihe mit einem Nennwert von 1000 Euro und einem Nominalzins von 5 % sowie einer Restlaufzeit von 3 Jahren besitzen. Dann möchten Sie wissen, wie groß das Kursrisiko der Anleihe ist, wenn es zu einer Änderung des Marktzinses kommt. Dazu müssen wir im ersten Schritt die Zahlungsströme der Anleihe ermitteln.

Tabelle 10: Zahlungsströme einer Anleihe mit einem Nennwert von 1.000 Euro, einem Nominalzins von 5 % und einer Restlaufzeit von 3 Jahren

Termin	Zahlung	Betrag
31.12.2003	Zins	50 Euro
31.12.2004	Zins	50 Euro
31.12.2005	Zins Tilgung	50 Euro 1000 Euro

Im nächsten Schritt müssen wir, ähnlich wie zur Ermittlung des fairen Wertes einer Anleihe, die zu verschiedenen Zeitpunkten anfallenden Zahlungen auf ihren heutigen

Barwert (siehe Seite 33 ff.) abzinsen. Allerdings wird für jede Zahlung genau die Marktrendite verwandt, die der jeweiligen Zeitdauer entspricht. Der Marktzins für eine einjährige Anleihe beträgt 2,5 %, für eine zweijährige Anleihe 3 % und für eine dreijährige Anleihe 4 %. Die Barwerte der Zahlungen werden analog berechnet, wie bei der Ermittlung des fairen Wertes einer Anleihe. Aus der Summe der Barwerte erhält man dann den heutigen Wert der Anleihe.

Tabelle 11: Barwerte einer Anleihe mit einem Nennwert von 1000 Euro, einem Nominalzins von 5 % und einer Restlaufzeit von 3 Jahren

Termin	Zahlung	Abzinsung mit	Abzinsungsrechnung	Barwert
31.12.2003	Zins	2,5 %	$50 / 1{,}025$	48,78 Euro
31.12.2004	Zins	3 %	$50 / 1{,}03^2$	47,13 Euro
31.12.2005	Zins	4 %	$50 / 1{,}04^3$	44,45 Euro
	Tilgung	4 %	$1000 / 1{,}04^3$	889,00 Euro
			Summe Barwerte:	1029,36 Euro

Aus heutiger Sicht wäre also die Anleihe bei 1029,36 Euro fair gepreist. Im nächsten Schritt müssen die Barwerte der einzelnen Zahlungen mit der Zeit bis zu ihrer Fälligkeit gewichtet werden. Dazu wird der Barwert der beispielsweise in zwei Jahren fälligen Zahlung verdoppelt, der Barwert, der in drei Jahren fällig ist, wird verdreifacht usw.

Tabelle 12: Gewichtete Barwerte einer Anleihe mit einem Nennwert von 1000 Euro, einem Nominalzins von 5 % und einer Restlaufzeit von 3 Jahren

Termin	Zahlung	Barwert	Gewichtungsfaktor	Gewichteter Barwert
31.12.2003	Zins	48,78 Euro	1	48,78 Euro
31.12.2004	Zins	47,13 Euro	2	94,26 Euro
31.12.2005	Zins	44,45 Euro	3	133,35 Euro
	Tilgung	889,00 Euro	3	2666,99 Euro
			Summe gewichteter Barwerte	2943,38 Euro

Die Duration einer Anleihe erhalten wir, indem wir die Summe der gewichteten Barwerte durch die Summe der Barwerte teilen.

$$\text{Duration} = \frac{\text{Summe gewichtete Barwerte der Anleihe}}{\text{Summe Barwerte der Anleihe}} = \frac{2943{,}38}{1029{,}36} = 2{,}86$$

Was bedeutet nun die Kennzahl Duration? Die Duration gibt den Zeitpunkt an, an dem die künftigen Zahlungen im Durchschnitt beim Anleger ankommen, also für unser Beispiel genau 2,86 Jahre. Im Allgemeinen nimmt die Duration einer Anleihe mit zunehmender Restlaufzeit und kleiner werdenden Marktzins zu. Wobei hilft uns aber die Duration?

Man geht von folgender Modellvorstellung aus: Ein Anleger kauft eine Anleihe und hält sie bis zur Tilgung in seinem Depot. So muss er sich eigentlich nur um die Zinsen Sorgen machen, die er während der Laufzeit der Anleihe bekommt. Bleiben die Zinsen während der gesamten Laufzeit konstant, so kann er sie zu gleichen Konditionen wieder anlegen. Sinkt dagegen die Rendite, so erfolgt die Wiederanlage zu ungünstigeren Konditionen. Hierdurch kann sich die Gesamtrendite der Anlage verringern. Bei steigender Rendite tritt der umgekehrte Fall ein. Mithilfe der Duration kann man diesen Effekt auf die Gesamtrendite ausschließen.

So gibt die Duration genau den Zeitpunkt an, an dem eventuelle Kursänderungen aufgrund von Renditeänderungen durch die möglicherweise geänderten Wiederanlagebedingungen der Zinsen kompensiert werden können. Wenn beispielsweise die Marktrendite steigt, sinkt der Kurs der Anleihe. Andererseits können die Zinsen günstiger wieder angelegt werden, was den Kursverlust der Anleihe im Normallfall ausgleicht.

Wer also heute einen bestimmten Betrag anlegen möchte, den er genau in 3 Jahren benötigt, kann jedes Kursrisiko ausschließen, indem er einfach statt einer dreijährigen Anleihe eine Anleihe mit einer dreijährigen Duration kauft.

Ein deutsches Sprichwort lautet: »*Aus den Augen aus dem Sinn.*« Infolgedessen kommen wir nach dieser Exkursion wieder zurück zur Berechnung der Modified Duration. Sie wird ganz einfach berechnet: Die Duration muss nur noch durch den Faktor (1 + Nominalzinssatz der Anleihe) geteilt werden.

$$\text{Modified Duration} = \frac{\text{Duration der Anleihe}}{1 + \text{Nominalzinssatz der Anleihe}} = \frac{2{,}86}{1 + 0{,}05} = 2{,}72$$

Mithilfe der Kennzahl Modified Duration kann man das Zinsänderungsrisiko der Anleihe vorhersagen. Für unser Beispiel führt eine Erhöhung des Marktzinses um 1 % dazu, dass der Kurs der Anleihe um 2,72 % fällt. Umgekehrt steigt der Kurs der Anleihe um 2,72 %, wenn der Marktzins um 1 % fällt.

Allerdings ermittelt die Modified Duration kein exaktes Abbild des Zinsänderungsrisikos, sondern stets ein etwas ungünstigeres, als es bei einer exakten Kalkulation zu erwarten wäre. Dies liegt daran, dass die Modified Duration einen linearen Zusammenhang zwischen der Renditeänderung und der Kursänderung einer Anleihe unterstellt, obwohl dieser nicht linear ist.

Die nächste Frage, mit der man sich auseinandersetzen muss, ist: Kann der Emittent meiner Anleihe auch seine Zins- und Tilgungsversprechen tatsächlich einhalten? Schließlich gilt besonders bei Anleihen der schöne alte Spruch *»drum prüfe, wer sich ewig bindet«*. Mithilfe des Bonitätsrisikos, welches im nächsten Abschnitt erläutert wird, ist es möglich abzuschätzen, wie hoch die Wahrscheinlichkeit ist, dass der Emittent seine Zins- und Tilgungsversprechen einhält.

5.3 Bonitätsrisiko einer Anleihe

Die Anleihen von Vater Staat (Bundesanleihen usw.) haben als Papiere für den guten Schlaf und als Bestandteil eines Depots sicher ihre Berechtigung – sie haben aber auch eine entsprechend geringere Rendite. Möchte der Investor in andere Anleihen investieren, sollte er unbedingt die Bonität des Emittenten überprüfen.

Schließlich ist neben der Änderung der Marktrendite die Unwilligkeit bzw. die Unfähigkeit des Emittenten der Anleihe seine Zins- und Tilgungsverpflichtungen zu den vereinbarten Zeit zu erfüllen[24] das größte Risiko bei Anleihen. Für den Privatanleger ist es oftmals unmöglich dieses Risiko für alle Emittenten von Anleihen fundiert abzuschätzen. Glücklicherweise gibt es aber verschiedene Institutionen, die dem Anleger diese Arbeit abnehmen – die Ratingagenturen. Eine der ersten Ratingagenturen wurde von John Moody im Jahr 1909 gegründet. Neben Moody's (Abk. MDY) ist Standard & Poor's (Abk. S&P) die wichtigste Ratingagentur. Daneben gibt es aber noch eine Vielzahl weiterer Ratingagenturen am Markt.

Ziel eines Ratings ist es, dem Anleger mit einer einzigen Größe zu signalisieren wie die Bonität eines Emittenten einer Anleihe ist. Diese Größe soll angeben, wie hoch die Wahrscheinlichkeit ist, dass die Zins- und Tilgungsversprechen tatsächlich eingehalten werden können. Das wird auch als Rating bezeichnet. Vereinfacht ausgedrückt werden beim Rating die Anleihen in Schubladen einsortiert, wobei jede Schublade einem bestimmten Risiko entspricht.

Grundsätzlich werden Emittenten aller Art (wie Staaten, Banken Industrieunternehmen usw.) und die Emissionen (wie Anleihen, Vorzugsaktien, Investmentfonds usw.)

einzeln bewertet. Als Grundregel gilt: Eine Emission kann nie besser bewertet werden als der Emittent des betreffenden Wertpapiers. Sie kann aber schlechter bewertet werden, wenn die speziellen Konditionen der geplanten Emission für den Anleger ungünstig sind. Zudem kann das Rating eines speziellen Emittenten niemals besser sein als das Rating seines Heimatlandes, weil die Politik des Heimatlandes einen entscheidenden Einfluss auf die Fähigkeit von einzelnen Schuldnern zur Erfüllung ihrer Verpflichtungen hat.

Aber jedes Rating stellt letztlich nicht mehr als eine – wenn auch begründete – Meinung über die Bonität eines Emittenten oder seiner Emission dar. Daher ist das Rating immer auch subjektiv. Die Bewertung einer Emission gibt nur die Ansicht der Ratingagentur über die Wahrscheinlichkeit eines Zahlungsausfalles wieder und ist deswegen keine absolut sichere Prognose. Ratings stellen keine konkreten Anlageempfehlungen dar. So kann auch ein Unternehmen mit einem schlechten Rating durchaus eine attraktive Anleihe emittieren, wenn die versprochene Rendite das höhere Risiko kompensiert. Letztlich teilt das Rating dem Anleger nur die Höhe des Risikos mit, über seine Renditeforderung muss der Anleger selbst entscheiden.

Zudem erhält der Anleger mit dem Rating die Möglichkeit, durch eine sehr einfache Abschätzung des Risikos und den Vergleich zwischen der Marktrendite und dem Zinssatz verschiedener Anleihen der gleichen Risikoklasse die Beste ausfindig zu machen. So kann ein Anleger sich die Anleihe mit der höchsten Rendite zu seinem persönlichen Risiko aussuchen.

Wie wird das Rating aber gemessen? Die Ratingsysteme der Agenturen sind so entwickelt, dass sie sowohl quantitativen als auch qualitativen Beurteilungskriterien Rechnung tragen. Dabei umfasst die Analyse die gesamtwirtschaftliche Situation des Landes, in dem der Emittent seinen Sitz hat. Zusätzlich wird die individuelle wirtschaftliche Situation des Emittenten mittels fundamentaler Analyse bewertet. Außerdem findet eine juristische Beurteilung der Ausstattungsmerkmale der Anleihe statt. Dabei vergeben die Ratingagenturen bestimmte Buchstabenkombinationen zur Beschreibung der verschiedenen Risikoklassen. Ferner weisen Unternehmen und andere Einrichtungen mit der gleichen Einstufung in einer Risikoklasse in etwa die gleiche Wahrscheinlichkeit aus, in der Zukunft zahlungsunfähig zu werden. Die Risikoklassen der beiden wichtigsten Ratingagenturen Moody's und Standard & Poors entspre-

---

[24] Dies wird als Bonität bezeichnet.

chen einander weitgehend, allerdings nicht in der formalen Bezeichnung, aber doch in der Beschreibung der einzelnen Risikoklassen[25].

Tabelle 13: Ratingstufen beste Investmentklassen (langfristig)

Investmentklassen		Bezeichnung	Beschreibung
Moody	Standard & Poors		
AAA	Aaa	gil-edged	Die Fähigkeit die Zins- und Tilgungsversprechen einzuhalten, ist außergewöhnlich hoch, d.h., das Kapital ist ungefährdet.
AA+ AA AA-	Aa1 Aa2 Aa3	high-grade bonds	Die Fähigkeit die Zins- und Tilgungsverpflichtungen zu leisten, ist sehr ausgeprägt.

[25] Welches Rating ein bestimmter Emittent hat bzw. seiner Anleihe zugeordnet wird, erfährt der Anleger auf den Internetseiten der Ratingagenturen www.standardandpoors.com oder www.moodys.com

Tabelle 14: Ratingstufen Spekulationsklassen (langfristig)

Investmentklassen		Bezeichnung	Beschreibung
Moody	Standard & Poors		
A+ A A-	A1 A2 A3	upper medium grade	Die Fähigkeit zur Bedienung der Anleiheverpflichtungen ist sehr stark. Aber ein verändertes wirtschaftliches Umfeld und veränderte Rahmenbedingungen können die Anleihe dieser Qualität leichter angreifbar machen.
BBB+ BBB BBB-	Baa1 Baa2 Baa3	Schuldtitel Mittlere Qualität	Die Voraussetzungen für die Zins- und Tilgungsleistungen sind gut. Aber eine ungünstige Wirtschaftsentwicklung kann die Fähigkeit des Unternehmens, seinen Verpflichtungen nachzukommen, beeinträchtigen.
BB+ BB BB-	Ba1 Ba2 Ba3	Spekulative Emission	Die Anleihe ist nachteiligen Risiken verschlechternder Geschäfts-, Finanz- oder Wirtschaftsentwicklungen ausgesetzt. Daher kann die Fähigkeit zur Erfüllung der Verpflichtungen aus der Emission unzulänglich sein.
B+ B B-	B1 B2 B3		Zurzeit sind die Voraussetzungen zur Zins- und Tilgungszahlung der Anleihe noch ausreichend, doch die Sicherheit des Schuldendienstes ist gering.
CCC+ CCC CCC-	Caa	ausgesprochene spekulative Anleihe	Die Zins- und Tilgungszahlungen sind von den Umständen abhängig und können bei nachteiligen Entwicklungen der Geschäfts-, Finanz- und Wirtschaftsbedingungen kaum erfüllt werden.
CC	Ca	hoch spekulative Anleihe	Die Zins- und Tilgungszahlungen sind ungewiss oder bereits ausstehend. Zusätzlich sind die Inhaber dieser Anleihe bei Konkurs des Gläubigers oftmals schlechter gestellt als die anderen Gläubiger des Emittenten der Anleihe.
C CI	C		Der Schuldner steht kurz vor der Insolvenz oder das Insolvenzverfahren ist schon eröffnet, aber die Zinszahlungen erfolgen noch.
D	D		Der Schuldner befindet sich im Zahlungsverzug oder hat Konkurs angemeldet.

Die Ratingstufen von AAA/Aaa bis A/A gelten als Investmentklassen, d.h., diese Anleihen können ohne Bedenken gekauft werden. Dagegen gelten die Ratingstufen ab BBB/Baa als Spekulationsklassen. Je schlechter nun ein Rating ist, desto größer werden auch die qualitativen Unterschiede zwischen den einzelnen Abstufungen der Investmentklassen, daher ist der Schritt von AAA zu AA weniger schwerwiegend als der Schritt von CC zu C.

Zudem nimmt die Wahrscheinlichkeit der Zahlungsunfähigkeit von Ratingstufe zu Ratingstufe zu. So gilt, dass bei einem BBB-Rating das Risiko einer Zahlungsunfähigkeit eines Emittenten innerhalb von zehn Jahren etwa doppelt so hoch ist, wie bei einem Rating von AAA. Deswegen hat das Rating auch einen Einfluss auf die Zinshöhe der Anleihe.

Eine erstklassige Schuldnerbonität ist in der Regel mit einer geringeren Rendite der Anleihe verbunden. Deshalb sind diese Anleihen von vornherein mit einer niedrigeren Nominalverzinsung ausgestattet als gleichzeitig emittierte Anleihen von Emittenten mit schlechterem Rating.

Neben den in Tabelle 13 und 14 beschriebenem Rating für langfristige Anlagen vergeben die Ratingagenturen Moody und Standard & Poors auch Ratings für kurzfristige Investments. Ihre Beschreibung stimmt weitgehend mit den langfristigen Klassifizierungen überein. Aber sie haben andere Bezeichnungen und sind nicht so feinstufig wie im langfristigen Bereich.

Tabelle 15: Vergleich der Ratingstufen für kurz- und langfristige Investments

Investmentklassen Standard & Poors		Investmentklassen Moody	
kurzfristig	langfristig	kurzfristig	langfristig
A-1+	AAA	Aaa	Prime-1
A-1+	AA+ AA AA-	Aa1 Aa2 Aa3	Prime-1
A-1 A-2	A+ A A-	A1 A2 A3	Prime-1 Prime-2
B	BB+ BB BB-	Ba1 Ba2 Ba3	Prime-3
C	B+ B B-	B1 B2 B3	Not Prime
C	CCC+ CCC CCC-	Caa	Not Prime
C	CC	Ca	Not Prime
C	C CI	C	Not Prime
D	D		

Ein Blick auf die Beurteilung des kurzfristigen Ratings lohnt sich, weil sich hier meistens im Vorfeld eine Ratingveränderung ankündigt. In der Regel gibt es drei Faktoren, die eine Änderung des Ratings eines Emittenten verursachen können:

1. Zunächst kann dies durch eine konjunkturelle Veränderung passieren. Diese konjunkturelle Veränderung kann die Gewinnsituation bzw. die Zahlungsfähigkeit des Emittenten nachhaltig beeinträchtigen. Solche dramatischen Verän-

derungen treten meistens bei langfristigen Wirtschaftskrisen auf. Das führt insbesondere bei Industrieunternehmen zu Bonitätsänderungen.

2. Zudem können Veränderungen, die ihre Ursache in den einzelnen Unternehmen, Branchen oder Ländern haben, zu einer Bonitätsänderung führen. So können z.B. durch die Entwicklung von neuen innovativen Produkten die Gewinne des Unternehmens drastisch ansteigen, sodass eine höhere Bonitätseinstufung notwendig ist. Zum anderen kann sich bei Ländern die Bonität drastisch verschlechtern, wenn das Staatsdefizit deutlich zunimmt. Allerdings kann die Bonität eines Landes auch höher gestuft werden, z.B. durch die Entdeckung von großen Rohstoffvorkommen. Dann bekommt das betreffende Land zusätzliche Geldmittel, um seine Schulden bedienen zu können.
3. Zudem können politische Entwicklungen, wie z.B. Putsche, mit starken wirtschaftlichen Auswirkungen die Zahlungsfähigkeit von Unternehmen und Ländern verschlechtern.

Welche Auswirkungen hat eine Änderung des Ratings?

Eine Bonitätsverschlechterung wirkt sich ungünstig auf die Kursentwicklung der betreffenden Anleihe aus. Man beobachtet dann meistens einen Risikoabschlag. Das Bonitätsrisiko liegt tendenziell umso höher, je länger die Restlaufzeit der Anleihe ist. Demgegenüber wirkt sich eine Bonitätsverbesserung meistens günstig auf die Kursentwicklung der betreffenden Anleihe aus.

Deshalb zählt das Rating des Emittenten einer Anleihe zu den wichtigsten Kauf- bzw. Verkaufsentscheidungskomponenten des Anlegers. Denn ein fortwährend gutes Rating sichert dem Anleger die Erfüllung der vertraglichen Pflichten des Schuldners zu, d.h. die Zins- und Tilgungszahlungen. Allerdings kann sich die Bonität aus den oben genannten Gründen während der Laufzeit ändern. Dies kann im Extremfall dazu führen, dass die Zins- und Tilgungszahlungen nicht nur gefährdet sind, sondern sogar ausfallen. Außerdem gibt es Fälle, bei denen der Anleger einem Totalverlust erleidet. Als Investor muss man abwägen, ob man für ein höheres Sicherheitsniveau der Anleihe eine geringere Rendite in Kauf nehmen möchte oder für eine höhere Rendite gleichzeitig ein höheres Risiko eingeht. Als Faustregel für den Investor gilt:

- Je größer die Rendite einer Anleihe von der durchschnittlichen Marktrendite nach oben abweicht, desto höher ist das Risiko für den Anleger.

Deswegen muss der Anleger bevor und während der Laufzeit der Anleihe stets die Bonität bzw. das Rating seines Schuldners beobachten, um negative Überraschungen zu vermeiden, denn eine Verschlechterung der Bonität kostet Performance bzw. Rendite. Sie sollten deswegen immer die alte Börsenweisheit im Hinterkopf haben: »*Wer einen gesunden Apfel kauft und am Ende ein faules Ei im Depot hat, kann dieses nur noch zu einem niedrigeren bzw. schlechten Preis verkaufen – wenn überhaupt.*«

Clever jubelte: „Jetzt sind wir endlich fertig und ich kann mir ein Depot zusammenstellen. Ich weiss nun, wie sich die Rendite und das Risiko verhalten."

Der Anlageberater fragte lieber noch einmal nach: „Und wie?"

„Ist doch ganz einfach, die Rendite eines Depots bestehend aus mehreren Aktien bzw. Anleihen ist der Mittelwert der Renditen der Aktien bzw. Anleihen im Depot. Und das Risiko eines solchen Depots ergibt sich ganz einfach durch den Mittelwert der Volatilitäten der Anleihen bzw. Aktien im Depot. Zudem muss man bei Anleihen berücksichtigen, dass nicht alle Emittenten von Anleihen ehrlich angeben, ob sie in der Lage sind, ihre Zins- und Tilgungsversprechen einzuhalten. Doch auch hier gilt das Deutsche Sprichwort »*ehrlich währt am längsten*«, weil man mittels des Ratings schnell herausbekommt, wer in der Lage ist, seine Versprechen zu erfüllen."

Aber der Anlageberater entgegnete: „Was bei der Rendite richtig ist, ist leider nicht beim Risiko richtig. Denn das Risiko mehrerer Wertpapiere im Depot ist nicht gleich dem Mittelwert des Risikos der einzelnen Aktien bzw. Anleihen. Vielmehr kompensieren sich teilweise die Risiken gegenseitig. Hierdurch eröffnet sich ein Weg, um bei einer gegebenen Renditeerwartung ein möglichst geringes Gesamtrisiko für ein Wertpapierdepot zu bekommen. Wie Sie diesen Weg beschreiten, werde ich Ihnen nun erklären."

6. Das Wunder der Diversifikation oder der Weg zur Portfoliotheorie

Sicherlich haben Sie auch schon von Leuten gehört bzw. gelesen, die mit nur einer Aktie Millionär geworden sind. Tatsächlich schreiben die Börsen hin und wieder solche Geschichten, aber die Wahrscheinlichkeit gleicht einem Sechser im Lotto.

Wer beispielsweise Anfang 1986 bei der Neuemission von Microsoft-Aktien lediglich 1.000 Dollar investiert hätte, würde heute ein Vermögen von knapp 350.000 Dollar haben. Dies entspräche einer Rendite von rund 48 % pro Jahr.

Hätte der gleiche Investor dagegen seine 1.000 Dollar breit diversifiziert, zum Beispiel in einen Fonds, der den breiten S&P-500 Index nachbildet, so hätte er gerade einmal schlappe 5.000 Dollar auf dem Konto und dabei eine Jahresrendite von »nur« elf Prozent erzielt.

Wieso also sollte man sein Vermögen diversifizieren, wenn sich mit einer Einzelaktie so viel mehr Geld verdienen lässt? Die Erklärung ist einfach: Wer konnte 1986 schon wissen, dass unter Tausenden von Wertpapieren ausgerechnet Microsoft die Aktie sein würde, die den Erfolg gepachtet hat.

Setzt man alles auf eine Karte ist die Chance äußerst gering, die richtige Wahl zu treffen. In der Regel ist bei jungen Unternehmen die Wahrscheinlichkeit groß, dass sie ihre Prognosen nicht einhalten können und im Extremfall sogar Pleite gehen. Dies zeigten die jüngsten Erfahrungen am Neuen Markt, wo eine Vielzahl von jungen Unternehmen gehandelt wurden.

Selbst bei etablierten Unternehmen sind Risiken bzw. Gefahren nie vollständig ausgeschlossen. Der Konkurs des niederländischen Flugzeugbauers Fokker oder auch die aktuellen Schwierigkeiten des Telekomriesen Worldcom sind hierfür gute Beispiele. Hätten Sie als Investor ihr ganzes Vermögen nur in einer dieser beiden Aktien investiert, so wären Sie in dem einen Fall vollkommen mittellos, und im anderen hätten Sie zumindest drastische Verluste hinnehmen müssen. Darum sollten Sie ihr Vermögen immer breit streuen.

Folglich müssen wir uns jetzt mit der Berechnung der Rendite bzw. des Risikos befassen, wenn mehrere Aktien bzw. Anleihen innerhalb eines Wertpapierdepots vereinigt werden.

Dazu nehmen wir an, Sie haben ein Wertpapierdepot aus den Aktien Allianz, Bayer und E.ON. Die Wertpapiere haben folgende Monatsendkurse.

Tabelle 16: Hypothetischer Kursverlauf der Aktien Bayer, E.ON und Allianz (in Euro)

Monat	Allianz	Bayer	E.ON
1	40	10	30
2	35	9	31
3	39	11	30
4	40	12	33
5	50	11	34
6	45	13	36
7	46	10	35
8	48	11	36
9	47	12	37
10	48	13	38
11	49	11	36
12	50	14	38

Allein aus den Kursentwicklungen kann der Anleger noch keine Informationen über die mit den verschiedenen Aktien verbundenen Risiken und Renditechancen gewinnen. Deswegen berechnen wir zunächst – wie bereits gezeigt – die Rendite der einzelnen Monate, die Gesamtrendite und das Risiko (mittels Volatilität) jeder einzelnen Aktie.

Tabelle 17: Renditen und Volatilitäten der Aktien Allianz, Bayer und E.ON

Monat	Allianz [Euro]	Monatsrendite [%]	Bayer [Euro]	Monatsrendite [%]	E.ON [Euro]	Monatsrendite [%]
1	40		10		30	
2	35	-12,50	9	-10,00	31	3,33
3	39	11,43	11	22,22	30	-3,23
4	40	2,56	12	9,09	33	10,00
5	50	25,00	11	-8,33	34	3,03
6	45	-10,00	13	18,18	36	5,88
7	46	2,22	10	-23,08	35	-2,78
8	48	4,35	11	10,00	36	2,86
9	47	-2,08	12	9,09	37	2,78
10	48	2,13	13	8,33	38	2,70
11	49	2,08	11	-15,38	36	-5,26
12	51	2,04	14	27,27	38	5,56
Gesamtrendite	27,50		40,00		26,67	
Arithm. Mittel	2,66		4,31		2,26	
Varianz	90,39		239,76		18,05	
Standardabweichung	9,51		15,48		4,25	
Annualisierte Volatilität	27,26		44,39		12,18	

Aus Tabelle 17 ist zu ersehen, dass die Gesamtrendite von Bayer über Allianz und E.ON abnimmt. Ferner zeigt sich, dass mit fallender Gesamtrendite auch die Volatilität, sprich das Risiko, der Aktien abnimmt. Um diesen Zusammenhang noch genauer darzustellen, tragen wir in ein Diagramm auf der horizontalen Achse die Volatilität und auf der vertikalen Achse den Erwartungswert für die Aktienrendite auf.

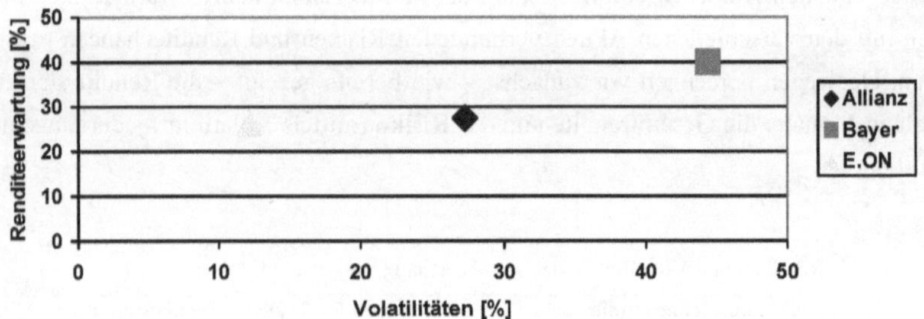

Abbildung 4: Rendite-Risiko-Diagramm für die Aktien Allianz, Bayer und E.ON

Je weiter eine Aktie im rechten Teil des Diagrammes liegt, desto höher ist ihr Risiko. Je weiter die Aktie im oberen Teil des Diagrammes platziert ist, desto höher ist ihre Rendite. Erstrebenswertes Ziel der meisten Anleger wäre es also, eine Aktie zu finden, die im oberen linken Bereich liegt, d.h. eine möglichst hohe Rendite bei kleinem Risiko aufweist. Leider gilt, dass eine Aktie mit einem höheren Ertrag meistens riskant ist.

Die Frage, die man sich nun stellt, ist doch: Wie kann ich als Anleger mein Risiko minimieren, ohne im selben Umfang auf die Ertragschancen zu verzichten? Dies gleicht scheinbar der Quadratur des Kreises. Um uns einer Lösung zu nähern, sollten wir uns die Wertentwicklung verschiedener Depots ansehen, die aus jeweils zwei Aktien zusammengesetzt sind. Die Gewichtung der Aktien in den Depots liegt bei jeweils 50 %. Ferner ist der Anfangswert aller drei Depots in etwa gleich hoch, damit ihre Wertentwicklung vergleichbar ist.

Tabelle 18: Renditen und Volatilitäten der Aktiendepots bestehend aus Allianz, Bayer und E.ON

Monat	125 Allianz u. 500 Bayer[Euro]	Monats-rendite [%]	500 Bayer und 167 E.ON[Euro]	Monats-rendite [%]	125 Allianz und 167 E.ON [Euro]	Monats-rendite [%]
1	10000		10010		10010	
2	8875	-11,25	9677	-3,33	9552	-4,58
3	10375	16,90	10510	8,61	9885	3,49
4	11000	6,02	11511	9,52	10511	6,33
5	11750	6,82	11178	-2,89	11928	13,48
6	12125	3,19	12512	11,93	11637	-2,44
7	10750	-11,34	10845	-13,32	11595	-0,36
8	11500	6,98	11512	6,15	12012	3,60
9	11875	3,26	12179	5,79	12054	0,35
10	12500	5,26	12846	5,48	12346	2,42
11	11625	-7,00	11512	-10,38	12137	-1,69
12	13375	15,05	13346	15,93	12721	4,81
Gesamtrendite	33,75		33,33		27,08	
Arithm. Mittel	3,08		3,04		2,31	
Varianz	81,09		78,66		22,48	
Standard-abweichung	9,00		8,87		4,74	
Annualisierte Volatilität	25,82		25,43		13,59	

Erinnern wir uns an das schweizerische Sprichwort: »*Dem Weisen genügen wenige Worte zur Erklärung eines Zusammenhanges.*« Folglich sollten wir die Ergebnisse des Diversifikationsversuches anhand eines Rendite-Risiko-Diagramms erläutern.

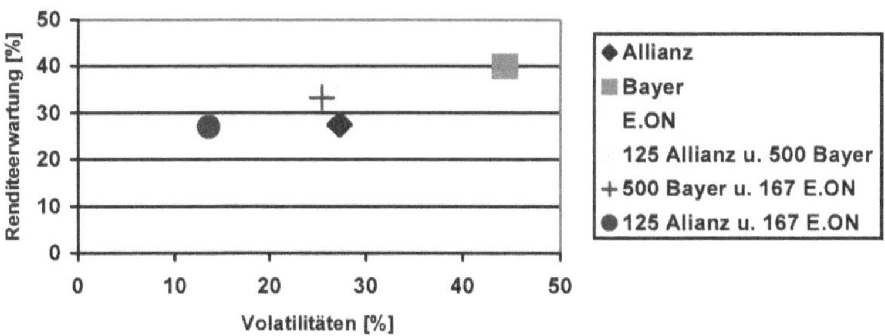

Abbildung 5: Lage der Aktien Allianz, Bayer und E.ON und der aus ihnen gebildeten Depots im Risiko-Rendite-Diagramm

Abbildung 5 zeigt, dass die Depotrendite jeweils dem gewogenen arithmetischen Mittel der Renditen der enthaltenen Aktien entspricht. Demzufolge liegt die Depotrendite zwangsläufig zwischen der niedrigsten und der höchsten Einzelrendite der Wertpapiere des Depots.

Zusätzlich ist aus Abbildung 5 zu entnehmen, dass die Volatilität eines Depots bestehend aus den Aktien Allianz, Bayer und E.ON in allen Fällen wesentlich kleiner ist als das gewogene arithmetische Mittel der Volatilitäten der enthaltenen Aktien. Überdies zeigt sich, dass die Mischung der Aktien mit der geringsten Übereinstimmung im Kursverlauf, also Bayer und Allianz sowie Bayer und E.ON zur deutlichsten Abnahme des Risikos führt[26]. Dies verdeutlicht, dass es bei der Zusammenstellung eines Depots nicht darauf ankommt, möglichst viele verschiedene Aktien aufzunehmen. Vielmehr besteht die Kunst der Aktienauswahl darin, die Aktien mit dem richtigen Risikoprofil zueinander zu finden.

Wie aber findet man die optimale Zusammensetzung eines Depots? Entscheidend für das Ausmaß der Risikoreduzierung durch die Aufnahme mehrerer Aktien in ein Depot ist, wie unterschiedlich die Kursentwicklung der Aktien im Depot ist[27]. Vergleicht man beispielsweise Aktien zweier Automobilhersteller miteinander, so stellt

---

[26] Dies ist bezogen auf das gewogene arithmetische Mittel der Volatilität des Depots.

[27] Ein schönes Beispiel für das Prinzip der Diversifikation ist folgende Vorstellung. Dazu stelle man sich eine kleine Inselwirtschaft vor, welche nur aus zwei Unternehmen besteht, nämlich einem Ferienclub und einer Regenschirmfabrik. Scheint nun die Sonne, dann blüht natürlich das Geschäft des Ferienclubs. Regnet es dagegen, so floriert die Regenschirmfabrik. Folglich schwankt je nach Wetterlage der Ertrag der beiden Unternehmen. Überdies sei das Klima der Insel so, dass es gleich wahrscheinlich ist, ob es in einer Saison regnet oder die Sonne scheint. Ein Investor, der nur in eines der beiden Unternehmen investiert hätte, hat also immer eine Periode von Gewinnen und eine Periode mit Verlusten, d.h. seine Erträge schwanken in Abhängigkeit mit der Wetterlage. Würde dagegen der Investor seine Investition zu gleichen Teilen auf beide Unternehmen verteilen, so würde er einen risikolosen Ertrag realisieren, der ebenso hoch wäre, wie der durchschnittliche Ertrag der beiden einzelnen Investitionen.

Nimmt man nun an, dass es noch eine Silbermine auf der Insel gibt, so korreliert der Ertrag der Silbermine nicht mit dem Wetter. Unterstellt man weiter, dass alle Unternehmen dieselbe Ertragskraft haben, sinkt das Investitionsrisiko des Investors weiter, wenn er zu gleichen Teilen in die drei Unternehmen investiert.

Das Gegenteil wäre der Fall, würde es ein viertes Unternehmen (Strandkorbvermietung) auf unserer kleinen Insel geben, das auch von der Wetterlage abhängig wäre. Würde der Anleger anstatt in die Silbermine (wetterunabhängig) in die Strandkorbvermietung investieren, steigt das Risiko, weil der Anleger überwiegend schönes Wetter braucht, um seine Ertragsziele zu erreichen.

man fest, dass sich ihre Kurse relativ gleich entwickeln, da sie zahlreiche gemeinsame Einflussfaktoren wie die gesamtwirtschaftliche und die politische Lage haben. Lediglich die spezifischen Einflussfaktoren, die von den Unternehmen selbst bestimmt werden, wie zum Beispiel die Modellpolitik, bewirken eine unterschiedliche Entwicklung der Aktienkurse.

Sieht man sich dagegen den Kursverlauf eines Automobilherstellers und einer Bank an, so ist der Gleichlauf der Kurse wesentlich geringer. Denn die branchenspezifischen Einflussfaktoren auf die Kursentwicklung sind viel unterschiedlicher. Aus diesem Beispiel sollten Sie entnehmen, dass verschiedene Aktien einen relativ ähnlichen Kursverlauf aufweisen, während andere Aktien voneinander unabhängige Kursverläufe haben. Folglich besteht die Kunst der erfolgreichen Aktienanlage darin, Aktien mit voneinander unabhängigen Kursverläufen in einem Depot zusammenzufassen und auf diese Weise das Gesamtrisiko deutlich zu mindern, ohne auf Ertragschancen verzichten zu müssen.

So kann ein Anleger mit der Aufnahme von Aktien aus verschiedenen Branchen schon eine weitgehende Risikodiversifikation erreichen und einen Großteil des Kursrisikos der Aktien minimieren. Allerdings ist die Aufteilung des Depots auf verschiedene Branchen ein ziemlich grobes Verfahren zur Ermittlung der optimalen Depotstruktur.

Es gibt noch eine viel ausgefeiltere Methode zur Optimierung der Portfoliostruktur unter den Gesichtspunkten Rendite und Risiko. Diese Methode arbeitet auf Basis des mathematischen Konzeptes der Kovarianz. Im Allgemeinen misst die Kovarianz die Enge des Zusammenhanges zweier Kursreihen voneinander. Um Ihnen die Berechnung der Kovarianz möglichst spannend zu erläutern, gehen wir von einem Beispiel aus.

Dazu sehen wir uns die aus den Kursverläufen von Allianz und Bayer berechneten Monatsrenditen an. Im folgenden Schritt werden die Renditen jedes Monats miteinander multipliziert und danach die Summe gebildet.

Tabelle 19: 1. Schritt zur Berechnung der Kovarianz der Kursverläufe von Allianz und Bayer

Monat	Allianz [Euro]	Monatsrendite [%]	Bayer [Euro]	Monatsrendite [%]	$Rendite_{Allianz} \cdot Rendite_{Bayer}$
1	40		10		
2	35	-12,50	9	-10,00	125,00
3	39	11,43	11	22,22	253,97
4	40	2,56	12	9,09	23,31
5	50	25,00	11	-8,33	-208,33
6	45	-10,00	13	18,18	-181,82
7	46	2,22	10	-23,08	-51,28
8	48	4,35	11	10,00	43,48
9	47	-2,08	12	9,09	-18,94
10	48	2,13	13	8,33	17,73
11	49	2,08	11	-15,38	-32,05
12	51	4,08	14	27,27	111,32
Arithm. Mittel		2,66		4,31	
				Summe	82,38

Nun müssen wir das arithmetische Mittel der Summe aus den beiden Renditen berechnen.

$$\frac{82{,}38}{11} = 7{,}49$$

Von diesem ermittelten Wert wird nun nur noch das Produkt der Erwartungswerte, d.h. das arithmetische Mittel der Renditen von Allianz und Bayer, abgezogen.

$$\text{Kovarianz} = 7{,}49 - (2{,}66 \cdot 4{,}31) = -3{,}98$$

Was sagt die Kovarianz aus? Die Kovarianz nimmt um so höhere positive Werte an, je ähnlicher der Kursverlauf der beiden Aktien ist, unabhängig davon, ob die Kurse gestiegen oder gesunken sind. Ferner ist die Kovarianz negativ, wenn zwischen den betreffenden Aktien der Kursverlauf sehr unterschiedlich ist. Das bedeutet, dass eine negative Kovarianz darauf hindeutet, dass durch die Mischung der entsprechenden Aktien in einem Depot eine signifikante Risikominimierung erreicht wird. Dagegen führt eine hohe positive Kovarianz meistens nur zu einer geringen bzw. sogar vernachlässigbaren Risikominimierung im Depot.

Mithilfe der Kovarianz und der Volatilität können wir das Risiko unterschiedlicher Depotstrukturen bestimmen. Doch genauso wichtig ist natürlich die Renditechance für ein Depot. Die Formel zur Ermittlung der Renditechance für ein Depot mit zwei Aktien lautet:

$$\mu_{Depot} = (\mu_1 \cdot x_1) \cdot (\mu_2 \cdot x_2)$$

(μ_{Depot}=Rendite des Depots, $\mu_{1,2}$ = Rendite der Aktien 1 und 2, $x_{1,2}$ = Anteil der Aktien 1 und 2 im Depot)

Vielleicht denken Sie nun: Schon wieder eine Formel. Ich möchte doch kein Mathematiker werden, sondern nur mein Geld anlegen. Doch Sie sollten sich an den Spruch von Henry Ford erinnern, der lautet: »*Denken ist die schwerste Arbeit, die es gibt. Das ist wahrscheinlich auch der Grund, warum sich so wenige Leute damit beschäftigen.*« Darum sehen Sie sich die Formel an und denken sie etwas darüber nach. Dann erkennen Sie nämlich, dass sich für ein Depot bestehend aus zwei Aktien die Größen x_1 und x_2 zu 1 addieren. Deswegen können wir die obige Formel vereinfachen.

$$\mu_{Depot} = (\mu_1 \cdot x_1) \cdot (\mu_2 \cdot x_2) = (\mu_1 \cdot x_1) \cdot (\mu_2 \cdot (1 - x_1))$$

Durch diese Vereinfachung braucht man nur für x_1 stetig sinkende Werte einzusetzen, zum Beispiel also Werte von 1, 0,9, 0,8 bis 0. Dadurch kann mithilfe der bereits vorher berechneten Erwartungswerte der Renditen (d.h. des arithmetischen Mittels der Renditen) der einzelnen Aktien die Rendite für das Depot bei unterschiedlichen Depotstrukturen berechnet werden.

Die Formel zur Ermittlung des Depotrisikos für verschiedene Depotstrukturen lautet:

$$\sigma_{Depot}^2 = x_1^2 \cdot \sigma_1^2 + x_2^2 \cdot \sigma_2^2 + 2 \cdot \sigma_{12} \cdot x_1 \cdot x_2$$

(σ_{Depot}^2 = Varianz des Depots, $x_{1,2}$ = Anteil der Aktien 1 und 2 im Depot, $\sigma_{1,2}^2$= Kovarianz der Aktien 1 bzw. 2, $\sigma_{1,2}$ = Volatilität der Aktien 1 und 2)

Durch die Annahme, dass sich wiederum die Größen x_1 und x_2 zu 1 addieren, kann man die Formel zur Ermittlung des Depotrisikos weiter vereinfachen.

$$\sigma_{Depot}^2 = x_1^2 \cdot \sigma_1^2 + x_2^2 \cdot \sigma_2^2 + 2 \cdot \sigma_{12} \cdot x_1 \cdot x_2 = x_1^2 \cdot \sigma_1^2 + (1 - x_1)^2 \cdot \sigma_2^2 + 2 \cdot \sigma_{12} \cdot x_1 \cdot (1 - x_1)$$

Die Standardabweichung bzw. die Volatilität des Portfolios ergibt sich aus der Wurzel der Varianz des Depots.

$$\sigma_{Depot} = \sqrt{\sigma_{Depot}^2} \quad (\sigma_{Depot} = \text{Volatilität des Depots, } \sigma_{Depot}^2 = \text{Varianz des Depots})$$

Haben Sie keine Angst beim Betrachten dieser Formeln. Schon Kant stellte fest: »*Formeln sind Regeln, deren Ausdruck zum Muster der Nachahmung dient.*« Letztlich sind diese Formeln nichts mehr als die simple Addition bzw. Multiplikation von längst bekannten, schon ermittelten Größen.

Um Ihnen zu zeigen, wie einfach diese Formeln sind, möchte ich die Depotrendite bzw. Depotvolatilität anhand eines Zahlenbeispiels berechnen. Dazu betrachten wir ein Depot, das zu 50 % aus Allianz-Aktien und zu 50 % aus Bayer-Aktien besteht. Dann ist die Depotrendite:

$$\mu_{Depot} = (\mu_{Allianz} \cdot x_{Allianz}) \cdot (\mu_{Bayer} \cdot (1 - x_{Allainz})) = (27{,}5 \cdot 0{,}5) \cdot (40 \cdot (1 - 0{,}5)) = 33{,}75\,\%$$

Die Varianz desselben Depots lautet:

$$\sigma_{Depot}^2 = x_{Allianz}^2 \cdot \sigma_{Allianz}^2 + (1 - x_{Allianz})^2 \cdot \sigma_{Bayer}^2 + 2 \cdot \sigma_{12} \cdot x_{Allianz} \cdot (1 - x_{Allianz}) =$$
$$\sigma_{Depot}^2 = 0{,}5^2 \cdot 27{,}26^2 + (1 - 0{,}5)^2 \cdot 44{,}39^2 + 2 \cdot -3{,}98 \cdot 0{,}5 \cdot (1 - 0{,}5) = 676{,}41$$

Die Volatilität des Depots lautet:

$$\sigma_{Depot} = \sqrt{\sigma_{Depot}^2} = \sqrt{676{,}41} = 26{,}01$$

Diese Berechnungen werden nun für verschiedene Kombinationen der Aktien Allianz und Bayer durchgeführt. Dabei geht man von einem Depot aus, welches zunächst aus 100 % Allianz-Aktien besteht. Anschließend wird der Anteil der Allianz-Aktie zu Gunsten der Bayer-Aktie schrittweise um 10 % vermindert, bis keine Allianz-Aktien mehr im Depot sind.

Tabelle 20: Depotrendite, -varianz und -volatilität für verschiedene Depots bestehend aus den Aktien Allianz und Bayer

Anteil Allianz am Depot [%]	Anteil Bayer am Depot [%]	Depotrendite [%]	Depotvarianz [$\%^2$]	Depotvolatilität [%]
100	0	27,50	743,11	27,26
90	10	28,75	620,91	24,92
80	20	30,00	553,13	23,52
70	30	31,25	539,79	23,23
60	40	32,50	580,88	24,10
50	50	33,75	676,40	26,01
40	60	35,00	826,36	28,75
30	70	36,25	1030,74	32,11
20	80	37,50	1289,55	35,91
10	90	38,75	1602,80	40,03
0	100	40,00	1970,47	44,39

Um eine Annäherung für die Rendite-Risiko-Eigenschaften der Depotzusammensetzungen zu bekommen, die zwischen den berechneten Depotzusammensetzungen liegen, trägt man die Lage der 11 berechneten Depotzusammensetzungen in ein Risiko-Rendite-Diagramm ein.

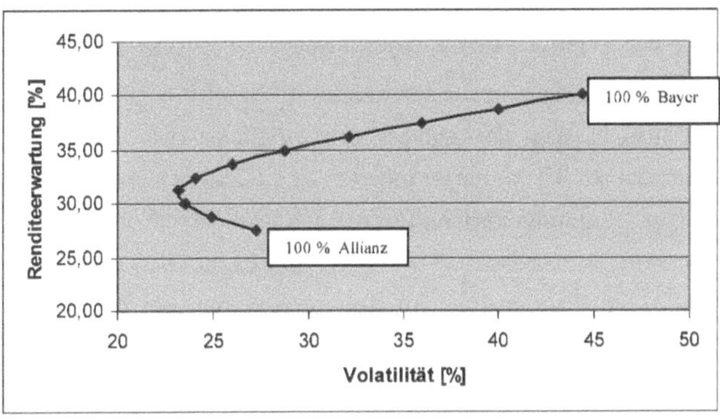

Abbildung 6: Rendite-Risiko-Diagramm unterschiedlicher Depotstrukturen der Aktien Allianz und Bayer

Die Form der Verbindungslinie in Abbildung 6 zwischen den elf berechneten Depotstrukturen ist eine nach rechts offene halbe Ellipse. Ferner sind die beiden Endpunkte identisch mit den Rendite-Risiko-Punkten der einzelnen Aktien, weil sie ein Depot darstellen, welches zu 100 % entweder aus der Allianz oder der Bayer-Aktie besteht.

Wenn wir von dem Depot aus 100 % Bayer-Aktien ausgehen und der Rendite-Risiko-Linie folgen, sehen wir, dass je größer der Anteil der Allianz-Aktie am Depot ist, das Risiko umso stärker zurückgeht. Diese Risikoreduktion wird durch den zunehmenden Anteil der Allianz-Aktie am Depot verursacht, weil die Allianz-Aktie die starken Kursschwankungen der Bayer-Aktie kompensiert. Allerdings sinkt mit zunehmendem Anteil der Allianz-Aktie auch die Rendite, da sie eine wesentlich geringere Renditeerwartung hat als die Bayer-Aktie.

Mit zunehmendem Anteil der Allianz-Aktie am Depot wird aber auch der Rückgang des Depotrisikos geringer, bis die Volatilität bei einer Depotstruktur von 70 % Allianz und 30 % Bayer ihr Minimum erreicht. Dies ist gegenüber der Volatilität der Bayer-Aktie ($Volatilität_{Bayer}$ 44,39 %) ein Rückgang von knapp 50 % und für die Allianz-Aktie ($Volatilität_{Allianz}$ 27,26 %) immerhin noch ein Rückgang von 15 %. Dieses Depot, welches das geringste Risiko birgt, wird auch als Minimum-Varianz-Portfolio bezeichnet.

Wird der Anteil der Allianz-Aktie von diesem Punkt aus weiter erhöht, so geht das Risiko nicht mehr zurück. Vielmehr steigt die Volatilität bei jeder weiteren Erhöhung des Anteils der Allianz-Aktie am Depot an. Irgendwann wird der Punkt erreicht, an dem das Depot ausschließlich aus Allianz-Aktien besteht. Dann entspricht die Volatilität des Depots natürlich der Volatilität der Allianz Aktie.

Aber was bedeutet die Form (halbe Ellipse) der Rendite-Risiko-Linie für den Anleger? Wenn man davon ausgeht, dass der Anleger eine möglichst hohe Rendite bei gleichzeitig möglichst niedrigem Risiko haben möchte, so sind alle Depotkombinationen, die sich auf dem vom Minimum-Varianz-Depot nach unten abgehenden Ast befinden, für den Anleger weniger interessant. Schließlich gibt es für alle Depotkombinationen auf diesem Ast eine Kombination auf dem oberen Ast, bei der bei vergleichbarem Risiko eine höhere Rendite erzielt wird.

Daher verbleibt für den risikoscheuen aber zugleich renditesuchenden Anleger nur der obere Ast der Rendite-Risiko-Linie übrig, d.h. vom Minimum-Varianz-Portfolio bis hin zu einem Depot, welches allein aus der Bayer-Aktie besteht. Wenn der Anleger eine Depotstruktur aus diesem Bereich wählt, kann er sicher sein, dass er bei gegebenem Risiko die beste Renditeerwartung oder bei gegebener Rendite das geringste Risiko hat.

Aber welche der verschiedenen möglichen Depotstrukturen der Anleger wählen sollte, kann mithilfe der Rendite-Risiko-Linie nicht genau festgelegt werden. Dies hängt in erster Linie von der Risikofreudigkeit des einzelnen Anlegers ab. Je risikoscheuer der Anleger ist, desto eher wird er eine Depotkombination wählen, die in der Nähe des Minimum-Varianz-Depots liegt. Ist der Anleger dagegen risikofreudiger, so wird er eher ein Depot mit einem sehr hohen Anteil an der Bayer-Aktie wählen.

Clever: „Das ist ja schön und gut mit der modernen Portfoliotheorie. Doch irgendwie bin ich genauso schlau wie vorher. Was nutzt die Kenntnis des Minimum-Varianz-Depots, wenn ich mir doch ein Depot nach meiner Risikoneigung auswählen soll. Woher soll ich denn meine Risikoneigung kennen?"

Der Anlageberater erwiderte: „Kennen Sie den Spruch »*Ordnung ist die Tochter der Überlegung*«? Ich glaube Sie haben das Wesen Portfoliotheorie noch nicht ganz verstanden. Daher müssen wir uns damit auseinander setzen, was die Portfoliotheorie überhaupt leisten kann."

6.1 Was leistet die Portfoliotheorie?

Die Portfoliotheorie hat es sich zum Ziel gesetzt, aus der statistischen Analyse von Wertpapierrenditen Aussagen über die optimale Struktur eines Portfolios abzuleiten. Die Rendite eines Aktienengagements setzt sich aus möglichen Dividenden, Bezugsrechten und Kursentwicklungen, bezogen auf den Kurs am Beginn der Periode, zusammen. Daher kann die Rendite nach Ablauf eines bestimmten Zeitraumes genau bestimmt werden. Die absolute Rendite eines Portfolios ist der gewichtete Mittelwert der Renditen der im Depot enthaltenen Papiere.

Ferner betrachtet die Portfoliotheorie das Risiko. Dabei wird das Risiko einer Anlage (Aktien oder Anleihen) aus den positiven und den negativen Abweichungen der Rendite von ihrem Mittelwert gemessen. Die statistische Messgröße hierfür ist die Standardabweichung oder die Volatilität. Wichtig ist, dass sich die Volatilität eines Depots nicht analog zur Rendite verhält. In der Regel ist die Volatilität eines Depots viel geringer als der Durchschnitt der Einzelrisiken der jeweiligen Wertpapiere im Depot. Der Grund hierfür ist, dass sich die Risiken der verschiedenen Wertpapiere zum Teil kompensieren können. Sehen wir uns dazu doch noch einmal unseren Diversifikationsversuch mit den Aktien von Allianz und Bayer an. Aus Abbildung 6 (Seite 69) wissen wir, dass sich durch Diversifikation das Gesamtrisiko eines Depots bestehend aus Allianz und Bayer-Aktien verringern lässt. Aber natürlich kann man zwei Anlageobjekte nicht nur im Verhältnis 50:50 mischen – jedes beliebige Mischungsverhältnis ist möglich.

Darum gehen wir in Abbildung 6 von der Position 100 % Bayer-Aktien aus: Man kann leicht erkennen, dass durch Beimischung von Allianz-Aktien auch nur in geringen Mengen die Volatilität sofort abnimmt. Diese Risikovernichtung erkauft man sich jedoch mit einem Verlust an Rendite. Bis zum Mischungsverhältnis von 30:70 lässt sich so die Volatilität stets reduzieren. Mischt man ab diesem Punkt dann mehr Allianz-Aktien hinzu, steigt lediglich die Volatilität an, ohne dass sich die Gesamtrendite des Depots erhöht.

Ein risikoscheuer Anleger wird versuchen, die Volatilität seines Wertpapierdepots zu minimieren. Dies ist genau bei einem Mischungsverhältnis von 30 % Bayer zu 70 % Allianz-Aktien erfüllt, also beim Minimum-Varianz-Portfolio.

In der Praxis wird aber kaum ein Anleger immer nur das varianzminimale Portfolio auswählen, sondern getreu dem Sprichwort »*wer sich selbst überwindet, der gewinnt*« auch bereit sein, für einen Zuwachs an Rendite ein gewisses Maß an Risiko einzugehen. Um dieses Phänomen beschreiben zu können wurde die Portofoliotheorie weiterentwickelt.

6.2 Marktportfolio

Das persönliche Risikoverhalten von Anlegern unterscheidet sich zum Teil erheblich voneinander. Nur die wenigsten Anleger sind so risikoscheu, dass sie stets nach dem Minimum-Varianz-Modell ihre Anlageentscheidungen treffen. Geht man davon aus, dass jeder Anleger mit seiner Anlageentscheidung ein gewisses Ziel verfolgt, so muss man sich darüber Gedanken machen, wie diese Ziele zu quantifizieren sind.

Überdies ist allen Anlegern gemeinsam, dass sie die Rendite möglichst maximieren wollen. Was sie unterscheidet, ist das Maß an Risiko, das sie bereit sind für die gewünschte Rendite einzugehen. Ebenfalls allen Anlegern gemein ist, dass sie möglichst versuchen das Risiko gering zu halten.

Um dies mathematisch beschreiben zu können, wurde die Zielfunktion Z entwickelt. Die Zielfunktion Z ist eine Funktion f der Rendite und des Risikos, also des Erwartungswerts μ und der Volatilität σ oder mathematisch ausgedrückt: $Z = f(\mu,\sigma)$. Diese Funktion lässt sich im Rendite-Risiko-Diagramm abbilden. Zudem müsste die Zielfunktion Z noch folgende Bedingungen erfüllen, um die Ziele, welche ein Anleger mit einer Anlageentscheidung verbindet, beschreiben zu können:

- Je größer das Risiko wird, umso größer muss die zu erwartende Rendite werden. Im Umkehrschluss muss gelten, dass bei sinkender Rendite das Risiko abnehmen muss (mathematisch ausgedrückt: Die Funktion ist monoton steigend).
- Selbst bei einer Volatilität von 0 %, sprich keinem Risiko, erwartet ein Anleger immer noch eine gewisse Rendite (man sagt: Die sichere Rendite). Dies wäre beispielsweise die Rendite eines Sparbuches.
- Zudem gilt, dass alle Portfolios, die von der Zielfunktion Z beschrieben werden, für den Investor günstig sind. Man sagt: der Anleger ist gegenüber allen Portfolios, die durch die Zielfunktion beschrieben werden, indifferent. Man nennt diese Funktion daher auch Indifferenzkurve.

Zur Lösung der Zielfunktion Z nehmen wir uns das Zitat von William James »*die Kunst der Weisheit besteht darin, zu wissen, was man übersehen muss*« zu Herzen. Deshalb werden wir versuchen, dieses Problem ohne großen mathematischen Aufwand zu lösen. Dazu stellen wir uns die Frage: Wie könnte eine Indifferenzkurve aussehen?

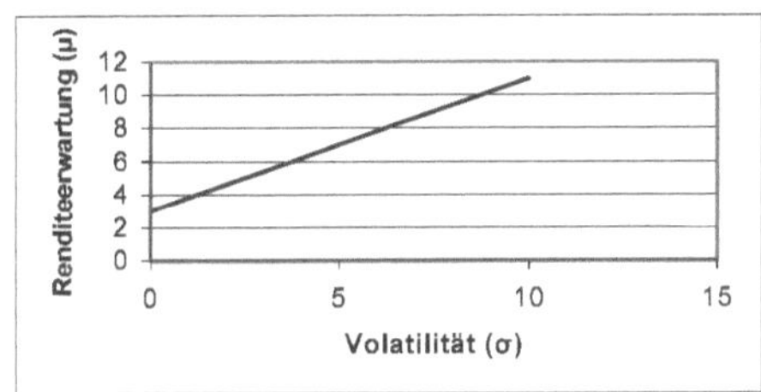

Abbildung 7: Indifferenzkurve

Sie hätten sicherlich eher an eine komplexere bzw. kompliziertere Kurve gedacht, als an eine Gerade. »*Doch vieles erscheint auf den ersten Blick schwieriger, als es in Wirklichkeit ist.*« Denn eine Gerade erfüllt alle Vorgaben an die Zielfunktion Z, die wir eingangs gestellt haben. Doch wie interpretiert man eine solche Indifferenzkurve?

Ein Anleger, der nach der in Abbildung 7 dargestellten Indifferenzkurve handelt, würde bei einer Volatilität von 0 % eine sichere Rendite von 3 % fordern. Eine Anlageform, die beispielsweise 5 % Volatilität aufweist, müsste ihm schon mindestens eine Rendite von ca. 7 % in Aussicht stellen.

Eine solche Funktion mit linearem Verlauf wird als Kapitalmarktlinie (CML) bezeichnet. Mathematisch lässt sich die Kapitalmarktlinie mit folgender Zielfunktion Z beschreiben.

$Z = \mu - \tau \cdot \sigma$ (Z = Zielfunktion, μ = Renditeerwartung; τ = Risikoaversionskoeffizient; σ = Volatilität)

Der Risikoaversionskoeffizient τ drückt die individuelle Risikoneigung des Anlegers aus. Es gilt: Je größer τ ist, um so größer ist seine Risikoaversion. In einer großen empirischen Studie von Donald E. Farrar aus dem Jahr 1960 konnte nachgewiesen werden, dass der Risikoaversionskoeffizient zwar beliebig klein, aber niemals negativ werden kann. Idealtypisch liegt er zwischen 0 und 1.

Modernere Ansätze von A.D. Roy und James Tobin gehen jedoch von folgendem Verlauf der Indifferenzkurve aus:

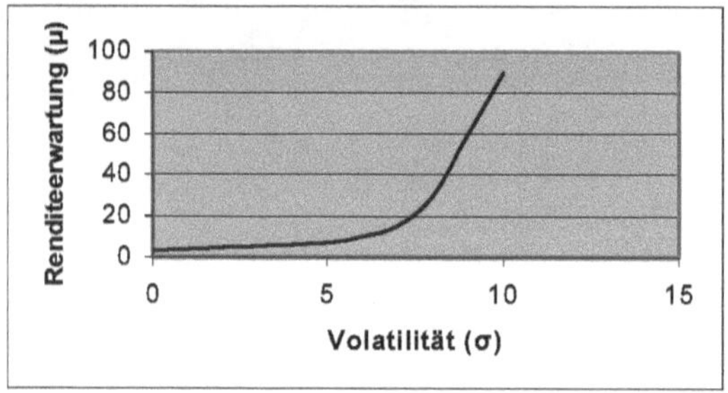

Abbildung 8: Indifferenzkurve nach dem modernen Ansatz von A.D. Roy und James Tobin

Ein solcher Funktionsverlauf erfüllt ebenfalls alle Anforderungen an die Zielfunktion Z, welche wir eingangs des Kapitels definiert haben. Sie hat darüber hinaus noch einen weiteren Vorteil, denn sie bildet eher das realistische Verhalten eines Anlegers ab als der lineare Verlauf einer Geraden. Schließlich gilt, dass jeder Investor so etwas wie ein Limit hat. Ab einem gewissen Risiko kann die zu erwartende Rendite noch so hoch sein, der Anleger ist nicht mehr bereit, ein höheres Risiko einzugehen. In Abbildung 8 wäre das bei einer Volatilität von ca. 8 % der Fall.

In der Praxis kann man dieses Phänomen sehr gut beobachten: Kaum ein Durchschnittsanleger wagt sich beispielsweise an Warentermingeschäfte heran. Die zu erwartenden Renditen sind zwar außerordentlich hoch, aber das hohe Risiko liegt jenseits des persönlichen Grenzwertes, das der Durchschnittsanleger noch bereit ist zu akzeptieren.

Mathematisch wird eine solche Zielfunktion Z wie folgt dargestellt.

$$Z = \frac{\mu - R_M}{\sigma} \quad (Z = \text{Zielfunktion}, \mu = \text{Renditeerwartung}; R_M = \text{Mindestrendite}; \sigma = \text{Volatilität})$$

R_M ist die Mindestrendite oder auch die sichere Rendite, die der Anleger auf jeden Fall (bei $\sigma = 0$) erzielen möchte. Wozu braucht man überhaupt die Zielfunktion Z bzw. die daraus abgeleitete Kapitalmarktlinie?

Vereinfacht ausgedrückt: Um das optimale Depot zu finden. Wer hier von der Portfoliotheorie aber ein Kochrezept für die optimale Geldanlage erwartet, wird enttäuscht. Es gibt kein optimales Depot, sondern nur ein persönliches ideales Portfolio, das die individuellen Wünsche, Rahmenbedingungen und Neigungen des Anlegers berücksichtigt.

Dennoch kann die Portfoliotheorie helfen, wenn es um die schon andiskutierte Problematik des individuell optimalen Mischungsverhältnisses zweier oder mehrerer Aktien geht.

Wenden wir uns nochmals unserem Beispiel der Allianz und Bayer-Aktien zu. Wir erinnern uns, dass wir in einem Rendite-Risiko-Diagramm (siehe Abbildung 6, Seite 66) verschiedene Depotzusammensetzungen betrachtet haben. Zeichnen wir nun zusätzlich in dieses Diagramm noch unsere Indifferenzkurve (Kapitalmarktlinie) ein, so erhalten wir folgende Darstellung:

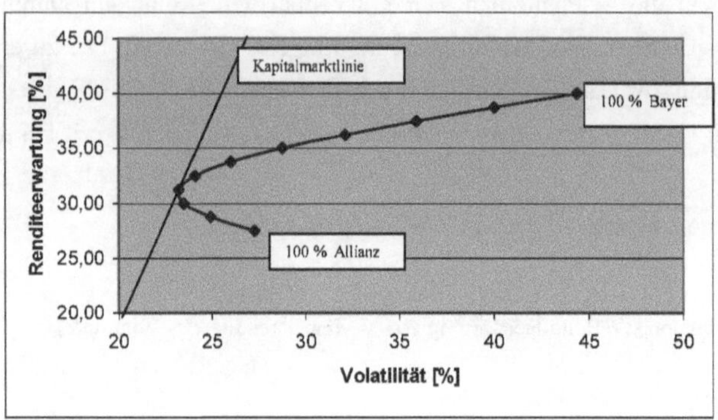

Abbildung 9: Rendite-Risiko-Diagramm unterschiedlicher Depotstrukturen von den Aktien Allianz und Bayer mit der Kapitalmarktlinie

Genau dort, wo sich die beiden Linien schneiden ist das individuell optimale Depot des Anlegers, das auch als Marktportfolio bezeichnet wird. Der Grund leuchtet schnell ein: Portfolios die links oberhalb der Kapitalmarktlinie liegen, wären dem Investor wohl am liebsten, da sie mehr Rendite bei weniger Volatilität bieten. Aber die möglichen Kombinationen von Allianz und Bayer-Aktien geben nicht diese Möglichkeit. Punkte rechts unterhalb der Kapitalmarktlinie wären zwar durch geeignete Kombinationen zwischen Aktien von Allianz und Bayer möglich, aber sie weisen bei gleicher Rendite eine weitaus höhere Volatilität auf. Es sei noch erwähnt, dass das optimale Depot nicht unbedingt identisch mit dem Minimum-Varianz-Portfolio sein muss. Dies ist in unserem Beispiel eher zufällig.

Offen ist bei der Betrachtung des Marktportfolios[28] noch die praktische Bestimmung Im ersten Schritt muss festgelegt werden, welches Universum von Anlageklassen[29] (wie Aktien und Anleihen) betrachtet werden soll. Dies Universum kann von Anleger zu Anleger verschieden sein. So kann es beispielsweise vorkommen, dass ein Anleger, nur in die Aktien der zehn größten Unternehmen eines Landes investieren wird, während sich ein anderer Anleger kleineren Gesellschaften öffnet.

Um das Marktportfolio auszurechnen, benutzt man am besten die Kapitalisierungsmethode. Um Ihnen die Berechnung möglichst anschaulich zu präsentieren, sehen wir

[28] Für die meisten Anleger stellen die Marktindices (wie Deutscher Aktienindex) eine gute Näherung fürdas Marktportfolio dar.

[29] Dies wird auch als Investment-Opportunity-Set (Abk. IOS) bezeichnet.

uns folgendes Beispiel an: Herr Bush möchte eine Anlage tätigen. Da er sehr patriotisch ist, will er nur in US-amerikanische Unternehmen investieren. Zusätzlich engt er sein Universum der risikobehafteten Anlagemöglichkeiten auf die fünf Unternehmen ein, die seiner Ansicht nach den „amerikanischen Pioniergeist" am besten verkörpern. Dies sind:

Tabelle 21: Marktkapitalisierung von fünf US Unternehmen (vom 2. August 2004)

Boeing	General Motors	Citicorp	IBM	Coca-Cola
36 Mrd. US - $	20 Mrd. US - $	190 Mrd. US - $	121 Mrd. US - $	90 Mrd. US - $

Daraus berechnet er zunächst die relativen Gewichte der einzelnen Unternehmen zueinander.

$$\omega_M = \frac{M_k}{M_1 + M_2 + \ldots + M_n} \quad (\omega = \text{relative Gewicht, M = Marktkapit alisierung})$$

$$\omega_{\text{Boeing}} = \frac{M_{Boeing}}{M_{\text{Boeing}} + M_{\text{General Motors}} + M_{\text{Citicorp}} + M_{\text{IBM}} + M_{\text{Coca Calo}}} = \frac{36}{36 + 20 + 190 + 121 + 90} = 0{,}079$$

$$\omega_{\text{Boeing}} = 0{,}079 \quad \omega_{\text{General Motors}} = 0{,}044 \quad \omega_{\text{Citicorp}} = 0{,}416 \quad \omega_{\text{IBM}} = 0{,}265 \quad \omega_{\text{Coca Cola}} = 0{,}197$$

Herr Bush hat 1 Million US-Dollar zur Verfügung. Nach seiner persönlichen Risikotoleranz möchte er 40 % risikofrei (Sparbuch) und 60 % in die ausgewählten fünf Aktien anlegen. Eigentlich wollte Herr Bush naiv diversifizieren und von den 600.000 Dollar jeweils 120.000 in jede der fünf Aktien investieren. Nun erkennt er aber, dass er, um optimal diversifiziert zu sein, fast zehnmal so viel Geld in Citicorp Aktien anlegen muss als in General Motors Aktien. Entsprechend der relativen Marktkapitalisierung strukturiert er sein Depot, d.h. er investiert in Boeing 47.265 US-Dollar, in General Motors 26.258 US-Dollar, in Citicorp 249.453 US-Dollar, in IBM 158.862 US-Dollar und in Coca Cola 118.162 US-Dollar.

Mit dieser Aufteilung hat Herr Bush nun sein Marktportfolio gefunden. Es gilt: Wer einmal sein Marktportfolio gefunden hat, braucht nichts mehr zu korrigieren. Selbst wenn sich die Kurse ändern, hält man immer noch das Marktportfolio. Dieser Satz leuchtete mir lange Zeit überhaupt nicht ein, bis mir ein Freund aus Singapur seine Geschichte erzählte. Sein Anlagehorizont umfasste nur Aktien aus Singapur, weil er nur diese Unternehmen genau kannte. Dazu kaufte er 30 Aktien des Stadtstaates genau in den Proportionen, die ihrer Marktkapitalisierung entsprachen. Dazu gehörte im Sommer 1998 auch ein Anteil von 2 % an der Aktie Singapore Land. In Folge der Asienkrise brach diese Aktie besonders stark ein. Aus Enttäuschung (und natürlich um die Kursverluste zu begrenzen) wollte mein Freund diese Aktie verkaufen. Aber nur die Disziplin, sich am Marktportfolio zu orientieren, hielt ihn davon ab. Im Verlauf des Jahres 1999 erholten sich die Aktien in Singapur deutlich, besonders überproportional stieg der Kurs von Singapore Land – um mehr als das Zehnfache seines Tiefstkurses. Durch diesen Kursanstieg hatte nun die Aktie von Singapore Land eine relative Marktkapitalisierung von 9 % am Singapurer Aktienmarkt. Daraufhin sah mein Freund sich die Zusammensetzung seines eigenen Portfolios an und dachte sich: Ohne das ich etwas tun musste, ist der Anteil von Singapore Land Aktien an meinem Depot auf 9 % gestiegen.

Dumm hatte inzwischen mit Comroad seine ersten hundert Prozent verdient. Aber als Clever das erfuhr, wurde er nicht mehr unsicher. Nun wusste er: „Dumm sollte jetzt die Gewinne realisieren. Das Risiko, das man mit nur einer Aktie eingeht, ist viel zu hoch. Man sollte sich ein Depot zusammenstellen, das die Rendite/Risikochancen optimiert, und nicht davon träumen, einmal in seinem Börsenleben eine Microsoft zu kaufen, wenn selbst der Unternehmensgründer noch nichts vom gigantischen Erfolg ahnt – also alles auf eine Karte zu setzen und zu gewinnen. Doch derart einseitige Investmententscheidungen sind Zockerei und keine sinnvolle Anlagestrategie. Wer setzt schon sein gesamtes Hab und Gut in der Spielbank auf nur eine Zahl? Ich werde es besser machen als mein Bruder Dumm, schließlich kann ich mir jetzt selber ein Depot zusammenstellen. Dazu brauche ich nur die vergangenen Kursentwicklungen, Zinsen und Dividenden zu kennen und dann kann ich schon losrechnen. Das ist ja gar nicht so schwer!"

Der Anlageberater entgegnete Clever: „Aber Achtung. Sie müssen nicht nur die Volatilitäten und die Renditen aller Wertpapiere berechnen, sondern auch die Kovarianzen zwischen allen möglichen Wertpapieren. Bei zwei Anlagealternativen sind das nur fünf Größen, aber schon bei 10 sind es 65 und bei hundert Wertpapieren sind es ca. 5.150 Größen, die Sie berechnen müssen."

Nun war Clever doch desillusioniert: „Was nutzt mir denn all das Wissen, wenn ich es doch nicht mit vertretbarem Aufwand anwenden kann?"

Der Anlageberater erwiderte: „Was ich Ihnen gerade erläutert habe sind die Grundzüge der Portfoliotheorie von Harry Markowitz. Es gibt noch eine Vereinfachung, die ich Ihnen nun erkläre."

7. Vereinfachung der Portofoliotheorie

Schon Schiller sagte *»in die Tiefe musst du steigen, soll sich dir das Wesen (Weg) zeigen«*. So beschäftigten sich einige Ökonomen mit dem Studium von Aktienkursen. Dabei stellten sie fest, dass sich die Aktienkurse zwar nicht gleich, aber auch nicht ungeordnet bzw. unabhängig voneinander entwickeln. So steigen an guten Börsentagen die Kurse einer Vielzahl von Aktien und an schlechten Börsentagen wiederum sinken die meisten Aktienkurse.

Geht man der Sache noch tiefer auf den Grund, so stellt man fest, dass sich die Kurse verschiedener Aktien zwar grob in die gleiche Richtung, aber mit starken Schwankungen bewegen. Während beispielsweise die eine Aktie an guten Börsentagen sehr hohe Kursgewinne verzeichnen, kann eine andere Aktie nur geringe Kurszuwächse erzielen. Die Weiterentwickler der Portfoliotheorie machten sich diese Entdeckung zu Nutze, die Indexmodell genannt wird.

Dabei wird im Indexmodell angenommen, dass sich die Entwicklung eines Aktienkurses zum überwiegenden Teil durch die Entwicklung der Gesamtheit aller Aktienkurse ergibt. Um die Entwicklung aller Aktienkurse zu messen, wurden die Aktienindices entwickelt. Bei der Berechnung eines Aktienindex werden die Kurse aller betrachteten Aktien berücksichtigt. Im einfachsten Fall werden alle Aktienkurse der betrachteten Aktien gleich gewichtet, so dass der Index einfach nur durch Addition dieser Kurse entsteht[30]. Wesentlich häufiger werden bei der Berechnung eines Index die Kurse der betrachteten Aktien nach Börsenumsatz und Marktkapitalisierung gewichtet[31].

7.1 Der Beta-Faktor

Aus dem Verlauf eines Aktienindex lassen sich genauso wie aus dem Kursverlauf einer einzelnen Aktie Renditen, ein Erwartungswert der Rendite und eine Volatilität der Renditeentwicklung berechnen.

Dazu sehen wir uns wieder den Kursverlauf der Aktien Allianz, Bayer und E.ON (siehe Tabelle 15, Seite 60) an. Der Einfachheit halber berechnen wir den Index für diese drei Aktien, indem alle Aktien mit dem gleichen Gewicht (also genau ein Drittel) in den Index eingehen.

---

[30] Ein Beispiel für einen solchen Index ist der Dow Jones Index der New York Stock Exchange.

[31] Ein Beispiel für einen solchen Index ist der Deutsche Aktien Index (Abk. DAX) der Deutschen Börse.

Tabelle 22: Berechnung eines Aktienindex aus den Aktien Allianz, Bayer und E.ON

Monat	Allianz [Euro]	Monats-rendite [%]	Bayer [Euro]	Monats-rendite [%]	E.ON [Euro]	Monats-rendite [%]	Index	Monats-rendite [%]
1	40		10		30		26,67	
2	35	-12,50	9	-10,00	31	3,33	25,00	-6,25
3	39	11,43	11	22,22	30	-3,23	26,67	6,67
4	40	2,56	12	9,09	33	10,00	28,33	6,25
5	50	25,00	11	-8,33	34	3,03	31,67	11,76
6	45	-10,00	13	18,18	36	5,88	31,33	-1,05
7	46	2,22	10	-23,08	35	-2,78	30,33	-3,19
8	48	4,35	11	10,00	36	2,86	31,67	4,40
9	47	-2,08	12	9,09	37	2,78	32,00	1,05
10	48	2,13	13	8,33	38	2,70	33,00	3,13
11	49	2,08	11	-15,38	36	-5,26	32,00	-3,03
12	51	2,04	14	27,27	38	5,56	34,33	7,29

	Allianz	Bayer	E.ON	Index
Gesamtrendite	27,50	40,00	26,67	28,75
Arithm. Mittel	2,66	4,31	2,26	2,46
Varianz	90,39	239,76	18,05	27,13
Standardabweichung	9,51	15,48	4,25	5,21
Annualisierte Volatilität	27,26	44,39	12,18	14,93

Der Zusammenhang zwischen einer Aktie und der Entwicklung eines Aktienindex wird durch folgende Regressionsgleichung ausgedrückt.

$$\mu_{\text{Aktie}} = \alpha + \beta \cdot \mu_{\text{Index}}$$

(μ_{Aktie} = Erwartungswert der Rendite der Aktie, α = AlphaFaktor, β = Beta-Faktor, μ_{Index} = Änderung des Index)

Nach der obigen Formel ist die erwartete Rendite einer Aktie abhängig von einem konstanten Faktor α und der Änderung des Aktienindex, multipliziert mit dem Faktor β. Dabei beschreibt der Alpha-Faktor einen vom Index unabhängigen Ertrag der Aktie. So haben Unternehmen mit einem guten Management einen hohen Alpha-Faktor. Daher beschreibt der Alpha-Faktor meistens unternehmensspezifische Tatbestände, wie beispielsweise besonders hohe Gewinne. Dieser hohe Alpha-Faktor sorgt auch dafür, dass bei einem allgemeinen Kursrückgang noch eine positive Rendite erreicht werden kann.

Dagegen beschreibt der Beta-Faktor, wie stark oder schwach die Schwankungen der Aktienkurse im Verhältnis zu den Schwankungen des Index ausfallen.

Liegt der Beta-Faktor genau bei 1, so bedeutet dies, dass die Aktie genauso stark schwankt wie der Index.

- Eine Indexsteigerung von 5 % würde demnach eine Steigerung des Aktienkurses um 5 % nach sich ziehen.
- Ein Indexrückgang um 5 % würde zu einem Aktienkursrückgang von -5 % führen.

Falls der Beta-Faktor über 1 liegt, so schwankt die Aktie stärker als der Index.

- Eine Indexsteigerung von 5 % bei einem Beta-Faktor von 1,2 führt zu einem Aktienkursanstieg von 1,2 · 5 % = 6 %.
- Dagegen führt ein Indexrückgang von 5 % bei einem Beta-Faktor von 1,2 zu einem Aktienkursrückgang von 1,2 · 5 % = -6 %.

Liegt dagegen der Beta-Faktor unter 1, so schwankt die Aktie schwächer als der Index.

- Eine Indexsteigerung von 5 % bei einem Beta-Faktor von 0,9 würde einer Steigerung des Aktienkurses von 0,9 · 5 % = 4,5 % erwarten lassen.
- Ein Indexrückgang von 5 % bei einem Beta-Faktor von 0,9 würde zu einem Rückgang des Aktienkurses um 0,9 · 5 % = -4,5 % führen.

Mit der Kenntnis des Beta-Faktors kann man bereits erste Schlussfolgerungen für das Anlageverhalten ziehen. So ist es in Zeiten steigender Aktienkurse ratsam, Aktien mit einem hohen Beta-Faktor zu kaufen, da sie voraussichtlich stärker als der Index steigen werden. In einem solchen Fall kann der Anleger eine bessere Rendite erwirtschaften als mit dem Index sonst zu erwarten wäre. Dagegen sollte der Anleger in Zeiten von fallenden Aktienkursen auf Aktien mit einem niedrigen Beta-Faktor zurückgreifen, weil dann sein Depot im Vergleich zum Index nicht so stark an Wert verliert.

Wie berechnet man jetzt aber den Beta-Faktor? Heutzutage braucht man den Beta-Faktor eigentlich nicht mehr selbst zu berechnen, weil er in einer Vielzahl von Börsenzeitschriften oder im Internet veröffentlicht wird. Da schon die Nobelpreisträgerin Marie Curie feststellte »*was man zu verstehen gelernt hat, fürchtet man nicht mehr*«, werde ich Ihnen trotzdem zeigen, wie man diese Kennzahl praktisch berechnet. Mathematisch lässt sich der Beta-Faktor wie folgt darstellen:

$$\beta_{Aktie} = \frac{\sigma_{Aktie,\ Index}}{\sigma_{Index}^{2}}$$

(β_{Aktie} = Beta-Faktor der Aktie, $\sigma_{Aktie,\ Index}$ = Kovarianz zwischen Aktie und Index, σ_{Index}^2 = Varianz des Index)

Die genaue Berechnung des Beta-Faktors möchte ich Ihnen anhand eines Beispiels erläutern. Dazu verwenden wir den in Tabelle 22 (siehe Seite 81) berechneten Index aus den drei Aktien Allianz, Bayer und E.ON. Zudem möchten wir den Beta-Faktor der Allianz-Aktie berechnen. Also müssen wir zunächst die Kovarianz der Allianz-Aktie und des Index berechnen. Dazu müssen die monatlichen Renditen der Allianz-Aktie und des Index miteinander multipliziert werden und die Summe aus den Produkten gebildet werden. Gleichzeitig werden die Erwartungswerte der Aktienrendite sowie des Index ermittelt.

Tabelle 23: Berechnung der Kovarianz der Allianz-Aktie und des Index

Monat	Allianz	Monatsrendite	Index	Monatsrendite	$Rendite_{Allianz} \cdot Rendite_{Index}$
1	40		26,67		
2	35	-12,50	25,00	-6,25	78,13
3	39	11,43	26,67	6,67	76,19
4	40	2,56	28,33	6,25	16,03
5	50	25,00	31,67	11,76	294,12
6	45	-10,00	31,33	-1,05	10,53
7	46	2,22	30,33	-3,19	-7,09
8	48	4,35	31,67	4,40	19,11
9	47	-2,08	32,00	1,05	-2,19
10	48	2,13	33,00	3,13	6,65
11	49	2,08	32,00	-3,03	-6,31
12	51	4,08	34,33	7,29	29,76
Erwartungswert der Rendite		2,66		2,46	
				Summe	514,91

Nun wird das arithmetische Mittel der miteinander multiplizierten Renditen des Index und der Allianz-Aktie berechnet.

$$\frac{514{,}91}{11} = 46{,}81$$

Im letzten Schritt zur Kovarianzbestimmung wird das Produkt der Rendite-Erwartungswerte der Allianz-Aktie und des Index vom Durchschnittswert der Produkte der Einzelrenditen abgezogen.

$$46{,}81 - (2{,}66 \cdot 2{,}46) = 40{,}27$$

Die Kovarianz zwischen der Allianz-Aktie und dem Index beträgt 40,27. Zur Berechnung des Beta-Faktors benötigt man noch die Varianz des Index. Die Varianz des Index ist schon in Tabelle 22 (siehe Seite 81) berechnet. Darum können wir nun direkt den Beta-Faktor ermitteln.

$$\beta_{\text{Allianz}} = \frac{\sigma_{\text{Allinaz, Index}}}{\sigma_{\text{Index}}^{2}} = \frac{40{,}27}{14{,}93} = 2{,}7$$

Der Beta-Faktor der Allianz-Aktie beträgt 2,7. Das bedeutet, dass wenn der Index um 5 % steigt, die Allianz-Aktie um 2,7 · 5 = 13,5 % steigen sollte. Umgekehrt sollte die Allianz-Aktie bei einem Indexrückgang von 5 % um 13,5 % fallen. Infolgedessen eignet sich die Allianz-Aktie vor allen in Phasen steigender Aktienkurse, weil der Anleger eine bessere Rendite einfahren kann, als die des Index. Durch denselben Rechenweg kann man für die Bayer-Aktie einen Beta-Faktor von 2,63 und für die E.ON-Aktie von 0,47 ermitteln.

Die Allianz und die Bayer-Aktie haben einen ähnlich hohen Beta-Faktor. Weisen Sie deshalb eine ähnliche Kursveränderung bei einer Indexveränderung auf? Zur Beantwortung dieser Frage sollten wir uns an ein Zitat von Emil Gött erinnern: »*Hab ich ein Ding erkannt, so hat es seinen Stachel verloren.*« Daher müssen wir das »Ding« Beta-Faktor noch genauer untersuchen. Dazu müssen wir uns mit der Qualität und der Güte des Beta-Faktors beschäftigen. Diese wird mithilfe des Korrelationskoeffizienten[32] bestimmt. Der Korrelationskoeffizient misst, wie stramm der Zusammenhang zwischen der Indexentwicklung und der Kursentwicklung der betreffenden Aktie ist.

[32] Die Korrelation gibt zwar eine Idee über die Stärke des Zusammenhangs zweier Zeitreihen, doch ist keine konkrete Aussage über die prozentuale Veränderung möglich. Beispielsweise kann folgende Frage nicht beantwortet werden: Wenn der DAX um 1 % steigt, um wie viel Prozent steigt oder fällt die Siemens-Aktie. Nur im Zusammenspiel mit dem Beta-Faktor ist dies näherungsweise möglich.

$$k_{\text{Aktie, Index}} = \frac{\sigma_{\text{Aktie, Index}}}{\sigma_{\text{Aktie}} \cdot \sigma_{\text{Index}}}$$

($k_{\text{Aktie, Index}}$ = Korrelationskoeffizient, $\sigma_{\text{Aktie, Index}}$ = Kovarianz zwischen Aktie und Index, σ_{Aktie} = Volatilität der Aktie, σ_{Index} = Volatilität des Index)

Aufgrund der mathematischen Konstruktion des Korrelationskoeffizienten liegt er immer zwischen -1 und +1. Falls der Korrelationskoeffizient -1 ist, so liegt ein perfekt negativer Zusammenhang zwischen dem Index und der Aktie vor. Deswegen führt jeder Anstieg des Index zu einem Rückgang des Aktienkurses, dessen Stärke sich aus dem Beta-Faktor ergibt. Umgekehrt verhält es sich bei einem Indexrückgang, weil der Aktienkurs dann steigt.

Beträgt der Korrelationskoeffizient genau +1, so führt jeder Anstieg des Index zu einem Anstieg des Aktienkurses gemäß dem spezifischen Beta-Faktor.

Liegt der Korrelationskoeffizient genau bei 0, dann ist statistisch gesehen kein Zusammenhang zwischen der Indexentwicklung und der Kursveränderung feststellbar.

Aber im Normalfall liegt der Korrelationskoeffizient bei Aktien zwischen 0 und 1. Nur bei einem Korrelationskoeffizienten von 1 kann man mit völliger Sicherheit davon ausgehen, dass bei einem Anstieg des Index um 5 % die Aktie mit einem Beta-Faktor von 1,2 auch tatsächlich um 6 % zulegt.

Liegt der Korrelationskoeffizient unter 1, so wird sich die Änderung der Aktienkurse im Durchschnitt aus der Änderung des Index, multipliziert mit dem Beta-Faktor, ergeben. Dies gilt aber nicht in jedem Einzelfall. Daher gilt: Je niedriger der Korrelationskoeffizient ist, desto unzuverlässiger ist der Beta-Faktor in seiner kurzfristigen Betrachtung.

Nach all der Theorie ist es nun an der Zeit, dem Korrelationskoeffizienten »Leben einzuhauchen«. Ergo berechnen wir nun den Korrelationskoeffizienten zwischen der Allianz-Aktie und dem Index.

$$k_{\text{Allianz, Index}} = \frac{\sigma_{\text{Alianz, Index}}}{\sigma_{\text{Allianz}} \cdot \sigma_{\text{Index}}} = \frac{40{,}27}{27{,}26 \cdot 14{,}93} = 0{,}10$$

Der Korrelationskoeffizient zwischen Allianz-Aktie und Index beträgt 0,10. Dagegen betragen die Korrelationskoeffizienten der Bayer-Aktie und dem Index 0,06, und der E.ON-Aktie und dem Index 0,04.

Das bedeutet, dass die Aussage des Beta-Faktors in der kurzfristigen Betrachtung für die Allianz-, Bayer- und E.ON-Aktie relativ unzuverlässig ist. Darum ist auch der Zusammenhang zwischen den Kursveränderungen der Aktien Allianz, Bayer und E.ON und der Indexentwicklung sehr unterschiedlich.

Um eine noch bessere Aussage über den Anteil der Kursbewegung einer Aktie, der sich statistisch gesehen auf die zu Grunde liegende Indexbewegung zurückführen lässt, zu treffen, verwendet man das Bestimmtheitsmaß[33]. Mathematisch gesehen ist das Bestimmtheitsmaß nichts anderes als das Quadrat des Korrelationskoeffizienten.

$$B = k_{\text{Aktie, Index}}^{2} = \left(\frac{\sigma_{\text{Aktie, Index}}}{\sigma_{\text{Aktie}} \cdot \sigma_{\text{Index}}} \right)^{2} \quad \text{(B = Bestimmtheitsmaß)}$$

Das Bestimmtheitsmaß liegt stets zwischen 0 und + 1. Das Bestimmtheitsmaß für die Allianz-Aktie lautet:

$$B = k_{\text{Allianz, Index}}^{2} = \left(\frac{\sigma_{\text{Alianz, Index}}}{\sigma_{\text{Allianz}} \cdot \sigma_{\text{Index}}} \right)^{2} = \left(\frac{40{,}27}{27{,}26 \cdot 14{,}93} \right)^{2} = 0{,}01$$

Für unseren Beispielsfall der Allianz-Aktie beträgt das Bestimmtheitsmaß 1 %. Dementsprechend ist der Zusammenhang zwischen einer Kursänderung des Index und der Allianz-Aktie nicht sehr eng. Hieraus sollte die Konsequenz gezogen werden, dass bei steigenden Aktienkursen auf andere Aktien als die Allianz-Aktie zurückgegriffen werden sollte. Der Anleger sollte Aktien mit einem höheren Bestimmtheitsmaß vorziehen, da bei ihnen bei einem Anstieg des Index der gewünschte Erfolg sicherer erreicht werden kann.

[33] In anderen Worten beschreibt das Bestimmtheitsmaß den Anteil des marktspezifischen, systematischen Risikos am Gesamtrisiko eines Papiers. Zu diesen Risiken gehören Zinsänderungen oder globale Konjunkturschwankungen, also Einflussfaktoren, die den gesamten Markt betreffen und nicht diver- sifizierbar sind, deren Risiko sich also nicht streuen lässt.

7.2 Depot-Beta-Faktor

Bei der Arbeit mit dem Beta-Faktor und dem Korrelationskoeffizienten ist zu bedenken, dass sie schwanken. Die Berechnung des Beta-Faktors erfolgt jeweils für die letzten 30 oder 250 Handelstage der Börse. Dabei löst jeder neue Kurs den bis dahin ältesten Kurs ab. Hierdurch kommt es zu einer leichten täglichen Veränderung des Beta-Faktors. Im Normalfall wird der so ermittelte Beta-Faktor um einen Mittelwert schwanken und sich nur allmählich verändern. Diese schleichende Änderung des Beta-Faktors spiegelt die Erwartung der Anleger hinsichtlich des Risikos wieder. Aber bei plötzlichen und unerwarteten Kursänderungen, zum Beispiel nach Aktiencrashs oder Gewinnwarnungen eines Unternehmens, kann sich der Beta-Faktor auch schlagartig ändern.

Wie schon Thomas Alva Edison sagte: »*Wenn es einen Weg gibt, etwas besser zu machen, so finde ihn.*« Clevere Ökonomen haben herausgefunden, dass sich die Empfindlichkeit eines Wertpapierdepots gegenüber der Änderung eines Aktienindex mithilfe des Beta-Faktors berechnen lässt. Der Beta-Faktor eines Wertpapierdepots ergibt sich als gewogenes arithmetisches Mittel der Beta-Faktoren der Aktien, aus denen das Depot besteht.

$$\beta_{\text{Depot}} = \sum_{i=1}^{n} \beta_i \cdot x_i$$

(β_{Depot} = Beta-Faktor Depot; x_i = Anteil der Aktie i am Depot, n = Zahl der Aktien im Depot, i = Aktie)

Ist die Zusammensetzung des Depots vollkommen identisch mit der Gewichtung der Aktien im betrachteten Index, so beträgt der Beta-Faktor des Depots per Definition 1. Die Beurteilung des Depot-Beta-Faktors erfolgt nach denselben Regeln, wie für den Beta-Faktor einzelner Aktien (siehe Seite 82 ff.). Liegt der Wert des Depot-Beta-Faktors über 1, so steigt bzw. sinkt der Wert des Aktiendepots wahrscheinlich stärker als der Index. Liegt er dagegen unter 1, so schwankt der Depotwert nicht ganz so stark wie der Index.

Mithilfe des Beta-Faktors des Depots sowie der Volatilität des Index kann man auch die Volatilität und damit das Risiko des gesamten Portfolios berechnen.

$$\sigma_{Depot} = \beta_{Depot} \cdot \sigma_{Index}$$

(σ_{Depot} = Volatilität des Depots, β_{Depot} = Beta-Faktor des Depots, σ_{Index} = Volatilität des Index)

Streng genommen gilt dieser Zusammenhang nur für effizient diversifizierte Depots, die so viele Aktien enthalten, dass durch die Hinzunahme einer weiteren Aktie kein weiterer Rückgang des Risikos bewirkt wird. Für alle anderen Depots ist dieser Zusammenhang eine gute Näherungslösung. Zu beachten ist, dass der ermittelte Wert für die Portfoliovolatilität stets niedriger ist als die tatsächliche Volatilität des Depots.

Angesichts dieser Tatsache greifen die Wertpapierprofis für die Berechnung der Portfolio-Volatilität auf das Portfolio-Section-Modell von Markowitz zurück. Dieses Modell kann aber nur mit sehr großem Aufwand berechnet werden, weil die Kovarianz für alle Aktienpaare im Depot berechnet werden muss. Dagegen hat das vereinfachte Verfahren zur Ermittlung der Portfolio-Volatilität den Vorteil, dass durch den Rückgriff auf einen Index als gemeinsame Einflussgröße auf die Aktien im Depot der Rechenaufwand deutlich minimiert wird.

Uns stehen jetzt zwei Maße für das Risiko eines Depots zur Verfügung – die Volatilität und der Beta-Faktor – die jeder etwas anderes messen.

- Die Volatilität misst die Wahrscheinlichkeit, dass die tatsächliche Aktien- bzw. Depotrendite von ihrem Erwartungswert abweicht.
- Dagegen misst der Beta-Faktor die Abhängigkeit einer Aktie bzw. eines Depots von einem Aktienindex[34].

7.3 Systematische und unsystematische Risiken

In Kapitel 6. haben wir gesehen, dass durch eine bewusste Streuung der Investitionssumme auf mehrere Aktien bzw. Anlageformen das Gesamtrisiko des Depots gesenkt werden kann. Allerdings stößt die Risikovernichtung irgendwann an ihre Grenzen. Ab dieser Grenze führt die Aufnahme von weiteren Aktien im Depot zu keiner weiteren Abnahme des Risikos, es bleibt ein gewisses Restrisiko bestehen.

[34] Vereinfacht ausgedrückt gibt die Volatilität das Risiko an, eine zu erwartende Rendite nicht zu erreichen, wohingegen das Beta das Risiko quantifiziert, welches man in einem bestimmten Aktien-markt ausgesetzt ist.

Diese Beobachtung führte zur Unterscheidung zwischen dem systematischen[35] und dem unsystematischen[36] Risiko. Dabei wird das unsystematische Risiko der Aktien durch die unternehmensindividuellen Einflussgrößen, wie Gewinne, verursacht. Dieses Risiko lässt sich durch eine ausreichende Streuung vollständig eliminieren. Was dann noch verbleibt ist das systematische Risiko, welches das der Anlageform Aktie innewohnende Risiko ist. Als Maß für das systematische Risiko dient der Beta-Faktor. Er misst das Risiko der Aktie bzw. des Depots bei einer Änderung des Aktienindex. Ein Anleger kann dieses Risiko nur senken, wenn er ganz bewusst Aktien auswählt, die nur einen geringen Beta-Faktor haben. Hierdurch minimiert der Anleger seine Abhängigkeit von der allgemeinen Marktentwicklung. Dafür nimmt er aber mittel- bis langfristig eine niedrigere Rendite seines Depots in Kauf, weil die Kurse seiner Aktien bei steigenden Indexständen nur unterproportional zunehmen. Daher empfehlen die meistens Portofoliomanager zur Senkung des systematischen Risikos die Streuung in eine andere Anlageform, wie zum Beispiel Anleihen.

Beispielsweise reicht in Deutschland ein Aktiendepot von 20 Aktien aus, um das unsystematische Risiko zu 90 % zu eliminieren, sodass nur noch das Marktrisiko (systematische Risiko) der Aktie verbleibt. An den wesentlich größeren Aktienmärkten im Ausland benötigt man allerdings mehr als die doppelte Anzahl der Aktien.

Auch wenn Harry Markowitz, der Erfinder der Portfoliotheorie, sagt »*Diversification is good*«, darf die Diversifikation nicht übertrieben werden, d.h. unendlich viele Aktien in das Aktiendepot aufgenommen werden. Schließlich kann durch die Aufnahme von immer neuen Aktien nur, das unsystematische Risiko gesenkt werden. Aber irgendwann kommt man zu einem Punkt im Aktienportfolio, an dem das unsystematische Risiko soweit eliminiert wurde, dass eigentlich nur noch das systematische Risiko eine Rolle spielt.

---

[35] Das systematische Risiko kann ein Unternehmen nicht beeinflussen. Zu den systematischen Risiken zählen politische und wirtschaftliche Ereignisse wie Unruhen, Wahlen, Kriege, Steuerveränderungen oder die Schaffung von Freihandelszonen. Aber auch Naturkatastrophen oder starke Veränderungen von Wechselkursen oder Zinsen können eine Rolle spielen.

[36] Das unsystematische Risiko bezieht sich dagegen immer auf »unternehmensspezifische Einzelfälle« und hat nichts mit »Höherer Gewalt« zu tun. So kann ein Unternehmen z.B. eine falsche Strategie einschlagen, mit einem wichtigen Projekt scheitern, mit Streiks konfrontiert werden oder auf harte Konkurrenz treffen. All diese Faktoren wirken sich auf die Gewinne des Unternehmens aus.

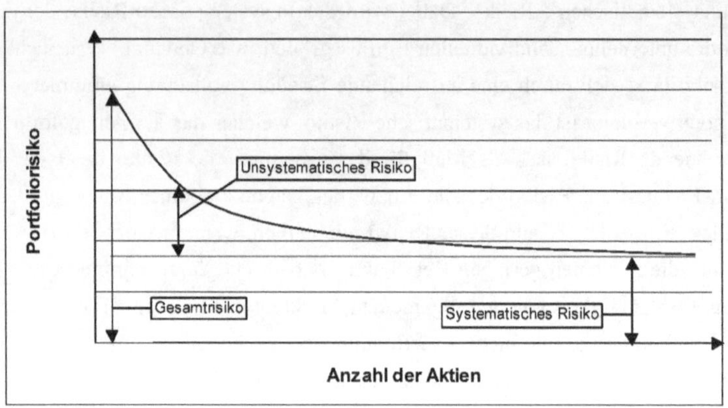

Abbildung 10: Portfoliorisiko in Abhängigkeit der Aktienanzahl

Spätestens ab diesem Punkt ist eine weitere Diversifizierung in Aktien nicht mehr ratsam. Der Anleger sollte sich Gedanken darüber machen, wie er das systematische Risiko seines Portfolios auf andere Weise senkt. Das ist zum Beispiel durch Aufnahme von Anleihen in das Depot möglich.

Clever seufzte erleichtert: „Schwein gehabt. Ich brauche zum Glück nicht all diese Kovarianzen zu berechnen. Außerdem weiss ich jetzt, dass ich meine Erbschaft auf mehrere Anlageformen streuen muss und dass ich auch innerhalb der Anlageform nicht alles auf eine Karte setzen darf. Zur Senkung meines Risikos muss ich auch nicht unendlich viele Wertpapiere in mein Depot aufnehmen. Getreu dem Motto »*Vieles kann schnell zu viel werden*«."

„Genau", stimmte der Anlageberater zu. „Ich möchte Sie etwas fragen: Wissen Sie noch etwas über die vor kurzem besprochenen Aktiendepots aus 125 Allianz und 500 Bayer, 500 Bayer und 167 E.ON sowie 125 Allianz und 167 E.ON Aktien? Die haben wir im Zusammenhang mit dem Marktportofolio und dem Minium-Varianz-Portfolio kennen gelernt. Dort hat sich gezeigt, dass die Kombination 125 Allianz und 500 Bayer die größte Rendite, gefolgt von 500 Bayer und 167 E.ON sowie 125 Allianz und 167 E.ON hatte. Und welches dieser Portofolios würden Sie auswählen?"

Clever: „Ist doch klar, ich würde das Portfolio aus 125 Allianz und 500 Bayer-Aktien erwerben, weil dies die höchste Rendite hat."

Der Anlageberater fragte Clever erschreckt: „Haben Sie denn das Risiko vergessen?"

Clever antwortete: „Nein. Schließlich sind doch alle Aktiendepots mittels Diversifikation aus zwei Aktien entstanden. Daher sollte doch das Risiko bestmöglich verringert sein. So braucht man sich nur das Portfolio mit der höchsten Rendite auszusuchen und hat gleichzeitig auch das Risiko bestmöglich diversifiziert."

Der Anlageberater erwiderte: „Herr Clever kennen Sie den Spruch von Plinius »*der Schein trügt*«? Lassen Sie sich überraschen, was ich Ihnen dazu mitzuteilen habe."

8. Wie gut sind die Portfolios diversifiziert?

Die Frage, wie gut ein Aktiendepot diversifiziert ist, mündet direkt in der Frage: Sind alle diversifizierten Risiken aus dem Portfolio mittels Streuung entfernt? Sicherlich fragen Sie sich nun, wieso überhaupt noch diversifizierte Risiken in einem Aktiendepot enthalten sind.

Das kann durch aktives Depotmanagement entstehen. Damit ist gemeint, dass das Portfolio bewusst so zusammengestellt wurde, dass es nicht mit dem Marktportfolio übereinstimmt, in der Hoffnung eine bessere Rendite zu erzielen. Die wichtigsten Methoden dazu sind:

- Stil: Ein Portfoliomanager könnte einen bestimmten Stil verfolgen. Er könnte also gewisse Gruppen von Wertpapieren anders gewichten, als es ihrem Anteil im Marktportfolio entspricht. Beispielsweise könnte er nur auf Aktien kleinerer Unternehmen setzen.
- Trends: Ein Portfoliomanager wählt die Zeitpunkte seiner Engagements so, dass er die Gewinner der letzten drei bis sechs Monate kauft, obwohl deren Kurse schon deutlich gestiegen sind. Dann hält er sie für weitere drei bis sechs Monate.
- Kontrarian: Ein Portfoliomanager kauft Aktien, die gegenüber dem Markt in den letzten drei Jahren zurückgeblieben sind und hält sie für die nächsten drei Jahre. Getreu dem Motto: »*Nur tote Fische schwimmen mit dem Strom.*«
- Heteroskedastizität: Ein Portfoliomanager beobachtet die Volatilität. Er handelt nach folgender Devise: Seigt die Volatilität über eine bestimmte Schwelle bei gleichzeitig schlechten wirtschaftlichen Rahmenbedingungen, so werden die Aktien verkauft. Geht die Volatilität zurück und verbessern sich die wirtschaftlichen Rahmenbedingungen, dann kauft er Aktien.
- Volkswirtschaftliche Signale: Ein Portfoliomanager könnte Aktien dann kaufen, wenn die monatliche Wachstumsrate des Bruttosozialproduktes anzieht. Weiterhin beobachtet er den Spread zwischen der Rendite von AAA- und Baa-Anleihen. Vergrößert er sich, so deuten sich schwierigere Zeiten an. Ferner beobachtet er den Zinsunterschied am Geld- und Kapitalmarkt. Wird die Zinskurve steiler, so ist dies negativ. Wird dagegen die Zinskurve flacher, so ist dies positiv.

Mit dem Aufkommen dieses neuen Investment-Stils wurde gleichzeitig die Frage aufgeworfen: Wie misst man eigentlich den Anlageerfolg? In der Praxis hat sich dazu die Kennzahl Sharpe-Ratio etabliert. Um Ihnen die Sharpe ratio besonders anschaulich zu erklären, gehen wir von folgendem Zahlenbeispiel aus. Dazu nehmen wir die bereits in Abschnitt 6 (Seite 59 ff.) besprochenen Aktiendepots: 125 Allianz und 500 Bayer-Aktien, 500 Bayer und 167 E.ON Aktien sowie 125 Allianz und 167 E.ON-Aktien.

Tabelle 24: Daten zur Berechnung der Sharpe ratio von Aktiendepots bestehend aus Allianz, Bayer und E.ON

Monat	125 Allianz u. 500 Bayer[Euro]	Monats-rendite [%]	500 Bayer und 167 E.ON[Euro]	Monats-rendite [%]	125 Allianz und 167 E.ON [Euro]	Monats-rendite [%]
1	10000		10010		10010	
2	8875	-11,25	9677	-3,33	9552	-4,58
3	10375	16,90	10510	8,61	9885	3,49
4	11000	6,02	11511	9,52	10511	6,33
5	11750	6,82	11178	-2,89	11928	13,48
6	12125	3,19	12512	11,93	11637	-2,44
7	10750	-11,34	10845	-13,32	11595	-0,36
8	11500	6,98	11512	6,15	12012	3,60
9	11875	3,26	12179	5,79	12054	0,35
10	12500	5,26	12846	5,48	12346	2,42
11	11625	-7,00	11512	-10,38	12137	-1,69
12	13375	15,05	13346	15,93	12721	4,81
Gesamt-rendite	33,75		33,33		27,08	
Arithm. Mittel	3,08		3,04		2,31	
Varianz	81,09		78,66		22,48	
Standard-abweichung	9,00		8,87		4,74	
Standard-abweichung bezogen auf ein Jahr*	32,71		32,22		17,23	
Volatilität	25,82		25,43		13,59	

* Man erhält die Standardabweichung bezogen auf ein Jahr, wenn man die Standardabweichung mit $\sqrt{12}$ multipliziert.

Sie werden nun sehen, dass sich die Sharpe ratio schon aus bekannten Größen zusammensetzt. Als weitere Information benötigen wir den Zinssatz für die risikolose Anlage. Hierzu nehmen wir den Zinssatz von einem Tagesgeldkonto mit ca. 2,5 %. Die Sharpe ratio berechnet sich nach folgender Formel:

$$\text{Shape - Ratio} = \frac{\text{Gesamtrendite des Depot (für ein Jahr) - risikolosen Zinssatz}}{\text{Standardabweichung bezogen auf ein Jahr}}$$

$$\text{Shape - Ratio}_{\text{125 Allianz und 500 Bayer}} = \frac{0{,}3375 - 0{,}025}{0{,}3271} = 0{,}955$$

$$\text{Shape - Ratio}_{\text{500 Bayer und 167 E.ON}} = \frac{0{,}3333 - 0{,}025}{0{,}3222} = 0{,}957$$

$$\text{Shape - Ratio}_{\text{125 Allianz und 167 E.ON}} = \frac{0{,}2708 - 0{,}025}{0{,}1723} = 1{,}427$$

Was sagt nun die Sharpe ratio aus? Die Sharpe ratio[37] drückt jene Überrendite aus, die mit einem Risiko von 100 % gemessen durch die Streuung der einfachen Rendite in der Berichtsperiode hätte erzielt werden können. Für unser Beispiel ergibt sich, dass das Aktiendepot aus 125 Allianz und 167 E.ON-Aktien den beiden anderen Aktiendepots überlegen ist. Dies liegt daran, dass die Aktiendepots 125 Allianz und 500 Bayer und 500 Bayer und 167 E.ON Aktien nicht optimal diversifiziert sind. Festzumachen ist das an der hohen Volatilität der beiden Portfolios im Vergleich zum Aktiendepot 125 Allianz und 167 E.ON. An der Börse gilt, dass man für diversifizierbare Risiken keine zusätzliche Rendite erwarten kann. Letztlich wählen laut der Portfoliotheorie die Anleger das Portfolio aus, das eine Kombination der sicheren Anlage und des Marktportfolios ist und folglich auf der Kapitalmarktlinie (siehe 74 ff.) positioniert ist. Spinnt man diesen Gedanken weiter, so würden Anleger bei der Auswahl unter mehreren Aktiendepots das Aktiendepot auswählen, welches die größte Steigung in der Kapitalmarktlinie hat. Die Steigung in der Kapitalmarktlinie beschreibt das Verhältnis von Risiko zu Rendite, d.h. je steiler die Steigung der Kapitalmarktlinie ist, desto höher ist die Rendite bei einem gegebenen Risiko.

Um das beste unserer drei Aktiendepots zu finden, sind in Abbildung 11 die Kapitalmarktlinien für die drei Aktiendepots angegeben.

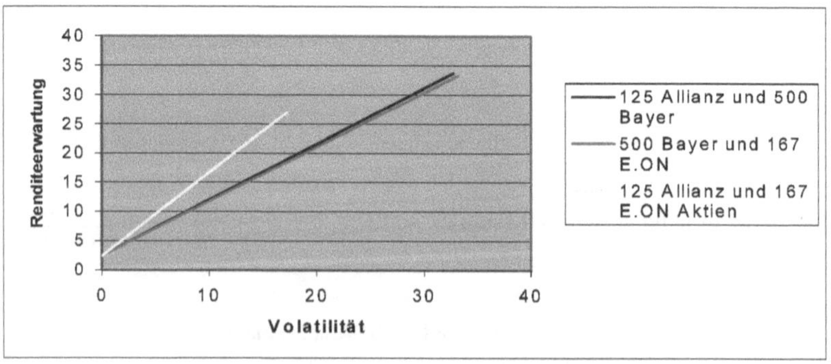

Abbildung 11: Kapitalmarktlinie für die Aktiendepots bestehend aus Allianz, Bayer und E.ON

[37] Vereinfacht ausgedrückt beantwortet das Sharpe-Ratio: Wie viel Prozent Überrendite pro Einheit Risiko (Standardabweichung) wurde erzielt. Deswegen gilt: Je höher das Sharpe-Ratio ist, desto positiver ist das Ergebnis zu werten, weil das eingegangene Risiko entsprechend höher entlohnt wurde.

Abbildung 11 zeigt, dass die bestmögliche Rendite bei einer gegebenen Volatilität (Risiko) mit dem Portfolio bestehend aus 125 Allianz und 167 E.ON-Aktien erzielt werden kann. Als Anleger sollten Sie folgendes immer im Hinterkopf haben: *»Aktiendepots sind nicht immer, was sie scheinen.«* Sie müssen die Rendite und das Risiko zusammen betrachten. Nur so können Sie ein optimales Ergebnis erzielen.

Ein anderer Weg führt über die Bestimmung der Treynor-Ratio[38]. Hier wird das Risiko der Anlage durch das Depot-Beta gemessen, und nicht wie bei der Sharpe ratio durch die Streuung der Rendite des Depots. Infolgedessen muss zur Ermittlung des Treynor-Ratios immer festgelegt werden, was die Benchmark ist.

Zur Veranschaulichung der Treynor-Ratio gehen wir wieder von unseren Beispielsaktiendepots aus. Als Benchmark verwenden wir den Aktienindex, welchen wir in Abschnitt 7.1 aus den drei Aktien Allianz, Bayer und E.ON errechnet haben.

$$\text{Treynor-Ratio} = \frac{\text{Gesamtrendite des Depot (für ein Jahr) - risikolosen Zinssatz}}{\text{Beta des Portfolios}}$$

$$\text{Treynor-Ratio}_{\text{125 Allianz und 500 Bayer}} = \frac{0{,}3375 - 0{,}025}{2{,}665} = 11{,}73$$

$$\text{Treynor-Ratio}_{\text{500 Bayer und 167 E.ON}} = \frac{0{,}3333 - 0{,}025}{1{,}550} = 19{,}89$$

$$\text{Treynor-Ratio}_{\text{125 Allianz und 167 E.ON}} = \frac{0{,}2708 - 0{,}025}{1{,}585} = 15{,}51$$

Das Treynor-Ratio liefert scheinbar ein konträres Ergebnis zur Sharpe ratio, weil hier das beste Depot die Kombination aus 167 E.ON und 500 Bayer Aktien ist, da es das größte Treynor-Ratio hat. Das Treynor-Ratio ist aber durch die Auswahl der Benchmark bestimmt. So hatte beispielsweise ein Fondsmanager eines Thailand-Fonds als Benchmark keinen Index für Südostasien oder einen anderen Emerging Market-Index gewählt, sondern einen Weltindex, da anzunehmen ist, dass zwischen Thailand und der Welt eine nicht allzu große Korrelation besteht. Hierdurch wurde das Beta besonders klein und er konnte immer besonders gute Treynor-Ratios ausweisen. Sie sehen also, bei der Auswahl der Benchmark darf man nicht *»Äpfel mit Birnen vergleichen«*.

[38] Die Treynor Ratio misst die Überschussrendite des Depots gegenüber einer Festgeldanlage und teilt diese Differenz durch die Sensitivität des Depots bezüglich der Marktschwankungen, also dem Beta-Faktor. Allgemein gilt: Je höher die Treynor Ratio ist, desto besser ist das Depot.

Genau dieser Effekt trifft auch für unsere Beispielsaktiendepots bestehend aus Allianz, Bayer und E.ON zu. Darauf weisen die geringen Korrelationskoeffizienten (siehe Seite 85 ff.) der Aktien mit dem Index hin. Aus diesem Grund verwende ich meistens auch nur die Sharpe ratio.

Ein anderer Weg zur Messung der Performance ist der Tracking-Error. Der Tracking-Error[39] kommt immer dann ins Spiel, wenn der Investor eine aktive Anlagestrategie fährt, wie z.B. einem Trend zu folgen. Durch eine solche Strategie tritt ein zusätzliches Risiko auf, nämlich das Risiko, schlechter zu sein als die Marktrendite. Die Marktrendite definiert sich über ein Aggregat von Aktien, sprich Index. Dabei misst der Tracking-Error die Streuung der Differenz der Renditen des Index (Benchmark) zu dem gemanagten Portfolio. Der Tracking-Error ist bei vielen Anlegern[40] auch mit dem Reiz verbunden, gegenüber der Marktentwicklung zu gewinnen. Deswegen wird der Tracking-Error auch häufig als Spielkomponente bezeichnet, denn die Empirie zeigt, dass durch die traditionelle Form des aktiven Managements eine Abweichung der Rendite von der Marktrendite nach unten am wahrscheinlichsten ist. Dies gilt allerdings auch für die Profis. So gibt es zwar jedes Jahr einzelne Fondsmanager, die den Markt schlagen, doch der Durchschnitt aller professionell gemanagten Anlagefonds erwirtschaftet eine Rendite, die der Wertentwicklung der Benchmark unterlegen ist[41]. Infolgedessen ist der blind zugreifende Käufer eines aktiv gemanagten Aktienfonds gegenüber einer passiven Anlagestrategie im Nachteil.

---

[39] Vereinfacht sagt der Tracking Error aus, wie nah ein Portfolio in der Vergangenheit an einen Index ausgerichtet war. Ein Tracking Error von 2,1 % bedeutet, dass das Jahresergebnis des Portfolios mit einer Wahrscheinlichkeit von knapp 70 % im Bereich der Indexperformance +/- 2,1 % liegt. Allgemein gilt: Je höher der Tracking Error ist, desto höher ist die eingegangene Wette bzw. Abweichung gegenüber dem Index.

[40] Dieses Verhalten der Anleger wird als Overconfidence bezeichnet. In der Behaviour Finance beschreibt dies einen Anleger, der glaubt, er könnte besser sein als der durchschnittliche Anleger, was meistens nicht der Fall ist und so zu unnötigen Verlusten führt.

[41] Zur Vertiefung sehen wir uns folgendes Experiment aus dem Handelsblatt vom 02.02.1989 an. Der Autor geht davon aus, dass eine Großmutter den Kursteil des Handelsblattes an die Wand hängt und mit Pfeilen darauf wirft, um sich ein Aktienportfolio zusammenzustellen. Nimmt man nun weiter an, dass dieses viele Großmütter tun, so erreichen sie im Durchschnitt gerade die Performance eines Aktienindices. Treten nun die Großmütter in Wettstreit mit den Portfoliomanagern, dann bleiben die Großmütter Sieger. Denn der durchschnittliche Erfolg der Portfoliomanager liegt unter der Entwicklung des Aktienindices, dagegen erzielen die Großmütter eine ähnliche Entwicklung wie der Aktienindex. Dies liegt daran, dass die Verwaltung eines Fonds mit Kosten wie Depotgebühren, Managementgebühren, Gewinnbeteiligungen usw. verbunden ist. Diese Kosten können pro Jahr bis zu 2 % des Fondsvermögens ausmachen. Diese Gebühren

Ferner hat sich gezeigt, dass ein tendenziell guter Fondsmanager oder ein gutes Team weiterhin gut bleibt, während ein schlechter Manager mit großer Wahrscheinlichkeit auch schlecht bleibt. Man bezeichnet dies als Persistenz. Deshalb ist es für einen Privatanleger lohnenswert, Fonds mit guten Managern zu suchen. Dabei helfen dem Anleger die von Standard & Poors veröffentlichten Ratings zu den einzelnen Fonds. Ein weiterer Rat für den Anleger wäre also »*never change a winning team*«. Das bedeutet aber auch, dass der Anleger sofort aktiv werden und den Fonds wechseln sollte, wenn sich das Fondsmanagement als schlecht erweist. Aus dieser Sicht ist ein aktives Wählen und Wechseln von Fonds durchaus ratsam.

---

muss der Fondsmanager erst wieder verdienen, damit ein positives Ergebnis erzielt werden kann. In der Regel ist die Kostenbelastung für einen Privatanleger wesentlich niedriger.

„Habe ich das richtig verstanden?“ fragte Clever noch einmal nach. „Weicht das Portfolio vom Marktportofolio ab, dann entstehen nicht diversifizierte Risiken, die ich beispielsweise mit der Sharpe ratio erkennen kann.“

„Ja“, erwiderte der Anlageberater. „Doch vergessen Sie dabei nicht, dass Abweichungen vom Marktportfolio meistens bewusst von Anlegern durchgeführt werden, um irgendeiner Aktienstrategie zu folgen. Aus diesem Grund funktionieren auch die meisten Aktienstrategien, die von Börsenzeitungen propagiert werden immer nur für eine gewisse Zeit. Denn auf Dauer bezahlt die Börse diversifizierbare Risiken nicht. Es gilt an der Börse wie im täglichen Leben: *Niemand ist bereit, die Suppe, die Sie sich eingebrockt haben, auszulöffeln.*“

„Das stimmt ja so auch nicht. Schließlich hat mein Bruder Dumm schon mehr als hundert Prozent mit der Comroad Aktie verdient, obwohl sein Depot doch erheblich vom Marktportofolio abweicht. Wie passt das denn zusammen?“

„Sie haben recht, dass das Depot ihres Bruders extrem vom Marktportfolio abweicht. Deswegen hat er auch ein extrem hohes diversifizierbares Risiko im Depot. Bis jetzt hat ihr Bruder noch Glück gehabt. Aber ich erkenne anhand Ihrer Frage, dass Sie noch gewisse Zweifel an der Portfoliotheorie haben. Darum sollten wir uns zum besseren Verständnis zunächst einmal das Risiko und die Rendite von Anleihen und Aktien in den verschiedenen Zeiträumen ansehen. Sie werden überrascht sein.“

9. Rendite und Risiko im Spiegelbild der Vergangenheit

Im Wesentlichen beschreibt man mit den Begriffen Risiko und Rendite die Qualität einer Anlageform. Um aber eine vernünftige Anlageentscheidung treffen zu können, muss der Anleger nicht nur in der Lage sein, die Rendite und das Risiko auszurechnen, sondern er muss auch eine Vorstellung von ihrer normalen Größenordnung haben.

Doch eines darf der Anleger niemals vergessen: Die Zukunft kann mit Überraschungen aufwarten, die durch das Studium der Vergangenheit nicht abgeschätzt werden können. Deswegen sagen einige Kritiker des Portfoliomanagements, dass derjenige der sein Portfolio nach den Renditen der Vergangenheit bildet, sich so wie jemand verhalte, der mit dem Blick in den Rückspiegel Auto fährt. Diesen Kritikern muss man jedoch entgegenhalten, das man nur mit dem Blick durch die Windschutzscheibe fahren kann, wenn Informationen über die zukünftigen Renditen vorliegen. Da es aber keine zuverlässigen Informationen über die zukünftigen Renditen gibt, ist der Blick in den Rückspiegel besser, als die Augen zu verschließen oder irgendeinem Propheten an der Börse zu huldigen. Nicht umsonst sagt eine alte Börsenweisheit aus: »*Wer jedem x-beliebigen Trend von Anlagegurus ... nachläuft, wird bald feststellen, dass sich sein Geld bei weitem nicht so vermehrt wie er es gehofft hat.*«

9.1 Rendite und Risiko von Aktien und Renten im Vergleich

Wer schlägt nun wen? Die Aktie die Rente? Oder Umgekehrt?

Im Zeitraum von 1900 bis 1992 erbrachten deutsche Aktien eine jährliche Durchschnittsrendite von 12,9 %. Diese Rendite setzt sich zusammen aus Dividendenerträgen und Kurssteigerungen. Dagegen konnte der Anleger mit Anleihen im selben Zeitraum nur eine jährliche durchschnittliche Rendite von 6,9 % erwirtschaften. Aber der Vorteil der Anleihen ist das wesentlich geringere Risiko, dass in einer Volatilität von 3,9 % zum Ausdruck kommt. Dagegen betrug die Volatilität bei Aktien 30,9 %.

Allerdings gelten diese Angaben vor Steuern und ohne Berücksichtigung der Inflation. Nach Steuern und Inflation beträgt die Rendite von Aktien nur noch 8,18 % und die Rendite von Anleihen -0,01 %. Dieses Ergebnis bedeutet, dass ein Anleger der über einem langen Zeitraum ausschließlich in Anleihen investierte trotz Zinseinnahmen keinen realen Vermögenszuwachs erzielen konnte.

Kehren wir nun zu der nominalen Betrachtung zurück, also ohne Berücksichtigung der Steuern und Inflation und wenden uns der Frage zu: Schlagen die Aktienrenditen wirklich die Anleiherenditen?

Sieht man sich dazu die Entwicklung der Aktienrenditen und der Anleiherenditen der letzten 76 Jahre an, so stellt man fest, dass in 23 Anlagenjahren eine negative Aktienrendite erwirtschaftet wurde. In 53 Anlagejahren wurde hingegen eine positive Aktienrendite erzielt. Daraus ist abzuleiten, dass mit einer 30-prozentigen Wahrscheinlichkeit in einem Jahr eine negative Aktienrendite, aber mit 70-prozentiger Wahrscheinlichkeit eine positive Rendite erzielt werden kann. Das bedeutet, dass in 26 der 76 Anlagejahre die Aktienrendite unter der von Anleihen lag, aber in 50 Anlagejahren die Aktienrendite besser war als die der Anleihen. Außerdem war die Rendite von Aktien fast doppelt so hoch wie bei Anleihen, aber das Risiko der Aktien war dafür fast 10-mal so groß. Lohnt sich der Renditeunterschied zwischen Aktien und Anleihen aufgrund des wesentlich höheren Risikos überhaupt?

Die Antwort ist erstaunlich klar: Ja, eine Investition in Aktien lohnt sich, besonders wenn die Erträge (Dividenden oder Zinsen) wieder investiert werden. In diesem Fall kommt der Anleger nämlich in den Genuss des Zinseszinseffektes. Das bedeutet, dass im zweiten Jahr zusätzlich zum ursprünglichen Anlagebetrag auch der wieder angelegte Ertrag des ersten Jahres eine Rendite erzielt. Dies setzt sich dann über die Jahre fort. Der Effekt ist natürlich umso stärker, je höher die erzielte Rendite ist. Was für eine große Auswirkung eine Renditedifferenz von ein paar Prozent haben kann, können wir in Tabelle 25 sehen.

Tabelle 25: Zinseszinseffekt bei einer Geldanlage von 10.000 Euro

Jahre	Aktien (angenommene Rendite 8,5 %)	Renten (angenommen Rendite 6 %)
5	15.037 Euro	13.382 Euro
10	22.610 Euro	17.908 Euro
15	33.997 Euro	23.966 Euro
20	51.120 Euro	32.071 Euro
25	76.868 Euro	42.912 Euro

Aus Tabelle 25 erkennt man, dass auf mittlerer bis langer Sicht die Erträge auf reinvestierte frühere Erträge immer mehr an Bedeutung gewinnen.

Allerdings ist das in Tabelle 25 dargestellte Szenario idealisiert, weil im »*wirklichen Leben*« die Wiederanlage gerade in Aktiendepots starken Schwankungen unterliegt. Darum ist die empirisch zu messende Rendite von Aktien und Anleihen auch von den jeweils erfassten Zeiträumen abhängig. Dabei gilt: Je kürzer die Zeiträume sind, desto stärker schwanken die gemessenen Renditen, besonders bei reinen Aktiendepots. Denn die mit Aktien verbundenen höheren Renditechancen sind kein »*free lunch*«, weil das Risiko mit am Tisch sitzt.

So liegt bei einem einjährigen Anlagezeitraum die Aktienrendite nur mit einer Wahrscheinlichkeit von ca. 57 % über der Rendite von festverzinslichen Wertpapieren. Vergrößert man den Anlagezeitraum auf zum Beispiel 10 Jahre, so nimmt die Wahrscheinlichkeit[42] zu, dass die Aktienrendite größer ist als die Anleiherendite. In diesem Fall liegt sie bei ca. 77 %. Darum gilt: Aktien sind bei ausreichender Streuung lang-

[42] Zudem ist es in der deutschen Wirtschaftsgeschichte niemals vorgekommen, dass bei einem dreißigjährigen Anlagezeitraum die Rendite von Anleihen größer war als die von Aktien.

fristig genauso sicher wie Anleihen, haben aber eine wesentlich höhere Rendite. Aus diesem Grund eignen sich Aktien besonders gut zur Altersvorsorge.

Wichtig hierbei ist zu bedenken, dass es eine beträchtliche Wahrscheinlichkeit gibt, mit Aktien in den ersten Jahren hohe Einbußen hinnehmen zu müssen. Daher empfiehlt der Börsenguru Andre Kostolany »*gleich nach dem Kauf von Aktien Schlaftabletten für die gesamte Anlageperiode zu nehmen*«[43]. Der Anleger, der Anleihen kauft, braucht dagegen wesentlich weniger Nervenstärke, weil die Wahrscheinlichkeit eines Verlustes mit Anleihen in den ersten Anlagejahren wesentlich geringer ist als bei Aktien.

Weiterhin muss der Anleger immer bedenken, dass es umso schwieriger ist die geforderte Rendite zu erzielen, je höher sie sein soll. Konsequenz daraus ist, dass man nur eine höhere Rendite erzielen kann, wenn man bereit ist, ein höheres Risiko einzugehen. Das Risiko besteht letztlich darin, wie hoch die Wahrscheinlichkeit ist, dass die tatsächliche Rendite auch den Erwartungswert der Rendite[44] erzielt. Man bezeichnet dieses Risiko auch als Ausfallrisiko. Streng genommen misst das Ausfallrisiko die Wahrscheinlichkeit, dass eine Investition in einer Anlageform die geforderte Mindestrendite nicht erreicht.

Die Wahrscheinlichkeit eine Mindestrendite von 6 % zu verfehlen, liegt bei einem einjährigen Anlagezeitraum von Anleihen bei ca. 33 %. Dagegen beträgt die Wahrscheinlichkeit, eine Mindestrendite von 8 % für einen Anlagezeitraum von einem Jahr zu verfehlen bei Aktien bei ca. 48 %. Darum fährt man mit Anleihen bei einem kurzen Anlagezeitraum besser als mit Aktien, weil die Wahrscheinlichkeit größer ist, dass man mit Anleihen die geforderte Mindestrendite schafft. Aber schon ab einem Anlagezeitraum von ca. 10 Jahren beginnen sich die Verhältnisse zu Gunsten der Aktien umzudrehen. Welche Konsequenzen sollte ein Anleger aus der Vergangenheit ziehen?

Zunächst einmal sollte jeder Anleger bedenken, dass man niemals vorhersagen kann, in welchen Umfang, man auf seine Ersparnisse zurückgreifen muss. Jederzeit können unvorhersehbare Ausgaben notwendig werden, wie zum Beispiel Hausrenovierungen. Hat nun der Anleger wegen der höheren Rendite seine gesamten Ersparnisse in Akti-

---

43 Das Gleichnis mit den Schlaftabletten deutet daraufhin, dass das Risiko einer Anlage in Aktien von der Zeit abhängt.

44 Mit Erwartungswert der Rendite ist die langfristige Mindestverzinsung einer Anlageform gemeint, also bei Aktien 8 % und bei Anleihen 6 %.

en angelegt, so kann es passieren, dass genau zum Zeitpunkt des Geldbedarfes die Aktienkurse besonders tief stehen. Zu einem solchen Zeitpunkt ist es natürlich misslich, die Aktien verkaufen zu müssen. Darum ist es für jeden Anleger sinnvoll, einen Teil seines Vermögens in Anlageformen zu investieren, die keinem bzw. nur einem kleinen Kursrisiko ausgesetzt sind – also beispielsweise Anleihen.

Daher muss der Anleger sich immer fragen: Mit welchem Ziel möchte ich mein Vermögen anlegen? Dabei kann das Anlageziel konkret und spezifisch sein, weil der spätere Verwendungszweck bereits eingeplant ist, z.B. Tilgung von Hypotheken. Zum Zeitpunkt der Anlage muss aber kein konkreter Verwendungszweck bestehen.

Der Teil des Anlagevermögens, der einen spezifischen Zweck erfüllt, ist nicht frei, sondern reserviert, beziehungsweise gebunden. Der Verwendungszweck sollte in Art, Höhe und Erfüllungszeitraum bekannt sein. Dabei legt der Zeitpunkt den Anlagehorizont fest. Das reservierte Vermögen wird im Hinblick auf das Verlustrisiko (hoher Aktienanteil nur bei langer Laufzeit) so angelegt, dass am Ende des Anlagehorizontes mit großer Wahrscheinlichkeit der geplante Verwendungszweck erfüllt werden kann.

Der andere Teil des Vermögens, der frei zur Verfügung steht, wird auf unbestimmte Zeit angelegt. Das Ziel bei dieser Anlage ist es, eine möglichst hohe Rendite zu erwirtschaften.

Kommen wir nochmal zurück zu den Renditen im Spiegelbild der Vergangenheit. Jeder Investor sollte sich an die Lehre von Heraklit erinnern: »*Niemand kann zweimal in den gleichen Fluss steigen.*« An den Finanzmärkten ist das genauso: Vergangene Entwicklungen, wie sie unserer Betrachtung zu Grunde liegen, sind lehrreich. Sie können Wegmarken für die Zukunft sein, aber sie sollten nicht einfach in die Zukunft fortgeschrieben werden. Sicherlich fragen Sie sich nun: Warum ist das so? Die Antwort dazu liefert Ihnen der nächste Abschnitt.

„Das ist ja beeindruckend, dass ein paar Prozent Renditeunterschied auf längere Sicht so viel ausmachen können. Und das in der Finanzwelt die Aktie nicht nur als Risikopapier gesehen wird, sondern als Chancenpapier, weil die Durchschnittsrendite von Aktien langfristig deutlich höher ist als die von Anleihen. Aber habe ich das richtig verstanden? Je länger der Anlagehorizont ist, desto sicherer und rentabler sind Aktien und je kürzer der Anlagehorizont ist, desto kalkulierbarer sind Anleihen? Und wenn das richtig ist, warum sollte ich mich überhaupt noch mit Anleihen befassen? Sie haben doch eine wesentlich geringere Rendite."

Der Anlageberater widersprach sofort: „Denken Sie immer an folgende Geschichte von Schiffbrüchigen. Fragt man jene, die überlebt haben, so würden sie sagen, dass alles gut und problemlos verlaufen sei, und dass sie alle Gefahren mit ihrem Können und ihrem Einsatz haben meistern können. Die aber, die leider nicht überlebt haben, kommen nicht mehr zu Wort (auch sie waren fleißig und haben sich eingesetzt). Darum verinnerlichen Sie, Herr Clever, dass die Wertentwicklung zu Beginn einer Anlageperiode immer unsicher ist. Hätten Sie zum Beispiel im Zeitraum von 1960 bis 1980 ausschließlich in Aktien investiert, so wäre Ihre Rendite niedriger als bei Anleihen gewesen. Besonders bei einem Anlagehorizont von mehreren Jahren oder sogar Jahrzehnten ist zu beachten, dass die Ergebnisse und Renditen der einzelnen Jahre das Gesamtergebnis in multiplikativer Weise bestimmen."

Clever: „Verstehe ich das richtig, dass ich nicht einfach die durchschnittliche Aktienrendite von 8 % für den Anlagehorizont fortschreiben kann? Das bedeutet ja, dass ich nicht sicher sein kann, dass sich mein Aktienanteil nach ca. 8 Jahren verdoppelt hat."

„Genau", stimmte der Anlageberater zu. „Das zeigt uns die Geschichte der Börse. Auch gilt der Spruch: »*Historia magistra vitae – die Geschichte ist die Lehrmeisterin des Lebens.*« Deswegen lohnt sich ein noch tieferer Einblick in die Börsenhistorie. Schließlich können wir unsere Gegenwart nur dann verstehen, wenn wir die Vergangenheit kennen und uns so für die Zukunft fit machen."

9.2 Random-Walk

Der naive Anleger denkt: Es gibt zwar ein Risiko mit Aktien, aber langfristig erhält man die Durchschnittsrendite. Getreu dem Motto: »*Die Zeit heilt alle Wunden.*« Ist so zu denken naiv und falsch? Zur Klärung sehen wir uns die Finanzdaten der Schweiz von 1925 bis 2001 an, denn bei Langfriststudien muss man sich an Ländern orientieren, die keine Sonderfaktoren haben – wie zum Beispiel der Schweiz. In Deutschland waren solche Sonderfaktoren die Hyperinflation und das Wirtschaftswunder der Nachkriegsjahre. Derartige Sonderfaktoren führen zu einer Verzerrung der langfristigen Finanzdaten. Um diese Probleme zu umschiffen, wenden wir uns dem Schweizer Aktienmarkt zu. Wegen der räumlichen Nähe der Schweiz zu Deutschland kann davon ausgegangen werden, dass der deutsche Aktienmarkt eine ähnliche Entwicklung genommen hätte, falls die Sonderfaktoren nicht gewirkt hätten. Vielleicht fragen Sie sich nun, warum man überhaupt einen so langen Zeitraum betrachten muss. Zur Beantwortung dieser Frage fällt mir eigentlich nur der Spruch ein: »*Gut, wenn man genau weiss, woran man ist und was es bringt.*« Schließlich gilt: Nur wer offen für Vergangenes und Neues ist, kann sich weiter entwickeln – Und so aus den Erkenntnissen der Vergangenheit neue Ideen, Wege und Ziele entwickeln.

Tabelle 26: Geldanlage von Schweizer Aktien und Anleihen bei Wiederanlage der Erträge von 1926 bis 1935 (Quelle: Genfer Privat PICTET & CIE Banquiers)

Jahr	Aktien	Rendite	Stetige Rendite	Bonds	Rendite	Preisindex	Inflationsrate
1925	100			100		166,8	
1926	121,69	21,7	19,63	106,2	6,2	160,9	-3,5
1927	153,45	26,1	23,19	111,9	5,4	162	0,7
1928	185,85	21,1	19,16	117,47	5,0	162,2	0,1
1929	174,36	-6,2	-6,38	123,32	5,0	161,5	-0,4
1930	164,67	-5,6	-5,72	131,02	6,2	156,2	-3,3
1931	115,12	-30,1	-35,80	139,28	6,3	144,8	-7,3
1932	121,06	5,2	5,03	146,39	5,1	134,4	-7,2
1933	132,61	9,5	9,11	152,06	3,9	131,3	-2,3
1934	123	-7,2	-7,52	157,41	3,5	128,8	-1,9
1935	109,07	-11,3	-12,02	163,58	3,9	130	0,9

Tabelle 27: Geldanlage von Schweizer Aktien und Anleihen bei Wiederanlage der Erträge von 1936 bis 1980 (Quelle: Genfer Privat PICTET & CIE Banquiers)

Jahr	Aktien	Rendite	Stetige Rendite	Bonds	Rendite	Preisindex	Inflationsrate
1936	166,35	52,5	42,21	172,98	5,7	132	1,5
1937	179,3	7,8	7,50	180,4	4,3	137,8	4,4
1938	182,52	1,8	1,78	191,18	6,0	136,9	-0,7
1939	152,41	-16,5	-18,03	194,55	1,8	142	3,7
1940	157,93	3,6	3,56	198,05	1,8	159,9	12,6
1941	212,67	34,7	29,76	210,91	6,5	184,3	15,3
1942	226,34	6,4	6,23	218,4	3,6	199,6	8,3
1943	222,72	-1,6	-1,61	226	3,5	205,3	2,9
1944	235,13	5,6	5,42	232,89	3,0	208,2	1,4
1945	272,86	16,0	14,88	239,11	2,7	206,7	-0,7
1946	293,57	7,6	7,32	247,41	3,5	212	2,6
1947	322,54	9,9	9,41	255,07	3,1	223,3	5,3
1948	305,72	-5,2	-5,36	261,33	2,5	224,6	0,6
1949	348,47	14,0	13,09	273,3	4,6	220,3	-1,9
1950	382,47	9,8	9,31	289,95	6,1	220,3	0,0
1951	457,18	19,5	17,84	291,87	0,7	234,3	6,4
1952	495,44	8,4	8,04	298,37	2,2	234,6	0,1
1953	547,34	10,5	9,96	310,36	4,0	233,3	-0,6
1954	690,43	26,1	23,22	320,47	3,3	236,8	1,5
1955	731,78	6,0	5,82	325,28	1,5	236,2	-0,3
1956	747,29	2,1	2,10	332,23	2,1	243,4	3,0
1957	670,66	-10,3	-10,82	334,55	0,7	248,3	2,0
1958	823,33	22,8	20,51	344,55	3,0	250,5	0,9
1959	1063,71	29,2	25,62	368,6	7,0	249	-0,6
1960	1536,64	44,5	36,78	391,49	6,2	253,4	1,8
1961	2295,59	49,4	40,14	406,38	3,8	262,3	3,5
1962	1888,94	-17,7	-19,50	416	2,4	270,8	3,2
1963	1885,96	-0,2	-0,16	421,09	1,2	281,3	3,9
1964	1755,23	-6,9	-7,18	430,05	2,1	287,8	2,3
1965	1632,37	-7,0	-7,26	450,8	4,8	302	4,9
1966	1434,94	-12,1	-12,89	461,23	2,3	315,8	4,6
1967	2112,1	47,2	38,66	488,36	5,9	326,9	3,5
1968	2946,26	39,5	33,29	519,25	6,3	334,1	2,2
1969	3078,38	4,5	4,39	521,27	0,4	341,8	2,3
1970	2750,54	-10,6	-11,26	541,14	3,8	360,4	5,4
1971	3176,88	15,5	14,41	603,07	11,4	384,4	6,7
1972	3835,42	20,7	18,84	627,07	4,0	410,6	6,8
1973	3068,38	-20,0	-22,31	625,18	-0,3	459,6	11,9
1974	2051,58	-33,1	-40,25	637,13	1,9	494,3	7,6
1975	3010,83	46,8	38,36	742,77	16,6	511,3	3,4
1976	3248,25	7,9	7,59	864,26	16,4	517,9	1,3
1977	3511,09	8,1	7,78	941,77	9,0	523,8	1,1
1978	3493,12	-0,5	-0,51	1019,84	8,3	527,8	0,8
1979	3874,88	10,9	10,37	998,91	-2,1	555,1	5,2
1980	4109,96	6,1	5,89	1022,09	2,3	579,5	4,4

Tabelle 28: Geldanlage von Schweizer Aktien und Anleihen bei Wiederanlage der Erträge von 1981 bis 2001 (Quelle: Genfer Privat PICTET & CIE Banquiers)

Jahr	Aktien	Rendite	Stetige Rendite	Bonds	Rendite	Preisindex	Inflationsrate
1981	3620,66	-11,9	-12,68	1041,81	1,9	617,7	6,6
1982	4100,6	13,3	12,45	1166,84	12,0	651,4	5,5
1983	5219,84	27,3	24,13	1206,46	3,4	665,1	2,1
1984	5455,78	4,5	4,42	1247,12	3,4	684,6	2,9
1985	8803,26	61,4	47,84	1319,63	5,8	707	3,3
1986	9658,27	9,7	9,27	1397,08	5,9	707	0,0
1987	7003,98	-27,5	-32,13	1467,9	5,1	721,8	2,1
1988	8657,62	23,6	21,20	1531,75	4,3	735	1,8
1989	10613	22,6	20,36	1470,63	-4,0	771,75	5,0
1990	8563,13	-19,3	-21,46	1488,72	1,2	812,7	5,3
1991	10076,24	17,7	16,27	1610,8	8,2	855	5,2
1992	11853,69	17,6	16,25	1804,42	12,0	884,3	3,4
1993	17876,55	50,8	41,09	2038,63	13,0	906,4	2,5
1994	16514,36	-7,6	-7,93	2026,81	-0,6	910,3	0,4
1995	20232,57	22,5	20,31	2275,7	12,3	927,87	1,9
1996	24039,56	18,8	17,24	2398,13	5,4	935,32	0,8
1997	37307,63	55,2	43,95	2543,07	6,0	939,04	0,4
1998	43040,13	15,4	14,29	2678,67	5,3	934,04	-0,5
1999	48071,78	11,7	11,06	2666,88	-0,4	955,32	2,3
2000	53797,58	11,9	11,25	2758,34	3,4	969,59	1,5
2001	41947,34	-22,0	-24,88	2864,04	3,8	972,74	0,3

Die obigen Tabellen zeigen, dass es immer wieder ausgedehnte Perioden gab, in denen die Anlage in Aktien ungünstig war. Dummerweise behalten Anleger vielfach den Höchststand im Gedächtnis und führen Buch, wenn nach einem Kursrutsch dieser Höchststand wieder erreicht wird. Sind nach einem Jahr die Kursrückgänge wieder ausgemerzt und alte Höchststände erreicht, wird das Ganze schnell vergessen. Dieses Verhalten der Anleger veranlasste John Kenneth Galbreith zu dem Spruch. *»Ich bin sicher, dass der Börsenkrach von 1929 noch einmal passieren wird. Alles, was man für einen neuen Zusammenbruch braucht, ist, dass die Erinnerung an diesen Wahnsinn schwächer wird.«*

Aber es gab auch Zeiten, in denen auf einen Kursrückgang in den folgenden Jahren weitere Rückschläge hingenommen werden mussten, sodass es Rückstände von mehr als 50 % bezogen auf den alten Höchststand gab, wie z.B. beim Börsencrash von 1929.

Wer am Jahresanfang 1929 in Aktien investierte, kam erst im Verlauf des Jahres 1941 wieder auf seine Anfangsinvestition. Deswegen gilt, dass sich die Aktienrendite über einen langen Zeitraum recht zufällig entwickelt, ähnlich dem Weg eines Betrunkenen. Der Betrunkene macht in jeder Zeiteinheit einen Schritt vorwärts, weicht dabei aber auf zufällige Weise entweder nach links oder nach rechts von seiner Richtung ab. Die Abweichungen nach links und rechts von der Richtung kann man auch als Risiko deuten, z.B. könnte der Betrunkene im Straßengraben landen.

Übertragen wir dieses Modell des Betrunkenen auf unsere Rendite-Risiko-Vorstellung, so bedeutet das Risiko nichts anderes als die Abweichung von der Durchschnittsrendite bzw. beim Betrunkenen die Abweichung vom direkten Weg. So zeigen die Daten des schweizerischen Aktienmarktes, dass ein Anleger bei einem Anlagehorizont von wenigstens 20 Jahren davon ausgehen kann, eine positive Rendite zu erwirtschaften.

Um das noch genauer zu beschreiben, greift man auf die Statistik zurück. Dort wird nicht einfach angenommen, dass sich die Beobachtungen in der Zukunft wiederholen müssen. Jede Beobachtung wird daher als Stichprobe eines Zufallsereignisses interpretiert. Wird nun das Phänomen der langen Anlagehorizonte in die Stochastik eingebettet, so wird zunächst der Erwartungswert der durchschnittlichen Rendite mithilfe des Konzeptes der stetigen Rendite berechnet.

$$\mu = \frac{\ln\left(\frac{\text{Endwert}}{\text{Anfangswert}}\right)}{\text{Anzahl der Jahre}} = \frac{\ln\left(\frac{41.947,34}{100}\right)}{76} = \frac{6,039}{76} = 0,07946 \approx 7,9\,\%$$

Tabelle 29: Empirische Daten des Schweizer Aktienmarktes

Empirische Statistik der Schweiz 1926-2001	Aktien	Anleihen
Arithmetischer Mittel der einfachen Jahresrenditen	10,2 %	4,6 %
Streuung (Volatilität) der einfachen Jahresrenditen	20,6 %	3,7 %
Arithmetisches Mittel der stetigen Jahresrenditen	7,9 %	4,4 %
Streuung der stetigen Jahresrenditen	18,8 %	3,7 %

Man erkennt aus Tabelle 29, dass das arithmetische Mittel der einfachen Jahresrendite wesentlich größer ist als das der stetigen Jahresrendite. Dieser Unterschied erklärt sich relativ einfach, wenn man sich das Modell des Betrunkenen wieder ansieht.

In diesem Modell würde das arithmetische Mittel der Jahresrenditen die Geschwindigkeit angeben, welche der Betrunkene nehmen würde, wenn er nicht vom Weg abweicht. Dagegen berücksichtigt das arithmetische Mittel der stetigen Jahresrenditen auch die Abweichungen des Betrunkenen vom direkten Weg.

Deshalb sagt man, dass die langfristige Aktienmarktrendite mit dem arithmetischen Mittel der stetigen Jahresrenditen ausgedrückt wird, also 7,9 % ist, weil die stetigen Jahresrenditen besser die Wirklichkeit widerspiegeln.

Wie oben bereits angesprochen bezeichnet man in der Stochastik das arithmetische Mittel der stetigen Jahresrenditen auch als Erwartungswert der Rendite. Laut der Stochastik gibt der Erwartungswert eine mittele Prognose wieder, die sich aus allen denkbaren Renditeszenarien berechnet. Der Erwartungswert erhält eigentlich seine Bedeutung aus dem Gesetz der großen Zahlen. Dieses Gesetz sagt folgendes aus: Wenn ein Zufallsexperiment sehr oft wiederholt wird, dann ist der Erwartungswert die geeignete Beschreibung für das mittlere Ergebnis der Vielzahl der wiederholten Versuche. Übertragen wir diese Vorstellung auf die Bedürfnisse eines Anlegers, so bedeutet dies, dass, wenn der Anleger das Zufallsexperiment »Aktienanlage in einem Jahr« oft genug wiederholt, der Erwartungswert der Rendite seine Rendite mit Aktien widerspiegelt. Doch leider kann niemand vorhersagen, wie viele Wiederholungen notwendig sind, damit der Erwartungswert der Rendite wirklich die Aktienrendite eines Anlegers beschreibt. Immer wenn ein Zufallsergebnis eintritt, stellt man sich unweigerlich die Frage: Was wird wohl das Ergebnis sein, das man bei einer einmaligen »Ziehung« bekommt? Die Antwort hierauf liefert der Modus bzw. der Modalwert. Der Modus beschreibt das Ergebnis, welches bei einer einmaligen Realisierung von allen möglichen Ergebnissen die höchste Eintrittswahrscheinlichkeit hat. Deswegen ist der Modus für einen Anleger auch so wichtig, weil der Modus das am ehesten zu vermutetende Szenario beschreibt. Eine andere Möglichkeit zur Bestimmung der Aktienrendite führt über den Median.

Der Median gibt eine neutrale Prognose ab. Mit 50- %iger Wahrscheinlichkeit werden bessere und mit 50- %iger Wahrscheinlichkeit werden schlechtere Resultate als durch den Median angegeben eintreten. Der Median des Anlageergebnisses ist für einen Finanzanleger wichtig, weil er die Grenze zwischen Optimismus und Pessimismus zieht. Also: Zwischen dem Optimismus, ein Glückpilz zu sein, und dem Pessimismus, doch nur ein Pechvogel zu sein, steht die neutrale Erwartungshaltung (Median), genauso häufig Glück wie Pech zu haben.

Was sollen aber all diese Begrifflichkeiten, es interessierte doch letztlich nur, was aus einem Vermögen nach z.B. 10 Jahren Anlagedauer werden kann. Genau zur Beantwortung dieser Fragestellung liefert uns die Stochastik mittels folgender Formeln die Antwort:

$$\text{Median} = s_0 \cdot \exp(\mu \cdot T)$$

$$\text{Modus} = s_0 \cdot \exp\left(\left(\mu - \sigma^2\right) \cdot T\right)$$

$$\text{Erwartungswert} = s_0 \cdot \exp\left(\left(\mu + \frac{\sigma^2}{2}\right) \cdot T\right)$$

μ = Drift = Erwartungswert der stetigen, auf ein Jahr bezogenen Renditen = 7,9 % (für Aktien)
σ = Volatilität = Streuung =18,8 % (für Aktien)
s_0 = Startbetrag
T= Anzahl der Jahre

Mithilfe dieser Formeln können wir nun einem Anleger erklären, welches Szenario für die Entwicklung eines Aktienportfolios mit einem Startvermögen von 100 Euro bei einer Anlagedauer von 10 Jahren zu erwarten ist.

$$\text{Median} = s_0 \cdot \exp(\mu \cdot T) = 100 \cdot \exp(7{,}9 \cdot 10) = 100 \cdot 2{,}2034 = 220{,}34\,\text{Euro}$$

$$\text{Modus} = s_0 \cdot \exp\left(\left(\mu - \sigma^2\right) \cdot T\right) = 100 \cdot \exp\left(\left(7{,}9 - 18{,}8^2\right) \cdot 10\right) = 100 \cdot 1{,}5474 = 154{,}74\,\text{Euro}$$

$$\text{Erwartungswert} = s_0 \cdot \exp\left(\left(\mu + \frac{\sigma^2}{2}\right) \cdot T\right) = 100 \cdot \exp\left(\left(7{,}9 + \frac{18{,}8^2}{2}\right) \cdot 10\right) = 100 \cdot 2{,}6293 = 262{,}93\,\text{Euro}$$

Das erwartete Anlageergebnis beträgt nach 10 Jahren 262,93 Euro. Allerdings sagt diese Zahl relativ wenig aus. Mit einer Wahrscheinlichkeit von 50 % wird der Anleger weniger als den Median von 220,34 Euro erwirtschaften und mit einer Wahrscheinlichkeit von 50 % mehr. Doch das wahrscheinlichste Szenario ist, dass das Vermögen nach Ende der Anlagedauer von 10 Jahren um 154,74 Euro, also dem Modus liegt. Es gilt also: Wer einmal das Zufallsexperiment »Zehnjahresanlage« eingeht, wird vermutlich den Modus erzielen, also jenes Ergebnis, das die höchste Eintrittswahrscheinlichkeit hat. Festzuhalten ist, dass auch nur eine leicht unter den Erwartungen liegende Durchschnittsrendite, die über einen langen Anlagezeitraum wirkt, zu einem dramatisch geringeren Vermögen führt. Das kommt durch den Vergleich von Median und Modus zum Ausdruck. Seien Sie aber über dieses Ergebnis nicht zu enttäuscht. Sehen wir uns doch die Werte für ein Anleihedepot an. Die benötigten Daten dazu können wir aus Tabelle 29 (Seite 108) entnehmen. Genauso wie beim Aktiendepot gehen wir von einer 10 jährigen Anlagedauer und einem Startvermögen von 100 Euro aus.

$$\text{Median} = s_0 \cdot \exp(\mu \cdot T) = 100 \cdot \exp(4{,}4 \cdot 10) = 100 \cdot 1{,}5527 = 155{,}27\,\text{Euro}$$
$$\text{Modus} = s_0 \cdot \exp\left(\left(\mu - \sigma^2\right) \cdot T\right) = 100 \cdot \exp\left(\left(4{,}4 - 3{,}7^2\right) \cdot 10\right) = 100 \cdot 1{,}5316 = 153{,}16\,\text{Euro}$$
$$\text{Erwartungswert} = s_0 \cdot \exp\left(\left(\mu + \frac{\sigma^2}{2}\right) \cdot T\right) = 100 \cdot \exp\left(\left(4{,}4 + \frac{3{,}7^2}{2}\right) \cdot 10\right) = 100 \cdot 1{,}5634 = 156{,}34\,\text{Euro}$$

Das erwartete Anlageergebnis eines Anleihedepots mit einem Startkapital von 100 Euro beträgt nach 10 Jahren 156,34 Euro. Der Median liegt bei 155,27 Euro. Das wahrscheinlichste Ergebnis ist jedoch, dass sie den Modus von 153,16 Euro erhalten.

Dieses Ergebnis versetzt Sie sicherlich etwas ins Erstaunen. Doch erinnern Sie sich an den Spruch von Louis Pasteur: »*Staunen ist der erste Schritt zur Erkenntnis.*« Zum anderen spiegelt dieses Ergebnis auch alle unsere Erkenntnisse wieder, welche wir schon gewonnen haben.

1. Die Rendite von Aktien ist über einen längeren Anlagezeitraum höher als bei Anleihen. Das zeigt sich durch den höheren Erwartungswert und Median von Aktien gegenüber Anleihen. Zudem wird der Renditevorteil von Aktien gegenüber Anleihen mit dem Anlagezeitraum immer größer. Dies liegt daran, dass bei einem 20-jährigen Anlagehorizont der Modus von Aktien deutlich größer ist als bei Anleihen.
2. Die Aktienrendite unterliegt starken Schwankungen. Deswegen ist der Modus bei Aktien wesentlich kleiner als der Erwartungswert und Median.
3. Die Anleiherendite ist eine stetige Rendite, die kaum Schwankungen unterliegt.

Deswegen gilt, dass man als Anleger immer auch Anleihen in seinem Depot haben sollte, um eine Verstetigung der Rendite des Depots zu bekommen.

Doch kommen wir nun noch einmal zurück zu der eingangs gestellten Behauptung, dass an den Börsen die Zeit alle Wunden heilt. Was sagt nun genau die Statistik zu dieser Aussage? Ist so zu denken wirklich naiv? Zur Beantwortung dieser Frage müssen wir uns zunächst die Formeln für den Erwartungswert und die Standardabweichung ansehen.

$$\mu_{T-t} = (T - t) \cdot \mu \qquad \sigma_{T-t} = \sqrt{T - t} \cdot \sigma$$

mit μ_{T-t} = Erwartungswert nach t - Tagen; μ = Erwartungswert(z.B. schweizerische Aktienmarkt 7,9 %)

σ_{T-t} = Standardabweichung nach t - Tagen; σ = Standardabweichung(z.B. schweizerische Aktienmarkt 18,8 %)

Tabelle 30: Zeithorizonteffekt am Beispiel des schweizerischen Aktienmarktes mit $\mu = 7{,}9\ \%$ und $\sigma = 18{,}8\ \%$

Zeithorizont	T-t	$\mu_{T-t}=(T-t)\cdot\mu$	$\sigma_{T-t}=\sqrt{(T-t)}\cdot\sigma$
1 Tag	1/365	0,022 %	0,984 %
1 Woche	1 /52	0,152 %	2,607 %
1 Monat	1/12	0,658 %	5,427 %
1 Jahre	1	7,900 %	18,800 %
5 Jahre	5	39,500 %	42,038 %
10 Jahre	10	79,000 %	59,451 %
25 Jahre	25	197,500 %	94,000 %
50 Jahre	50	395,000 %	132,936 %

Aus Tabelle 30 ist zu erkennen, dass der Einfluss des Zeithorizontes von wesentlicher Bedeutung ist. So nimmt der Erwartungswert proportional zur Zeit zu. Dagegen nimmt die Standardabweichung (Volatilität/Risiko) proportional zur Wurzel der Zeit zu. Daraus folgt, dass das Risiko (Standardabweichung) langsamer wächst als der Erwartungswert.

Deswegen ist der Spruch von André Kostolany *»kauft Standardwerte und ein Schlafmittel, um das Geschehen an der Börse auf Jahre zu vergessen, egal ob es draußen donnert oder blitzt«* statistisch gesehen richtig. Denn mit Zunahme des Zeithorizontes nimmt das Aktienrisiko ab.

Doch wie definiert man nun das Aktienrisiko. Das Risiko wird im Allgemeinen als das Risiko beschrieben, über einen bestimmten Zeithorizont eine geringere Rendite als die vorgegebene Mindestrendite zu erzielen (engl. Threshold Return). Dies führt uns zwangsläufig zum Shortfall-Risiko. Dabei misst das Shortfall-Risiko die Wahrscheinlichkeit, mit der die Mindestrendite nicht erreicht wird.

$z = \frac{r-\mu}{\sigma}$ mit r = Threshold Return, μ= Erwartungswert; σ =Standardabweichung

Zur Bestimmung des Shortfall-Risikos berechnet man zunächst mithilfe der obigen Formel die z-Werte. Im nächsten Schritt sieht man in einer Tabelle für die Standardnormalverteilung nach, welcher Wahrscheinlichkeit diese entsprechen. Eine andere, bequemere Möglichkeit zur Ermittlung der Wahrscheinlichkeit bieten Tabellenkalkulationsprogramme wie Microsoft Excel. So bietet Microsoft Excel die Funktion

Standnormvert () an. Hier muss nur noch der z-Wert eingegeben werden und man erhält die entsprechende Wahrscheinlichkeit. Im letzten Schritt wird dann nur noch die Wahrscheinlichkeit mit 100 multipliziert und man erhält das Shortfall-Risiko.

Ein Sprichwort sagt aus: »*Man hat ein gutes Gefühl bei einer Sache, wenn man direkt sieht, was drinsteckt.*« In der nachfolgenden Tabelle habe ich ausführlich die Berechnung des Shortfall-Risikos am Beispiel des schweizerischen Aktienmarktes dargestellt.

Tabelle 31: Shortfall-Risiko am Beispiel des schweizerischen Aktienmarktes mit $\mu = 7{,}9$ % und $\sigma = 18{,}8$ %

Jahre	Mindest-rendite	Berechnung von z-Werten	Wahrschein-lichkeit	Shortfall-Risiko
1	10 %	$z = \frac{r-\mu}{\sigma} = \frac{-10-7{,}9}{18{,}8} = -0{,}95$	0,171	0,171*100=17,1 %, d.h., mit einer 17,1 % igen Wahrscheinlichkeit wird man weniger als 10 % im Jahr verdienen.
5	10 % für 5 Jahre entspricht dies 50 %	$z = \frac{r-\mu}{\sigma} = \frac{-50-39{,}5}{42{,}035} = -2{,}12$ Achtung, die Werte für μ und σ müssen für 5 Jahre angenommen werden. (siehe Tabelle 30)	0,017	0,017*100=1,7 %, d.h., mit einer 1,7 % igen Wahrscheinlichkeit wird man weniger als 50 % in fünf Jahren verdienen.

Aus obiger Tabelle ist ersichtlich, dass das Shortfall-Risiko mit zunehmender Zeit geringer wird. Gleichzeitig sollten Sie sich der Frage stellen: Wie lange wird es dauern, bis sich die Verluste eines Aktieninvestments neutralisiert haben?

Nach Robert J. Shiller[45] kann das sehr lange dauern. Er untersuchte die Frage: Wie lange dauert es, bis Aktien ihre Kursverluste nach dem Platzen einer Bubble, wie sie Ende des Jahrtausends bei den Aktien des Neuen Marktes entstanden sind, wieder erholen? Seine Arbeit bezieht sich zwar auf den Aktienbubble von 1929, doch sollten die Ergebnisse übertragbar sein. Shiller stellte fest, dass die Aktien mehr als 10 Jahre benötigten, um wieder ihr ursprüngliches Kursniveau zu erreichen. Erst ab diesem Kursniveau kann der Anleger wieder damit rechnen, dass sich sein Vermögen vermehrt.

---

[45] Shiller, Robert J.: Irrational Exuberance. Princeton, Princeton University Press, Seite 9 f.

9.3 Weitere interessante Anwendungen der Statistik für den Anleger

Schon Friedrich Nietzsche sagte »*die Glücklichen sind neugierig*«. Darum sollten wir noch einen kleinen Blick auf die Statistik werfen. Schließlich kann man mithilfe der Statistik solch interessante Fragen beantworten wie:

- Welchen Betrag unterschreitet mein Portfolio in einem Jahr mit einer gegebenen Wahrscheinlichkeit höchstens? Oder
- Wann wird mit einer Wahrscheinlichkeit von 85 % das Anfangsvermögen nicht mehr unterschritten?

Wenden wir uns zunächst der ersten Frage zu. Es geht hier um nichts anderes als um die Suche des maximal größten Verlustes, der einem Anleger mit seinem Depot in einem Jahr drohen kann.

Zur Beantwortung der Frage nehmen wir an, dass wir 100.000 Euro in den schweizerischen Aktienmarkt investiert hätten. Demzufolge können wir eine Rendite von 7,9 % und eine Standardabweichung von 18,8 % annehmen.

Zur Suche des maximal größten Verlustes eines Portfolios bietet sich die Formel des Value at Risk (Abk. VaR) an.

$$\text{Erwarteter Verlust} = (\text{Z - Wert} \cdot \text{Standardabweichung}) + \text{Rendite}$$
$$\text{VaR} = \text{Depotwert} \cdot e^{\text{Erwarteter Verlust}}$$

Der Z-Wert[46] ergibt sich aus der Wahrscheinlichkeitstheorie. Wie genau er zu Stande kommt, soll uns an dieser Stelle nicht interessieren. Letztlich möchten Sie ja kein Mathematiker werden. Überdies können die Z-Werte einfach aus Tabellen entnommen werden. Bei einer Wahrscheinlichkeit von 99 % entspricht der Z-Wert 2,33.

$$\text{Erwarteter Verlust} = (\text{Z - Wert} \cdot \text{Standardabweichung}) + \text{Rendite} = (-2{,}33 \cdot 18{,}8) + 7{,}9 = -35{,}904$$
$$\text{VaR} = \text{Depotwert} \cdot e^{\text{Erwarteter Verlust}} = 100.000 \cdot e^{-0{,}35904} = 69834{,}64$$

[46] Die Z-Werte können, aber auch besonders einfach mittels Tabellenkalkulationsprogrammen wie Microsoft Excel bestimmt werden. In Excel ist das mit der Funktion Standnorminv () möglich.

Wie interpretiert man nun diesen Value at Risk-Wert von 69.834,64? Statistisch gesehen bedeutet dieses Ergebnis, dass der Portfoliowert nur in 1 % aller Fälle in einem Jahr weniger als 69.834,64 Euro Wert ist.

Wenden wir uns nun der Frage zu: Wann wird mit einer Wahrscheinlichkeit von 85 % das Anlagevermögen nicht unterschritten?

$$t = \frac{\sigma^2}{\mu^2} = \frac{0{,}188^2}{0{,}079^2} = 5{,}66 \text{ Jahre}$$

mit μ = Erwartungswert (z.B. Schweizerische Aktienmarkt 7,9 %) und

σ = Standardabweichung (z.B. Schweizerische Aktienmarkt 18,8 %)

Würde das Anlagevermögen nur aus schweizerischen Aktien bestehen, würde man nach 5,66 Jahren mit einer Wahrscheinlichkeit von 85 % keinen Verlust mehr haben.

Clever: „Ich dachte immer, das Besondere an Aktien ist, dass eine hohe Rendite winkt. Doch vielleicht ist die Besonderheit von Aktien nicht so sehr die Rendite, sondern die Chance mit einer Aktienanlage superreich zu werden. Gewissermaßen hat mein Bruder Dumm in diesem Punkt ja recht. Doch leider zeigt die Börsenhistorie, dass es immer wieder kräftige Aufschwünge gegeben hat, die meistens in kräftigen Abschwüngen endeten."

„Ja", antwortete der Anlageberater. „Sie können die Aktienanlage mit einer Lotterie vergleichen. Wer mehr Lotterielose, sprich Aktien, hat, hat auch eine größere Wahrscheinlichkeit auf einen Gewinn. Wer zudem nur einmal spielt, zieht mit größter Wahrscheinlichkeit den Modus. Der Modus einer Aktienanlage liegt bei einer Rendite von etwa 4 %, was im Vergleich zu Anleihen nur mäßig ist. Der Charme einer Aktienanlage liegt in der Möglichkeit, wesentlich mehr Rendite zu erwirtschaften. Im Gegensatz dazu beschreibt die erwartete Rendite, welche sich aus dem Erwartungswert ergibt, die Chance, auf lange Sicht reich zu werden. Der Unterschied zwischen dem Erwartungswert und dem Modus ergibt sich durch die Volatilität. Daher hat die Volatilität zwei Gesichter: Bei einem kurzen Anlagehorizont beschreibt die Volatilität die Verlustgefahr und bei einem langen Anlagezeitraum die Chance für Gewinne in enormer Höhe."

Clever fragte nach: „Wo liegen denn meine Gewinnchancen mit Aktien, wenn die Entwicklung doch so unsicher ist? Wie schaffe ich es, dauerhaft mit Aktien Geld zu verdienen?"

„Die Chance dazu bietet ein optimal zusammengestelltes Depot aus Aktien und Anleihen. Schließlich bestimmt die gewählte Vermögensstruktur – nach der Portfoliotheorie von Markowitz – bis zu 80 % die Ertragskraft und die Schwankungsbreite, also das Risiko, des Vermögens. Lediglich 20 % werden durch die Einzeltitelauswahl, d.h. die Frage Bayer-Aktie oder besser BASF-Aktie, sowie durch das so genannte Timing, also ob es besser ist, heute oder morgen zu kaufen, bestimmt. Sie sehen also, Herr Clever, es macht Sinn, sich intensiv über die Zusammenstellung der Depotstruktur Gedanken zu machen."

10. Asset Allocation

Beim Vermögensaufbau steht man stets vor der Frage: Will ich die Chance auf mehr Rendite oder lieber mehr Sicherheit haben? Die Antwort lautet: Ihr Anlageerfolg ist eine Frage der Balance zwischen Rendite und Sicherheit.

Doch leider ist eines klar, es gibt keinen Königsweg. Jeder Investor hat seine eigenen Wünsche in Bezug auf Rendite und Sicherheit. Einen Weg aus diesem Dilemma zeigt die Asset Allocation auf. Sie versucht eine Balance zwischen den individuellen Anlagezielen und der Risikoeinstellung des Investors herzustellen.

Dazu zwingt die Asset Allocation den Anleger, sich systematisch mit der eigenen Vermögenssituation zu beschäftigen[47]. Schon Immanuel Kant sagte: »*Alle Stärke wird nur durch Hindernisse erkannt, die wir bewältigen können.*« Um ein Hindernis bewältigen zu können, ist es ratsam, sich zu nächst einmal einen Plan bzw. Wegweiser zu erstellen.

Abbildung 12:Wegweiser für die Asset Allocation

Definition Anlegerziele		***Strategische Asset Allocation***		***Taktische Asset Allocation***
▯ Vermögensstruktur ▯ Finanzielle Verpflichtungen	⇨	▯ Anlagehorizont ▯ Rendite/Risikopräferenz ▯ Langfristige Portfolioausrichtung ▯ Festlegung der Asset-Klassen ▯ Gewichtung der Asset-Klassen am Gesamtportfolio	⇨	▯ Feinsteuerung ▯ kürzerer Planungshorizont ▯ Branchenallocation bei Aktien ▯ Laufzeitenauswahl bei Renten ▯ Markttiming ▯ Einzeltitelselektion

Aus dieser Abbildung ist das Wesen der Asset Allocation ersichtlich. Sie beschreibt, wie man als Anleger die optimale Aufteilung seines Vermögens auf unterschiedliche Assetklassen (wie z.B. Aktien und Anleihen) findet. In der Essenz geht es bei der Asset Allocation eigentlich um ein Abwägen zwischen den Anlagekriterien Rentabilität, Risiko (Sicherheit) und Liquidität. Im Prinzip dreht sich alles um drei Fragen:

- Was will ich erreichen?

---

[47] Leider treffen heute immer noch viele Anleger ihre Entscheidungen über ihre Vermögensanlage spontan oder aufgrund von Tipps von Freunden und Bekannten.

- Wie will ich es erreichen?
- Womit will ich es erreichen?

10.1 Definition der Anlegerziele

Bei der Definition der Anlegerziele sollte sich der Anleger an den drei Grundsätzen der Weisheit[48] orientieren. Sie lauten: »*Sei du selbst, wähle immer die Mitte und erkenne Dich.*«
Damit ist gemeint: Wähle eine Finanzstrategie, die zu dir passt, und befolge sie auch. Kopiere keine Tipps, die du irgendwo aufgeschnappt hast. Vermeide extreme Formen der Geldanlage, egal, ob Sie zu konservativ oder zu spekulativ sind. Schließlich sehen weder der Optimist noch der Pessimist die Realität richtig. Der Anleger sollte insofern immer einen Mittelweg einschlagen und seine eigene finanzielle Situation erkennen.

Dazu sollte man sich folgende Fragen stellen: Gegen welche Eventualitäten des Lebens muss man sich schützen? Welche größeren Anschaffungen sind geplant? Was könnte passieren? Seien Sie aber auch kein Tiefstapler, wenn es um die Einschätzung der persönlichen und finanziellen Situation geht. Schließlich kommt es einen Anleger teuer zu stehen, wenn er in überstürzter Weise eine Änderung des Finanzplanes durchführen muss. Letztendlich ist es für den Anleger wichtiger, flexibel gegenüber möglichen Lebensereignissen und überraschenden Änderungen der finanziellen Situation sein zu können, als aus einer Anlage das letzte Quäntchen Renditeerwartung herauszuziehen. Folglich sollte jeder Anleger bei seiner Vermögensplanung einen Puffer für die Eventualitäten des Lebens einplanen.

Nach diesen Vorüberlegungen sollte der Investor seine Wünsche und Ziele definieren. Um diese besser artikulieren zu können, sind in Tabelle 32 die wichtigsten Anlegerziele bzw. Wünsche zusammengefasst.

[48] Diese Grundsätze wurden im antiken Griechenland von vielen Philosophen gelehrt.

Tabelle 32: Anlegerziele

freies Vermögen (noch für keinen konkreten Zweck verplant)	▯ Anlageziel 4: Vermögensmanagement Ziel: Sicherung und Mehrung des Vermögens
reserviertes Vermögen (bereits vorhanden; dient zum Lebensunterhalt und dem Nachkommen von Verpflichtungen)	▯ Anlageziel 3: Vermögensbildung für ungefähr bekanntes Ziel, z.B. Altersvorsorge. ▯ Anlageziel 2: Zwecksparen zu einem bestimmten Termin und Zweck, z.B. zum Hauskauf ▯ Anlageziel 1: Aufbau einer Sicherheitsreserve

Sind die Wünsche und Ziele des Anlegers ermittelt, so kann man den nächsten Schritt innerhalb des Asset Allocation-Prozesses gehen – die strategische Asset Allocation.

Clever überlegte sich seine Wünsche bzw. Anlageziele: „Schon der chinesische Philosoph Konfuzius sagte: »*Wer nicht an die Zukunft denkt, wird bald Sorgen haben.*« Das Leben ist eben nicht planbar. Viele Ziele und Wünsche entstehen meistens spontan. Ich bin außerdem ganz gut gegen die Eventualitäten des Lebens abgesichert ist, ich verfüge über eine kleine Sicherheitsreserve. Deswegen entscheide ich mich für das Anlageziel 4.“

„Sie haben jetzt zunächst nur grob ihr Anlageziel spezifiziert. Nun werden wir es mithilfe der strategischen Asset Allocation enger fassen“, so der Anlageberater.

10.2 Strategische und taktische Asset Allocation

10.2.1 Einleitung

Wann investiere ich in welche Aktien, wie gewichte ich Branchen, Länder oder gar einzelne Unternehmen in meinem Portfolio? Die Lösung liefert die strategische und taktische Asset Allocation.

Mit der strategischen und taktischen Asset Allocation ist nichts anderes gemeint als eine ganz bestimmte Abfolge von Entscheidungen, die zur Auswahl einzelner Wertpapiere führen. Schließlich steht der Anleger vor der Schwierigkeit, aus über 700 deutschen Aktien, mehreren tausend ausländischen Aktien und zehntausend Anleihen die Richtige für sich auszuwählen.

Der Anleger könnte natürlich alle Wertpapiere einzeln analysieren und das Depot »*von unten*« aus mit den Wertpapieren bestücken, die ihm als die Besten erscheinen. Dabei ist der Zeitaufwand jedoch immens und es ist nicht einfach, den Überblick zu behalten. So manch ein Anleger, der ein solches Vorgehen praktizierte, kam früher oder später zu der Erkenntnis: »*Früher habe ich alles gekauft, was in der Zeitung einen Namen und einen Börsenkurs hatte. Im Laufe der Jahre musste ich aber erkennen, dass eine gute und erfolgreiche Geldanlage nicht in der Hektik der Transaktionen liegt und auch nicht in der Anzahl meiner Wertpapiere, sondern in Fleiß und Arbeit. Mit Fleiß meine ich, alle notwendigen Informationen zu beschaffen und auszuwerten. Aber nur so kann ich begründet den einen oder anderen Kauf in der Hoffnung auf Gewinn tätigen, schließlich kommt an der Börse erst der Fleiß, dann die Schmerzen und anschließend der* Gewinn.«[49]

Einfacher dagegen ist die Depotstrukturierung »*von oben*«. Im Prinzip findet der Prozess der strategischen und taktischen Asset Allocation in fünf Stufen statt.

1. Wahl der Anlageformen (zum Beispiel Aktien oder Anleihen)
2. Wahl des Anlagebetrages
3. Wahl der Anlagewährung
4. Wahl der Branchen und Laufzeit-Strukturen im Depot und
5. Wahl der einzelnen Aktie und Anleihe

---

[49] Deswegen darf ein Anleger die schier unbegrenzte Anzahl von Finanztiteln (z.B. Aktien und Anleihen) nicht als eine Art Freibrief zum wahllosen Kauf verstehen.

Wie Sie aus der Aufzählung sehen, verfügt die Asset Allocation nur über wenige Entscheidungsvariable. Doch welchen Einfluss haben diese unterschiedlichen Entscheidungsvariablen auf die Rendite eines Depots?

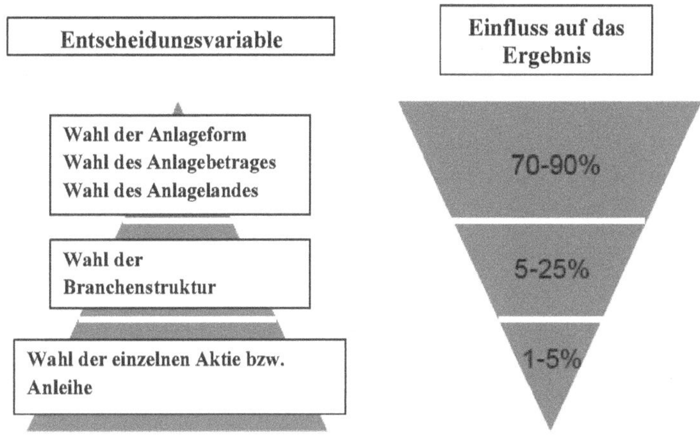

Abbildung 13: Einfluss der Entscheidungsvariablen auf die Rendite eines Portfolios

10.2.2 Wahl der Anlageform

Am Anfang jeder Anlageentscheidung steht die Wahl der Anlageform, in der das Vermögen investiert werden soll. Der Anleger entscheidet sich, ob er sein Geld in Aktien, Anleihen, Immobilien usw. anlegen möchte.

Als Grundlage für seine Entscheidung sollte der Investor immer die erwartete Rendite der verschiedenen Anlageformen und deren Risiko mit seiner eigenen Rendite- bzw. Risikovorstellung abgleichen. Zusätzlich muss der Anleger immer seinen persönlichen Anlagehorizont beachten.

Aber Achtung: Der Anleger sollte niemals die Liquidität der Anlageform außer acht lassen. Kauft der Anleger zum Beispiel für sein ganzes Vermögen eine Immobilie, so kann es im Bedarfsfall vorkommen, dass er die Immobilie nur mit großem Wertverlust verkaufen kann. Deswegen sollte jeder Anleger sein Vermögen auf verschiedene Anlageformen verteilen, sodass er stets entscheiden kann, welche der Anlagen er bei plötzlichem Geldbedarf verkaufen möchte. Deswegen gelten bei der Wahl der Anlageform folgende Regeln:

- Das Anlageziel[50] und der Anlagehorizont bestimmen den relativen Anteil von Aktien und Anleihen am Depot.
- Ein langfristig orientiertes Depot sollte immer über einen hohen Aktienanteil verfügen.

Das Ziel des ersten Schrittes des Asset Allocation ist es, eine gesunde Mischung zwischen Aktien und Anleihen zu finden. Zur Ermittlung der richtigen Mischung zwischen Aktien und Anleihen muss man sich darüber in Klaren sein, welche Anlagekriterien die Aktien und Renten abdecken.

Aktien werden normalerweise als Risikopapiere mit einer hohen Ertragschance angesehen. Deswegen decken Aktien die Anlagekriterien Rendite und Liquidität ab. Dagegen unterliegen Renten kaum Wertschwankungen, haben aber eine geringe Rendite. Folglich decken Anleihen die Anlagekriterien Sicherheit und Liquidität ab. Doch die Frage bleibt: Wie finde ich die optimale Mischung zwischen Aktien und Anleihen?

Dazu hilft uns eine Untersuchung von Horst Müller[51] über die Risikobereitschaft von Privatanlegern. Er fand heraus, dass die Mehrzahl der deutschen Privatanleger zwischen 1/3 bis 2/3 ihres frei verfügbaren Vermögens in Aktien investieren würden. Um nun den genauen Aktienanteil am Vermögen herauszufinden, verwendet man den Fragenkatalog des so genannten Risk-Rulers.

---

[50] Möchte beispielsweise ein junger Mensch für sein Alter vorsorgen tun, so empfiehlt es sich, in Aktien zu investieren, weil über einen längeren Zeitraum Aktien genauso sicher sind wie Anleihen, aber eine wesentlich größere Rendite aufweisen.

[51] Horst Müller: Zur Risikobereitschaft privater Geldanleger, Kredit und Kapital 11 (1995) 1, S. 134 - 160

Tabelle 33: Risk-Ruler

	Fragen zu	Antworten A	Antworten B
1.	Anlagehorizont	Ich benötige das Kapital in einigen Jahren wieder.	Ich benötige das Kapital für einen langen oder sehr langen Zeitraum nicht.
2.	Anlagehorizont	Ich bin über 50 Jahre alt.	Ich habe das 50. Lebensjahr noch nicht überschritten.
3.	Anlagehorizont	Ich habe schon einen konkreten Verwendungszweck für das Kapital im Auge, den ich verwirklichen möchte.	Ich lege mein Kapital eher aus allgemeinen Gründen und für die Zukunft an.
4.	Finanzielle Situation	Die jetzt zu tätigende Anlage ist zum größten Teil mein einziges Vermögen.	Ich habe neben dieser Anlage noch weiteres Vermögen.
5.	Finanzielle Situation	Es könnte sein, dass ich vor Ende meines Anlagehorizontes schon Entnahmen tätigen muss.	Ich werde keine Entnahmen vor Ende meines Anlagehorizontes tätigen, sondern vielleicht sogar noch weitere Einlagen leisten.
6.	Finanzielle Situation	Wegen meiner Lebensplanung gibt es gewisse finanzielle Verpflichtungen.	Wegen meiner Lebensplanung bin ich eher frei und eigentlich nicht so sehr von den Finanzen abhängig.
7.	Risikobereitschaft	Wenn mein Vermögen dauernd schwankt, bin ich besorgt und fühle mich nicht wohl.	Selbst größere Schwankungen in meinen Vermögen würde ich ertragen und aushalten.
8.	Risikobereitschaft	Wenn der Wert meines Vermögens um 5 % in einem Jahr fiele, könnte ich dieses nicht aushalten.	Selbst wenn der Wert meines Vermögens um mehr als 10 % fallen würde, könnte ich damit leben, da ich weiss, dass es auch Jahre gibt, wo mein Vermögen deutlich ansteigt.
9.	Risikobereitschaft	Eigentlich habe ich bis jetzt wenige Erfahrungen mit Geldanlagen gesammelt und mein Wissen über Finanzfragen ist auch noch nicht besonderes groß.	Ich habe zumindest Grundkenntnisse darüber, wie die Welt der Finanzen funktioniert.
10.	Risikobereitschaft	Ich denke, Menschen sollten sich heutzutage eher schützen, weil sie ohnehin die Ereignisse nicht steuern können.	Man kann die Ereignisse des Lebens selbst gestalten und sollte deshalb aktiv vorgehen.

Hat der befragte Anleger ausschließlich seine Kreuze auf der A-Seite gemacht, so gilt er als extrem risikoscheu, deswegen wird ihm eine Aktienquote von höchstens 15 % empfohlen. Hat der befragte Privatinvestor mehr Kreuze auf der A-Seite als auf der B-Seite gemacht, so ist höchstens ein Aktienanteil von 33 % am Vermögen des Investors zu empfehlen. Wenn sich dagegen die Kreuze auf der A-Seite und der B-Seite die Waage halten, dann wird eine Aktienquote von 50 % am Vermögen empfohlen. Hat aber der Befragte mehr Kreuze auf der B-Seite als auf der A-Seite gemacht, so kann eine Aktienquote von bis zu 66 % empfohlen werden.

Hat man so seine Aktienquote ermittelt, muss man sich Gedanken über den anderen Baustein des Portfolios machen, nämlich über die Aufteilung zwischen Anleihen und Liquidität. Damit kommen wir zurück zur Portfoliotheorie, genauer gesagt zum Marktportfolio (siehe Seite 76 ff.). Nach der Tobin-Separation[52] teilt jeder Anleger seinen Anlagebetrag auf, und zwar in einen sicheren und in einen risikobehafteten Teil. Überdies sei der risikobehaftete Teil des Anlagebetrages bei allen Anlegern identisch strukturiert, das ist das Marktportfolio. Folglich kann dieses Marktportfolio ohne Kenntnis der jeweiligen Präferenzen des Anlegers zusammengestellt werden. Dies führt letztlich zu verschiedenen Musterportfolios für Privatinvestoren, die in Abhängigkeit der Risikobereitschaft des Anlegers den richtigen Weg für die Anlage weisen. Ich möchte an dieser Stelle nun die vier gängigsten Risiko- bzw. Renditeprofile vorstellen, welche aus Aktien und Anleihen zusammengestellt werden können.

Tabelle 34: Musterdepots für mehrere Anlagephilosophien

Name der Strategie	Beschreibung	Zusammensetzung
Sicherheitsstrategie	Ein geringer, aber kalkulierbarer Ertrag des Depots. Zudem hat das Depot kaum Risiken und eine hohe Liquidität. Anlagehorizont kurz.	60 % des Kapitals in Termingelder*, 25 % in Renten und 15 % in Aktien.
Ertragsstrategie	Höhere Ertragschancen bei einer ausgewogenen Struktur und Streuung, welches zu einem begrenzten Risiko führt. Bei zugleich hoher Liquidität des Depots, aber begrenzten Kurschancen. Anlagehorizont mittelfristig.	34 % des Kapitals in Termingelder, 33 % in Renten und 33 % in Aktien.
Wachstumsstrategie	Langfristig hohe Ertragschancen bei ausreichender Liquidität des Vermögens. Zudem besteht die Gefahr von kurz- und mittelfristigen großen Wertschwankungen des Depots. Daher empfiehlt sich diese Anlagestrategie nur für eine lange Anlagedauer und hoher Toleranz gegenüber Wertschwankungen.	25 % des Kapitals in Termingelder, 25 % in Renten und 50 % in Aktien.
Spekulationsstrategie	Optimale Renditechancen, verbunden mit hohen Wertschwankungen. Zudem liegt eine knappe Liquiditätssituation vor. Diese Anlagestrategie eignet sich nur für eine lange Anlagedauer und einer hohen Toleranz gegenüber Verlusten.	10 % des Kapitals in Termingelder, 24 % in Renten und 66 % in Aktien

*Mit Termingeldern sind Anlagen gemeint, die sofort ohne Verluste der Liquidität umgewandelt werden können. Das sind zum Beispiel Tagesgeldkonten oder Sparbücher.

[52] Günter, Franke: Kapitalmarkt und Separation, Zeitschrift für Betriebswirtschaft 53 (1983) S. 239-260

Um herauszufinden, welche Anlagephilosophie bzw. welches Musterdepot zu Clever passt, beantwortete er zunächst die Fragen des Risk-Rulers. Dabei wurde festgestellt, dass für Clever eine Aktienquote von bis zu 66 % in Frage kommt. Bei diesem Ergebnis fiel Clever der schöne Spruch von Georg F. Kennan ein. »*Leute, die jedes Risiko scheuen, gehen das größte Risiko ein.*« Deswegen entschied sich Clever für das Musterportfolio Spekulationsstrategie.

10.2.3 Wahl des Anlagelandes

Nach der Entscheidung des Anlegers über die Aufteilung seines Depots in Aktien und Anleihen, muss er sich entscheiden, in welchem Land er seine Mittel investieren möchte.

Ab einer gewissen Größe sollte jedes Depots eines Anleger nicht nur aus Aktien und Anleihen seines Heimatlandes bestehen. Schließlich ist die »*Welt ein Dorf*« geworden. Kaffee kommt aus Lateinamerika, Speicherchips für den PC aus Südostasien usw. Warum sollte man also nicht auch Aktien und Anleihen von ausländischen Unternehmen und Ländern ins Auge fassen.

Durch Hinzunahme von ausländischen Aktien oder Anleihen kommen für die Anlage wesentlich mehr Wertpapiere in Betracht. Durch die neu hinzukommenden Anlagemöglichkeiten kann das Risiko einer Anlageform (Aktien oder Anleihen) wirksamer durch Diversifikation eliminiert werden. So gilt, dass international zusammengestellte Aktiendepots in der Regel eine höhere Durchschnittsrendite bei einem geringeren Risiko haben als nur auf ein Land beschränkte Aktiendepots.

Wie kommt dieses wesentlich geringere Risiko zustande? Die Korrelation zwischen den Kursen verschiedener Aktien ist entscheidend für die Möglichkeit, durch Kombination dieser Aktien das Risiko zu senken. Geht man davon aus, dass die Aktienkurse von gemeinsamen Einflussfaktoren (wie z.B. der wirtschaftlichen Entwicklung des Landes, Zinshöhe, gesetzlichen und steuerlichen Rahmenbedingungen usw.) bestimmt werden, so ist es leicht einsichtig, dass auf die Aktien des gleichen Landes diese Faktoren ähnlich wirken. Daher unterscheidet sich der Aktienkurs von Aktien eines Landes nur durch die unternehmens- und branchenspezifischen Faktoren. Durch Investitionen in unterschiedliche Länder kann man zusätzlich noch die gemeinsamen Einflussfaktoren auf den Aktienkurs diversifizieren, da diese Faktoren in verschiedenen Ländern unterschiedlich sind.

Eine wesentliche Einflussgröße auf die Aktienkurse ist wie gesagt die Konjunkturentwicklung, also die Schwankungen des wirtschaftlichen Wachstums. Das wirtschaftliche Wachstum verläuft nicht in allen Ländern gleich, sondern ist mehr oder weniger zeitlich verschoben. In welchem Konjunkturzyklus sich ein Land befindet und wie die Aussichten für die Aktienkursentwicklung sind, ist Gegenstand der fundamentalen gesamtwirtschaftlichen Aktienanalyse[53].

Im Prinzip gelten die obigen Aussagen auch für Anleihen. Aber ein Anleger sollte nicht jeden Zinsunterschied zwischen zwei Ländern ausnutzen, da im Regelfall in einem Land mit höherem Nominalzins auch die Inflationsrate höher ist. Damit ist der reale Zins in beiden Ländern oftmals identisch.

Im Allgemeinen muss der Anleger bei der Investition in internationale Anlagen den Wechselkurs berücksichtigen. Es kann nämlich vorkommen, dass der Wechselkurs eines Landes zurückgeht und damit eine mögliche Rendite wieder »auffrisst«. Deshalb ist der nächste Schritt in der Asset Allocation die Wahl der Anlagewährung.

10.2.4 Wahl der Anlagewährung

Bei Anleihen kann der Investor das Währungsrisiko geschickt umgehen, wenn er nur Euro-Auslandsanleihen kauft. Dann erhält der Anleger den für das jeweilige Land angemessenen Zinssatz, aber die Zinszahlungen und die Tilgungsleistungen erfolgen in Euro. Dafür ist aber meistens der Zinssatz etwas niedriger als im Herkunftsland der Anleihe, weil der Emittent das Währungsrisiko trägt.

Bei Anleihen und Aktien in ausländischer Währung muss der Investor das Währungsrisiko tragen. Möchte der Investor das Währungskursrisiko ausschalten, so kann er für einen bestimmten Zeitraum Kurssicherungsgeschäfte tätigen. Solche Geschäfte werden an den Terminmärkten mit Optionen getätigt. Die Kosten der Wechselkursabsicherung vermindern wiederum die Rendite des Anlegers. Letztlich ist das für einen Privatanleger meistens ein Nullsummenspiel.

Die bisher erläuterten Schritte im Asset Allocation Prozess werden auch als strategische Asset Allocation bezeichnet. Sie regeln im Prinzip die grobe Linie der Anlagepolitik. Die folgenden Schritte dienen mehr zur Feinabstimmung und werden als taktische Asset Allocation zusammengefasst.

---

[53] Eine Einführung zu diesem Thema finden Sie in Kapitel 11.

Clever überlegte sich in welchen Ländern bzw. Währungen er sein Geld investieren wollte: „Wenn die Welt ein Dorf geworden ist, warum soll ich nicht einen Teil meines Geldes außerhalb Deutschlands anlegen? Es gibt doch sicherlich in der großen weiten Welt auch gute Investmentmöglichkeiten, die ähnliche Risiken haben wie deutsche. Aber ich möchte meinen Schwerpunkt in Deutschland setzen, weil ich mich in meinem Heimatland einfach besser auskenne."

„Gut. Jetzt haben wir die grobe Richtschnur ihrer Vermögensanlage festgelegt. Sie können bis zu 66 % ihres Vermögens in Aktien, 24 % in Anleihen und 10 % in Liquidität investieren. Zusätzlich sollte Deutschland den Schwerpunkt ihrer Anlagen bilden", fasste der Anlageberater zusammen.

10.2.5 Wahl der Branchen- und Laufzeitenstruktur

Zum jetzigen Zeitpunkt sollte der Investor den Anleihen- und Aktienanteil an seinem Depot und die Währung festgelegt haben. Nun steht die Entscheidung über die Wahl der Branchen und für Anleihen die Entscheidung über die Laufzeitstruktur an.

Für eine gründliche Branchenauswahl[54] bei Aktien sprechen die gleichen Gründe wie für die internationale Streuung eines Aktiendepots. Schließlich haben Aktien unterschiedlicher Branchen weniger gemeinsame Einflussfaktoren als Aktien der gleichen Branche. So haben Aktien zweier Banken eine engere Korrelation als die Aktie einer Bank und eines Nahrungsmittelherstellers. Zusätzlich ist die Abhängigkeit der Kursentwicklung vom Konjunkturzyklus von Branche zu Branche unterschiedlich.

So gibt es ausgesprochen zyklische Branchen, die sehr stark von der Konjunktur abhängen, aber auch von der Konjunktur relativ unabhängige Branchen, die nicht zyklischen Wirtschaftszweige.

Durch eine gezielte Mischung der Aktien können diese Effekte deutlich gemindert werden. Möchte der Anleger sich intensiver mit seinen Aktiengeschäften beschäftigen, so kann er die Branchenstruktur parallel zur Entwicklung des Konjunkturzyklus verändern und versuchen, so eine zusätzliche Rendite zu erwirtschaften. Dann kann der Anleger für die verschiedenen Branchen spezifische Indikatoren wie Auftragsein-

[54] Die Branchenauswahl wird ausführlich im Kapitel 12; Seite 143 ff. besprochen.

gänge usw. nutzen. Diese Indikatoren werden im Rahmen der fundamentalen Aktienanalyse (siehe Seite 149 ff.) ermittelt und ausgewertet.

Bei Anleihen ist die Laufzeitenstruktur besonders wichtig. Anleihen werden in Laufzeiten von wenigen Monaten bis zu dreißig Jahren angeboten. Im Regelfall gilt: Je länger die Laufzeit der Anleihe ist, desto stärker reagiert der Kurswert der Anleihe auf Zinsveränderungen und desto länger dauert es bis zum Rückfluss des investierten Anlagebetrages durch die Tilgung der Anleihe. Demzufolge sollte der Aufbau eines Depots mit Anleihen immer mit einer Staffelung der Laufzeiten der Anleihen geschehen. Diese Staffelung bewirkt, dass praktisch jedes Jahr einen Teil der Anlage an den Anleger zurückfließt und ihm wieder zur Verfügung steht. Ferner ist bei einem regelmäßigen Rückfluss von Geldern getilgter Anleihen ein Anleihedepot auch mit einem Schwerpunkt in lang laufende Anleihen äußert liquide, d.h., dass für außerplanmäßige Ausgaben nicht unbedingt Wertpapiere verkauft werden müssen. Überdies hat der Anleger einen Schutz gegenüber dem Zinsschwankungsrisiko. Steigen die Zinsen, so muss der Anleger zwar einen Kursverlust hinnehmen, kann aber die Tilgungsbeträge zu hohen Zinsen wieder anlegen. Sinken dagegen die Zinsen, so steigt sein Depotwert und kompensiert den nachteiligen Effekt der niedrigeren Zinsen auf die Wiederanlage. Zusätzlich sollte der Anleger bei relativ hohen Zinsen eher längere Laufzeiten bevorzugen und bei niedrigen Zinsen eher Kurzläufer.

10.2.6 Wahl der einzelnen Aktie und Anleihe

Da nun die Branchenstruktur bei Aktien und bei Anleihen die Laufzeitstruktur feststeht, muss eigentlich nur noch die Entscheidung gefällt werden, welche Aktien und Anleihen der Investor kaufen soll. Diese Entscheidung ist zwar wichtig, aber jeder Anleger sollte wissen, dass etwa 80 % des Anlageerfolges aus der strategischen Asset Allocation und nur 20 % aus der taktischen Asset Allocation stammt. Überspitzt formuliert: Es ist wichtiger, dass man Aktien in sein Depot aufnimmt, und nicht ganz so wichtig, welche Aktien man kauft. Trotzdem sollte der Anleger die Wahl seiner Aktien nicht völlig dem Zufall überlassen.

Bei Aktien gibt es in den Branchen immer gute und weniger gute, überbewertete oder unterbewertete Aktien, und es gilt, die guten und unterbewerteten zu finden und die anderen zu meiden. Dies wird leider niemals hundertprozentig gelingen. Um gute Aktien zu finden, stehen dem Anleger die Methoden der fundamentalen (siehe Seite 149 ff.) und technischen (siehe Seite 179 ff.) Aktienanalyse zur Verfügung.

Bei Anleihen kommt es vor allem darauf an, einen guten Emittenten zu finden. Ein guter Emittent zeichnet sich durch eine gute Bonität aus. Die Bonität eines Schuldners wird von Rating-Agenturen gemessen und veröffentlicht. Auf diese Ergebnisse sollte der Anleger seine Entscheidungen stützen.

Eines sollte ein Anleger immer bedenken. Nicht nur beim Marathon-Lauf lohnt sich ein langer Atem. Kurze Sprints verbessern zwar die Platzierung, aber möglicherweise nur auf kurze Sicht. Hierdurch kann das Endziel in Gefahr geraten. Denn wichtig ist allein das Erreichen des Zieles nach 42,195 Kilometern und das in einer möglichst guten Zeit. Auch bei einer Anlage an den Kapitalmärkten lohnt sich deswegen das langfristige Denken, losgelöst von den kurzfristigen Marktentwicklungen. Ein Anleger, der seine Asset Allocation, d.h. seine Anlagestrategie, gefunden hat, sollte sie nicht aus kurzfristigen Erwägungen ändern, weil dies meistens nur zu Performanceverlusten führt. Diese Erkenntnis veranlasste schon den Börsenexperten Gottfried Heller zu dem Ausspruch: »*Moden meiden. Laufen Sie keinen Modetrends hinterher – auch nicht in Ihren Geldanlagen. Wenn alle an der gleichen Stelle nach Gold suchen, sind die Chancen, dass Sie etwas finden sehr gering.*«

„Um eine optimale Diversifikation zu haben, ist es also sinnvoll, seinen Aktienanteil in verschiedenen Branchen zu investieren. Dabei möchte ich mich aber nur auf Unternehmen konzentrieren, deren Produkte ich kenne“, bemerkte Clever.

„Das ist gar nichts so falsch. So berichtete der Börsenexperte Peter Lynch einmal von einer achten Klasse einer Gesamtschule aus Boston, die regelmäßig mit ihrer Strategie besser gefahren ist, als die so genannten »Experten« an der Wall Street. Die Schüler kauften McDonalds-, Nike- oder Coca-Cola-Aktien, weil Sie die Produkte der Unternehmen kannten und an die Unternehmen glaubten. Letztlich handelt es sich bei Aktien ja nicht um Lotterielose. Wichtig ist nur, dass sie Unternehmen aus verschiedenen Branchen in Ihr Depot aufnehmen“, erklärte der Anlageberater.

Clever erwiderte: „Bei den Anleihen möchte ich meinen Anlagebetrag so auf Anleihen mit unterschiedlicher Restlaufzeit verteilen, dass stets ein Teil des Depots kurz vor der Tilgung steht und ich so immer über eine hohe Liquidität verfügen kann. Doch eine Frage bleibt: Welche Aktien bzw. Anleihen soll ich nun kaufen?“

Der Anlageberater sagte: „Moment, wir brauchen noch etwas Zeit für notwendige Überlegungen.

Clever fragte: „Noch mehr Vorüberlegungen?“

Der Anlageberater entgegnete: „Ja. Schließlich gilt auch bei der Wertpapieranlage der Spruch: »*Ein schneller Entschluss bringt oft Verdruss.*« Um wirklich erfolgreich zu sein, muss man auch über unsere Volkswirtschaft und ihre Funktionsweise Bescheid wissen. Letztlich hängt die Kursentwicklung der Aktien und Anleihen im Wesentlichen von gesamtwirtschaftlichen Größen wie Konjunktur, Inflation, Geldmenge, Zinsen usw. ab.“

11. Volkswirtschaft

Schon der Ökonom John Maynard Keynes erkannte, dass *»das Geheimnis des erfolgreichen Börsengeschäftes darin liegt, zu erkennen, was der Durchschnittsbürger glaubt, dass der Durchschnittsbürger tut.«* Dann ist es nämlich möglich, Unternehmen zu erkennen, deren Produkte und Marken besonders gut bei den Konsumenten ankommen. Je mehr Menschen die Produkte eines Unternehmens kennen, desto wahrscheinlicher ist es, dass tatsächlich auch die Waren des Unternehmens gekauft werden.

Mit einem Einblick in die volkswirtschaftliche Zusammenhänge kann der Anleger lernen, was die Meinung der Verbraucher beeinflusst. Schließlich hängt die Kaufbereitschaft der Verbraucher stark von der wirtschaftlichen Situation ab.

Das Ziel allen wirtschaftlichen Handelns beruht auf der Produktion von Konsumgütern, die die Menschen zum Leben brauchen. Meistens dienen Konsumgüter zur Deckung von Grundbedürfnissen, wie Nahrung, Kleidung und Wohnung. Sind sie befriedigt, müssen noch weitere Bedürfnisse und Wünsche, wie Urlaub, Unterhaltung, Luxus usw. erfüllt werden.

In der heutigen Wirtschaftsform[55] produziert ein Einzelner Güter über das Maß seiner persönlichen Bedürfnisse hinaus und bietet sie deswegen als käufliche Produkte am Markt an. Versucht nun jeder in einer arbeitsteiligen Wirtschaft seine Bedürfnisse immer besser zu befriedigen[56], führt dies zwangsläufig zu einem wirtschaftlichen Wachstum. Wirtschaftswachstum heißt, dass in einer Volkswirtschaft in einem bestimmten Jahr mehr Güter produziert werden als im Vorjahr.

Zudem ist das wirtschaftliche Wachstum für das Funktionieren einer großen Volkswirtschaft wichtig, und zwar nicht nur wegen der damit verbundenen Möglichkeit ein höheres Einkommen zu erzielen und damit einhergehend steigende Konsummöglichkeiten für die Menschen zu schaffen, sondern auch für den Erhalt und die Sicherung der Arbeitsplätze, denn aufgrund des technischen Fortschnittes kann die Gütermenge des Vorjahres in der Regel mit weniger Arbeitskräften realisiert werden[57]. Deswegen ist das Wirtschaftswachstum eine wichtige Voraussetzung für die Erhaltung bzw. Wiedergewinnung der Vollbeschäftigung und somit auf Dauer unabdingbar für die politische Stabilität eines Landes.

---

[55] Dies wird auch als arbeitsteilige Wirtschaft bzw. Marktwirtschaft bezeichnet.

[56] Hierunter versteht man auch das Streben nach einer Erhöhung des Einkommens.

[57] Dies wird als Produktivitätsfortschritt bezeichnet.

11.1 Das Bruttoinlandsprodukt

Das Bruttoinlandsprodukt (BIP) ist definiert als der Geldwert aller volkswirtschaftlichen Endprodukte, d.h. Waren und Dienstleistungen, die in einem Land, meistens in einem Jahr, hergestellt worden sind. Das Bruttoinlandsprodukt entsteht durch die Leistungen der verschiedenen Wirtschaftsbranchen und teilt sich auf der Verwendungsseite auf die Teilaggregate privater Konsum, Staatskonsum, private und staatliche Investitionen sowie Außenbeitrag, d.h. Exporte und Importe, auf. Es dient als Messgröße für die wirtschaftliche Gesamtleistung eines Landes. Das ebenfalls als Kenngröße für die gesamtwirtschaftliche Leistung häufig herangezogene Bruttosozialprodukt (BSP) ist dem Bruttoinlandsprodukt sehr ähnlich, erfasst jedoch nicht das Inlandsprodukt sondern das Inländerprodukt, d.h. die Einkommen der Inländer im In- und Ausland.

Wirtschaftswachstum äußert sich in einem Anstieg des Bruttoinlandsproduktes, d.h. durch den Anstieg der Güterproduktion im Vergleich zum Vorjahr. Bei konstanten Preisen bewirkt das einen Anstieg des BIP. Aber auch nur steigende Preise[58] können trotz gleich bleibender oder rückläufiger Produktion einen Anstieg des BIP auslösen. Deswegen wird zwischen einen nominalen Anstieg des BIP (mit Inflation) und einen realen Anstieg[59] unterschieden. Im Endeffekt führt nur ein realer Anstieg des BIP zu einer Vermehrung der Konsummöglichkeiten.

Als Messgröße für das wirtschaftliche Wachstum verwendet man die Wachstumsrate des Bruttoinlandsproduktes gegenüber dem Vorjahr. Die Wachstumsrate des Bruttoinlandsproduktes unterliegt starken Schwankungen, welche aber nach bestimmten Mustern bzw. Zyklen ablaufen.

Ein solcher Konjunkturzyklus beginnt meistens mit einer Phase mäßigen wirtschaftlichen Wachstums. Die Unternehmen rechnen nun mit einer Fortdauer dieses Zustandes und planen daher im Normalfall mit einer Ausweitung ihrer Produktionsstätten, um auf eine mögliche Nachfrage reagieren zu können. Hierfür müssen die Unternehmen in neue Maschinen, Arbeitskräfte usw. investieren. Zur allgemeinen Nachfrage kommt nun noch die Nachfrage der Unternehmen nach Investitionsgütern[60]. Diese

---

[58] Dies wird auch als Inflation bezeichnet.

[59] Hierbei wird das nominale BIP korrigiert um die Inflation.

[60] Investitionsgüter sind beispielsweise Maschinen.

führt wiederum dazu, dass sich die Auftragslage der Investitionsgüterhersteller verbessert. Sie müssen nun ihrerseits in neue Produktionsstätten investieren.

Durch die zusätzlichen Aufträge und durch die gestiegenen Arbeitseinkommen (durch Neueinstellungen) beschleunigt sich das Wachstum des Bruttoinlandsproduktes, die Konjunktur zieht an. Dieser Prozess verstärkt sich nun von selbst, es kommt sozusagen zu einer positiven Kettenreaktion: mehr Produktion, mehr Einkommen, mehr Beschäftigung. Dieses Stadium des Konjunkturzyklus wird als Aufschwung bezeichnet.

Leider kommen früher oder später Faktoren auf, die das wirtschaftliche Wachstum bremsen. Solche Faktoren sind: das Personal kann nicht mehr aufgestockt werden, weil keine Fachkräfte mehr vorhanden sind, die Löhne steigen sehr schnell an, die Unternehmen können ihre Produktion nicht mehr unbegrenzt weiter steigern und reagieren mit Preiserhöhungen auf die weitere Nachfrage. Zusätzliche Investitionen müssen mit Krediten zu hohen Zinsen finanziert werden. Diese Phase des Konjunkturzyklus wird als Hochkonjunktur bzw. Boom bezeichnet. Spitzt sich die Situation noch weiter zu, kommt es zur Krise.

Dann revidieren die ersten Unternehmen ihre Planung nach unten und nehmen weniger Investitionen vor, weil die Investitionsgüter zu teuer, die Löhne zu hoch sind und die Kredite unbezahlbar geworden sind. Dies führt wiederum zu einem sich selbst verstärkenden Prozess: Sinkende Aufträge veranlassen die Unternehmen zu einer Senkung der Investitionen bzw. zu Entlassungen. Die Folge ist meistens kein absoluter Rückgang des Wirtschaftswachstums, weil häufig nur die Wachstumsrate des Bruttoinlandsproduktes zurückgeht aber noch positiv bleibt. In kräftigen Abschwüngen kann die Wachstumsrate des BIP auch negativ werden.

Aber auch beim Abschwung können Faktoren wirksam werden, die zu einer Umkehr der Entwicklung führen. Die zunehmende Arbeitslosigkeit führt zu einer geringeren Lohnsteigerung oder zu stabilen Löhnen. Durch die geringere Investitionstätigkeit wird eine geringere Kreditnachfrage erzeugt, die zu sinkenden Kreditzinsen führt. Zudem führt die niedrigere Nachfrage zu einer Stabilisierung des Preisniveaus. Dieser Tiefpunkt des Konjunkturzykluses wird als Rezession bezeichnet.

In einer solchen Phase fassen Unternehmen wieder Mut und nutzen die niedrigen Löhne, die reichlich verfügbaren Arbeitskräfte und die geringen Zinsen zu Investitionen. Das führt dann zu einem erneuten Aufschwung und der nächste Konjunkturzyklus beginnt.

Bei der Beschreibung des Konjunkturzyklus haben wir uns bislang noch nicht mit der Rolle des Staates beschäftigt. Im Allgemeinen gilt, dass Konjunkturschwankungen mit oder ohne staatliche Einmischungen gleichermaßen stattfinden. Aber der Staat versucht durch Beeinflussung der Konjunkturschwankungen eine Glättung zu erreichen – hohe Preissteigerungen und hohe Zinsen im Boom sind wirtschaftspolitisch ebenso unerwünscht wie eine hohe Arbeitslosigkeit in der Rezession. Zu diesem Zweck versucht der Staat mit finanz- und haushaltspolitischen Maßnahmen das Wirtschaftswachstum zu stabilisieren.

Für den Anleger ist aus dem Bündel der staatlichen Maßnahmen besonders die Finanzpolitik von Interesse. Sie obliegt in Europa der Europäischen Zentralbank. Durch verschiedene Instrumente versucht die Zentralbank eine stetige Entwicklung der Geldmenge zu erreichen und damit der Wirtschaft genau so viel Liquidität zur Verfügung zu stellen, wie sie für das erwartete Wachstum benötigt. Dabei führt ein zu viel an Liquidität zu Preisniveausteigerungen und ein zu wenig zu Zinssteigerungen und damit zu einem Wachstumshemmnis.

11.2 Zusammenhang zwischen Konjunktur, Zinsen und Kapitalmärkten

Was bedeutet das nun für den Anleger? Zunächst einmal muss der Anleger bei seinen Anlageentscheidungen immer die beiden gesamtwirtschaftlichen Größen Konjunktur- und Zinsentwicklung im Auge behalten. Beide hängen eng zusammen, denn die Höhe der Marktzinsen schwankt mit dem Konjunkturzyklus.

11.2.1 Konjunktur

Zunächst einmal zur Konjunktur. Sie schwankt mehr oder weniger regelmäßig um einen langfristigen Trend. Genauso folgen die Aktienkurse einem langfristig steigenden Trend, um den sie in einer kürzeren, mehrjährigen Frist schwanken. Dieser langfristige Wachstumstrend wird verursacht durch den Zuwachs an technischem Know-how, Ertragskraft und Substanzwert der Unternehmen. Insofern liegt der Gedanke nahe, die aktuelle Konjunkturentwicklung als Hilfsmittel bei der Beurteilung der Anlagechancen zu nutzen – doch dies ist leider nicht so einfach. Das liegt daran, dass die Börse der Entwicklung der Konjunktur vorauseilt. Darum dient die Börsenentwicklung als Frühindikator der konjunkturellen Entwicklung, und nicht umgekehrt. Dabei liegt der zeitliche Vorlauf der Börsen meistens zwischen 6 bis 12 Monaten.

11.2.1.1 Konjunkturindikatoren

Wegen des zeitlichen Vorlaufes der Aktienkurse reicht es für die Beurteilung der Anlagesituation nicht aus, nur die Wachstumsrate des Bruttoinlandsproduktes zu beobachten. Sie wird zwar vierteljährlich veröffentlich, aber aus erhebungstechnischen Gründen wird sie im Regelfall mit einer Verzögerung von einigen Monaten bekannt gegeben. Um dennoch aus der konjunkturellen Entwicklung auf den aktuellen Status des Börsenzykluses schließen zu können, wurden die Frühindikatoren eingeführt.

Auch die Frühindikatoren werden von der Presse regelmäßig publiziert und kommentiert. Sie dienen zur Beurteilung der Börsenlage und geben Hinweise auf die Konjunktur- und Geldpolitik des Staates. Der Ökonom Karl Garbe stellte dazu fest: »*Konjunkturprognosen sind die verstoßenen Kinder der Wettervorhersage.*« Damit ist gemeint, dass die Vorhersagegenauigkeit der Konjunkturprognosen in etwa so gut ist wie die der Wettervorhersage. Dennoch ist es notwendig, die wichtigsten Frühindikatoren zu kennen, weil sie einen nicht zu unterschätzenden Einfluss auf die Entwicklung der Börse haben. So steigen nach der Bekanntgabe von sehr guten Werten für die Frühindikatoren die Aktienkurse meistens an.

Ein wichtiger Frühindikator ist der Ifo-Geschäftsklimaindex. Diese Kennziffer soll mit einem Vorlauf von einigen Monaten anzeigen, wie sich die wirtschaftliche Lage entwickelt und ist daher für Börsianer sehr interessant. Dabei gilt: Fällt der Ifo-Geschäftsklimaindex über mehrere Monate, so deutet sich eine Verschlechterung der wirtschaftlichen Lage an, was unweigerlich früher oder später zu fallenden Aktienkursen führt. Zur Ermittlung des Index befragt das Münchner Wirtschaftsforschungsinstitut Ifo einmal im Monat rund 7.000 Unternehmen der gewerblichen Wirtschaft Gesamtdeutschlands über ihre Einschätzung der Geschäftslage und ihre Erwartungen für die kommenden sechs Monate. Die Antworten werden dann nach Bedeutung der Branchen gewichtet und aggregiert; das geometrische Mittel bezieht sich auf das Basisjahr 1991.

Als Insidertipp für die Frühindikatoren über die hiesigen Konjunkturaussichten gilt auch der ZEW-Index des Zentrums für europäische Wirtschaftsforschung (ZEW)[61]. Die Forscher werten Meinungen und Einschätzungen von rund 400 Analysten aus. Empirische Untersuchungen haben gezeigt, dass die Prognosequalität des ZEW-Index besser ist, als die des Münchener Ifo-Geschäftsklimaindex. Auch der zeitliche Vor-

[61] Der ZEW-Index wird auf der Internetseite www.zew.de veröffentlicht.

lauf dieser Prognose soll um einen Monat vorauseilen. Erklärt wird dies mit der anderen Sichtweise von Analysten, die mehr in übergreifenden Zusammenhängen denken als die beim Ifo-Geschäftsklimaindex befragten Unternehmer, die eher ihre eigene Firma im Blick haben dürften. Sprichwörtlich ausgedrückt »*die Unternehmer sehen nur den Baum (ihre Firma) und die Analysten sehen den Wald (die gesamte Wirtschaft)*«.

Über die wirtschaftliche Zukunft Deutschlands geben auch Umfragen wie die Herbstumfrage des Deutschen Industrie- und Handelskammertages (DIHK)[62] Auskunft. Mit der Auswertung »Wirtschaftslage und Erwartungen 2004« präsentiert der DIHK beispielsweise die Ergebnisse einer Konjunkturumfrage der 82 Industrie- und Handelskammern (IHK) in Deutschland. Die IHKs befragen dabei jeweils eine repräsentative Auswahl von Mitgliedsunternehmen.

Zudem veröffentlicht das Statistische Bundesamt[63] auf seiner Website Daten zum Auftragseingang, sowie zur Umsatz- und Preisentwicklung. Die Veränderungen bei den Auftragseingängen liefern zusätzlich auch branchenspezifische Kennzahlen. Höhere Auftragseingänge geben für die Konjunktur und die Börse positive Signale, niedrigere dagegen negative.

Da für die deutsche Wirtschaft die US-Volkswirtschaft besonders wichtig ist, sollte man sich auch deren Entwicklung ansehen. Für die Entwicklung der US-Volkswirtschaft wird häufig der Einkaufsmanager-Index der „National Association of Purchasing Management (NAPM)"[64] herangezogen. Die Einschätzungen der Chefeinkäufer der 350 wichtigsten US-Industriefirmen werden monatlich erhoben und konnten in den vergangenen 40 Jahren eine hohe Trefferquote vorweisen. Immerhin kündigte der NAPM-Index den Beginn von elf konjunkturellen Auf- und elf Abschwüngen im Durchschnitt sechs Monate im Voraus an.

Die Einführung einer gemeinsamen Geldpolitik in der Eurozone erhöht außerdem die Bedeutung von konjunkturellen Frühindikatoren. Daten zum monetären Umfeld, zu den aktuellen Inflationsraten und zu den Leitzinsen (zum Beispiel Euribor) findet man auf den Internetseiten der Europäischen Zentralbank[65]. Die Zinsentwicklung ist einer der entscheidenden Indikatoren für die Börse und sollte daher regelmäßig beo-

---

[62] Die Umfragen des DIHK's findet man auf der Internet Seite www.dihk.de.

[63] Die Internetseite des Statistischen Bundesamtes lautet www.destatis.de.

[64] Den NAPM-Index findet man auf der Internetseite www.napm.org/NAPMReport/PMIndex.cfm.

[65] Die Adresse der Internetseite der Europäischen Zentralbank ist www.ecb.de.

bachtet werden. Es gilt die einfache Regel: Wenn die Zinsen sinken, steigen die Aktienkurse und umgekehrt. Denn sinken die Zinsen, macht das die Dividendenrendite von Aktien attraktiver als die Rendite von Anleihen. Besonders negativ auf steigende Zinsen reagieren Titel aus der Finanzdienstleistungsbranche, da sich dann zum Beispiel Hypothekenkredite verteuern, was Kunden abschreckt.

Zur Information über die Konjunkturlage sind auch die Monatsberichte der Deutschen Bundesbank besonders zu empfehlen. Sie können im Internet angesehen werden oder kostenlos bei der Deutschen Bundesbank[66] bezogen werden. Die Monatsberichte geben einen guten Überblick über die konjunkturelle Entwicklung einzelner Branchen und der gesamten deutschen Volkswirtschaft.

Sie sollten diese Frühindikatoren ernst nehmen, weil sie frühzeitig den Abschwung der Wirtschaft im Jahr 2000 vorhergesehen haben und somit den Abschwung der Börsen. Wer Indikatoren, Indices, Kennziffern und Fundamentaldaten aufmerksam studiert, kann sich auch ohne wirtschaftswissenschaftliches Fachstudium ein Bild von der Lage machen. Wie kann der Anleger die Frühindikatoren am besten nutzen?

Zunächst einmal sei davor gewarnt, sich nur auf einen einzigen Frühindikator zu verlassen. Nur in ihrer Gesamtheit ergeben die Frühindikatoren ein einigermaßen zuverlässiges Bild der zu erwartenden konjunkturellen Entwicklung. Kommt der Anleger so zu einem eigenen Urteil über die gesamtwirtschaftliche Entwicklung, kann er dies für seine Anlagepolitik nutzen.

Vor allem Aktienanleger müssen den Zusammenhang zwischen Kursentwicklung und Konjunktur berücksichtigen, weil die Börse der wirtschaftlichen Entwicklung vorauseilt. Demgemäß kann der Aktienanleger seine Aktienengagements in der Hochkonjunktur abbauen, bevor die ersten Anzeichen der Krise auftreten. Dieses Vorgehen sollte dem Anleger relativ leicht fallen, da die Kurse zu diesem Zeitpunkt nach aller Erfahrung nahe dem Höhepunkt sind. Aber viel wichtiger und vor allem lohnender kann der rechtzeitige Aufbau neuer Aktienbestände im Tiefpunkt der Konjunktur sein.

Der informierte und mutige Anleger kauft schon Aktien, wenn die ersten Frühindikatoren auf einen Aufschwung hindeuten, weil sie dann nahe ihrem Tiefpunkt sind. Nur

---

[66] Adresse: Deutsche Bundesbank, Postfach 10 06 02, 60006 Frankfurt am Main; Internet: www.bundesbank.de

so ist der Anleger in der Lage, bei einem sich abzeichnenden Kursaufschwung von Anfang an dabei zu sein.

Die Beobachtung der konjunkturellen Entwicklung ist vor allem für das Timing der Aktienanlage interessant. Wer größere Summen in Aktien investieren möchte, sollte sich gut überlegen, ob er dies sofort tun sollte oder ob er lieber abwartet.

Aber auch Anleger, die ihre Depotbestände nicht nach dem Konjunkturzyklus auf- bzw. abbauen, profitieren von dem Wissen über den Zusammenhang zwischen Konjunktur und Börsenkurse. So erkennt der Anleger, dass auf jeden Rückgang der Kurse wieder ein Anstieg folgt und braucht deswegen nicht bei jeder Baisse nervös zu werden. Schließlich gelten die langjährigen Renditechancen für breit gestreute Aktienanlagen auch über die mageren Börsenjahre hinweg. Darum gilt: Wer sich mit der Durchschnittsrendite der Aktienanlage von ca. 8 % zufrieden gibt und einen langen Anlagehorizont hat, kann die Konjunkturzyklen mit Gelassenheit aussitzen.

Letztlich ist Timing riskant und entlohnt die Risiken nur unzureichend. Wer beispielsweise in den letzten 30 Jahren im besten Monat nicht in den DAX investiert hatte, verminderte dadurch seine Rendite um 0,57 % p.a., das Auslassen der besten sechs Monate kostete über die letzten 30 Jahre hinweg über 3 % p.a..

11.2.2 Zinsen

Der Ökonom Karl Garbe stellte fest: »*Am Zinsfuß zeigt sich die Achillesferse der Konjunktur.*« Darum müssen wir uns nun detailliert mit den Zinsen beschäftigen.

Ökonomisch gesehen sind Zinsen nichts anderes als der Preis für die zeitweilige Überlassung von Geld an jemand anderen. Wie jeder Preis in der Marktwirtschaft ergibt sich der Zins aus Kapitalangebot und Kapitalnachfrage. Allerdings ist weder die Nachfrage noch das Angebot von Kapital leicht vorhersehbar, weil viele Einflussgrößen berücksichtigt werden müssen.

Das Angebot an Kapital resultiert primär aus den Ersparnissen der privaten Haushalte, der Unternehmen oder der öffentlichen Haushalte. Die Ersparnisse der Unternehmen sind nicht entnommene Gewinne, die in den Kapitalmarkt investiert werden. Die Ersparnisse der Unternehmen unterliegen sehr starken Schwankungen, weshalb eine Prognose schwierig ist. Die Ersparnisse der öffentlichen Hand sind angesichts permanenter Budgetdefizite nur noch von theoretischer Bedeutung.

Dagegen hängt die Nachfrage nach Kapital von der Neigung aller am Wirtschaftsleben Beteiligen ab, sich zu verschulden. Bei den Unternehmen wird die Nachfrage nach Fremdkapital durch die Rentabilität der damit zu finanzierenden Investition bestimmt – nur wenn die Investition mehr Ertrag bringt als sie kostet, wird sie getätigt.

Bei privaten Haushalten unterscheidet man zwischen Krediten für den Bau oder Erwerb von Häusern und den Konsumentenkrediten. Dabei sind die Kredite für den Hausbau bzw. -erwerb stark zinsabhängig.

Ein sehr bedeutender Kreditnehmer ist der Staat. Die Kreditaufnahme des Staates ist weitgehend unempfindlich gegenüber der Höhe der Zinsen. Insgesamt sind weder das Kapitalangebot noch die Kapitalnachfrage zuverlässig prognostizierbar.

Kann die Entwicklung der Zinsen vorhergesagt werden? Das ist möglich. Der einfachste Weg ist der Vergleich der aktuellen Umlaufrendite mit den langfristigen Durchschnittszinsen von ca. 7 %. Liegt der aktuelle Marktzins bzw. die Umlaufrendite unter diesem Satz, ist mittelfristig ein Wideranstieg zu erwarten. Liegt dagegen die aktuelle Umlaufrendite über den langfristigen Durchschnittszinsen, ist über kurz oder lang mit einem Zinsrückgang zu rechnen.

Eine anspruchsvolle Methode zur Prognose der Zinsentwicklung ist die Analyse der Zinsstrukturkurve. Eine solche Kurve gibt die Höhe der Zinsen wieder, die der Anleger für den Erwerb von Anleihen mit unterschiedlicher Restlaufzeit bekommt. Die Form und der Verlauf der Zinsstrukturkurve gibt die Meinung aller Marktteilnehmer zur zukünftigen Entwicklung der Rendite wieder. Von einer normalen Zinsstrukturkurve spricht man, wenn gilt, dass die Renditen immer höher werden, je länger die Restlaufzeit einer Anleihe wird. Liegt dagegen die Rendite von Anleihen über das gesamte Laufzeitspektrum hinweg ungefähr auf der gleichen Höhe, so spricht man von einer flachen Zinsstrukturkurve. Von einer inversen Zinsstrukturkurve spricht man, wenn die Zinsen umso höher sind, je kürzer die Restlaufzeiten sind.

Mithilfe der Zinsstrukturkurve lässt sich die erwartete Rendite für künftige Perioden gut abschätzen. Dazu geht man von folgender Überlegung aus: Wer einen bestimmten Betrag für die Dauer von zwei Jahren anlegen möchte, hat die Wahl zwischen dem Kauf einer Anleihe mit zweijähriger Restlaufzeit und dem Kauf einer Anleihe mit einer einjährigen Restlaufzeit, deren Tilgungsbetrag dann nochmals für ein Jahr angelegt wird. Im Normalfall müssten beide Wege zur selben Rendite führen. Dies wird als Marktgleichgewicht bezeichnet. Daher lässt sich aus der Differenz zwischen der Rendite einer einjährigen und einer zweijährigen Anleihe die Rendite ermitteln, die eine einjährige Anleihe voraussichtlich im folgenden Jahr erzielen würde.

Bei einer flachen Zinsstrukturkurve ist die Rendite für eine einjährige wie auch für eine zweijährige Anleihe gleich. Etwas komplizierter wird es bei der normalen Zinsstrukturkurve. Hier müssen wir auf Erkenntnisse der Renditeberechnung von Anleihen (siehe Seite 29 ff.) zurückgreifen. Wir nehmen an, dass eine zweijährige Anleihe mit einem Nennwert von 100 Euro bei einem Zinssatz von 5 % 5 Euro Zinsen p.a. erbringt. Werden diese Zinsen wieder angelegt so erhält der Investor nach zwei Jahren einschließlich der Zinseszinsen 110,25 Euro zurückgezahlt. Hätte der Anleger statt der zweijährigen Anleihe eine einjährige Anleihe mit einem Zinssatz zu 4 % gekauft, so betrüge sein Kapital nach einem Jahr 104 Euro. Um auf den gleichen Endwert der zweijährigen Anleihe zu kommen, muss die Wiederanlage nach einem Jahr zu einem höheren Zinssatz erfolgen.

$$\frac{110{,}25 \text{ Euro} - 104 \text{ Euro}}{104 \text{ Euro}} = 0{,}0601 = 6{,}01 \text{ Prozent}$$

Das bedeutet, dass bei einer normalen Zinsstrukturkurve von 4 % für eine einjährige und 5 % für eine zweijährige Anleihe die Marktteilnehmer eine Rendite von 6 % für eine einjährige Anleihe im nächsten Jahr erwarten, also einen Anstieg der Marktzinsen.

Bei einer inversen Zinsstrukturkurve mit einem Zinssatz von 7 % für eine einjährige und 5,5 % für eine zweijährige Anleihe erfolgt die Rechnung ebenso wie bei der normalen Zinsstrukturkurve. So werden für eine zweijährige Anleihe (Nennwert 100 Euro) am Ende der Laufzeit 100 Euro · 1,055 · 1,055 = 111,30 Euro zurückgezahlt. Dagegen ermöglicht die einjährige Anleihe (Zinssatz 7 %) die Wiederanlage von 107 Euro. Um ebenfalls einen Endwert, von 111,30 Euro zu bekommen, muss die Rendite der zweiten einjährigen Anleihe geringer werden.

$$\frac{111{,}30 \text{ Euro} - 107 \text{ Euro}}{107 \text{ Euro}} = 0{,}0402 = 4{,}02 \text{ Prozent}$$

Das bedeutet, dass bei der inversen Zinsstrukturkurve der Markt eine Rendite von 4,02 % für eine einjährige Anleihe im nächsten Jahr erwartet, d.h. einen Rückgang der Marktzinsen.

Mithilfe der beiden Verfahren hat der Anleger die Möglichkeit, die zukünftige Zinsentwicklung zumindest grob in seine Entscheidungen einfließen zu lassen. Berücksichtigt er auch noch die aktuelle konjunkturelle Lage, so kann er seine Depotstruktur recht gut ausrichten, er kann die Aufteilung seines Gesamtdepots zwischen Aktien und Anleihen optimieren. Genauso kann er die Anleihen nach ihrer Laufzeit optimieren.

„Gut, jetzt weiss ich über die gesamtwirtschaftlichen Einflussfaktoren Bescheid. Doch welche Aktien und Anleihen soll ich nun kaufen?“ fragte Clever.

„Schon vor mehreren Jahrzehnten sagte Fürstenberg: *»Der Aktionär ist nicht nur dumm, sondern auch frech. Erstens gibt er sein Geld in fremde Hände und zweitens verlangt er auch noch eine Dividende.«* Um nicht zu den »dummen« Aktionären zu gehören, sollten wir noch einen Zwischenschritt einlegen. Wir müssen nämlich zunächst festlegen, welches Gewicht die einzelnen Branchen am Aktiendepot einnehmen sollten und bei Anleihen die Laufzeiten festlegen. Aber bei Anleihen ist die Laufzeitenstruktur für einen Privatanleger weniger wichtig als die Branchenstruktur auf der Aktienseite. Demzufolge sollten wir uns nun auf die Branchenstruktur des Aktiendepots konzentrieren“, antwortete der Anlageberater.

Clever fragte nach: „Was bedeutet das nun konkret? Wie oft muss ich zwischen den Branchen wechseln, um erfolgreich mit Aktien zu sein?“

„Vorsicht“, entgegnete der Anlageberater. „Wenn wir die Branchenstruktur festgelegt haben, werden wir sie nur noch sehr behutsam verändern. Schließlich lohnt es sich für einen Privatanleger meistens nicht, in großem Umfang Aktien umzuschichten.“

Clever wandte ein: „Aber wenn sich die wirtschaftliche Lage einer Branche ändert, muss ich doch reagieren können. Sonst macht es doch keinen Sinn, sich mit den gesamtwirtschaftlichen Faktoren zu beschäftigen.“

Der Anlageberater antwortete: „Wir können die Branchengewichtung bei der Wiederanlage von Dividenden, Zinserträgen oder neuen Ersparnissen verändern. Hierdurch erhält man eine ausreichende Anpassung an die wirtschaftliche Lage der einzelnen Branchen.“

12. Branchenauswahl am Beispiel des Deutschen Aktienmarktes

Der deutsche Aktienmarkt bietet dem Anleger eine große Möglichkeit in verschiedene Branchen zu investieren.

Der Deutsche Aktienindex spiegelt dabei ziemlich gut den deutschen Aktienmarkt wieder. Immerhin repräsentiert der Deutsche Aktienindex über 70 % der Börsenumsätze der Aktien in Deutschland. Für den Anleger bilden der DAX und seine Branchenstruktur daher eine Orientierungshilfe zur Findung der Branchenstruktur seines

Depots. Das bedeutet aber nicht, dass sich der Anleger nur auf Aktien des Deutschen Aktienindex beschränken sollte.

12.1 Branchendiversifikation

Die Entdeckung von Branchenereignissen als einen erklärenden Faktor für die Bildung der Aktienkurse führte zu der wichtigen Konsequenz: Aktiendiversifikation heißt nicht Aktien aus unterschiedlichen Ländern kaufen, sondern Aktien aus unterschiedlichen Branchen. Wer beispielsweise sein Aktiendepot aus Pfizer (USA), Sanofi-Aventis (Frankreich) und Novartis (Schweiz) aufgebaut hat, ist vermutlich relativ schlecht diversifiziert, obwohl er Aktien aus verschiedenen Ländern gekauft hat, da er nur Aktien aus der Pharmaindustrie besitzt. Dagegen ist ein Anleger, der sein Portfolio mit Allianz (Versicherung), Volkswagen (Automobil), TUI (Touristik) und Deutsche Bank-Aktien (Bank) bestückt hat, besser diversifiziert, obwohl alle Unternehmen in einem Land beheimatet sind. Es hat sich aber gezeigt, dass eine Länderdiversifikation in der Regel automatisch zu einer Branchendiversifikation führt, weil die Industriestrukturen der Länder Schwerpunkte aufweisen.

Ein Anleger könnte nun versucht sein, in sein Aktiendepot alle Gesellschaften aller Branchen aus allen Ländern aufzunehmen. Das wäre durch den Kauf eines Investmentfonds tatsächlich möglich. Die Bedingung ist, dass der Investmentfonds weltweit diversifiziert. Trotzdem ziehen viele Investoren den Kauf von Einzeltiteln vor. Um sich dabei nicht zu verzetteln, sollte man sich an den Spruch von Paul Wilson erinnern: »*Wichtig ist die Kunst, Alternativen zu suchen, zu unterscheiden und bewusst zu wählen.*« Infolgedessen wird heute für Privatinvestoren das Ziehen einer geschichteten Stichprobe aus Aktien bzw. Ländern empfohlen (engl. Stratified sampling), um eine hinreichende Diversifikation zu erreichen.

Damit ist gemeint, dass der Anleger aus jeder Branche und aus jedem Land einen repräsentativen Titel auswählen sollte. Doch selbst diese Vereinfachung führt schon zu extrem großen Portfolios. So müsste man nach dieser Theorie schon bei 5 Ländern und 12 unterschiedlichen Branchen 60 Aktien erwerben, um aus jeder Branche und jedem Land eine Aktie zu haben.

Allerdings erlaubt es das Vermögen der meisten Anleger nur, zehn bis fünfzehn Aktien zu kaufen. Daher muss eine weitere Auswahl getroffen werden, wenn man am Verfahren der geschichteten Stichprobe festhalten möchte. Diesbezüglich hat sich durchgesetzt, in erster Linie Aktien aus verschiedenen Branchen zu kaufen und in zweiter Linie ausländische Werte zu berücksichtigen, da für einen Privatinvestor ausländische Aktien mit mehr oder anderen Risiken und Kosten verbunden sind als inländische Aktien. Solche Risiken sind beispielsweise das Währungsrisiko[67] oder Unsicherheiten im Hinblick auf die Wirtschaftsordnung und die Wirtschaftspolitik des ausländischen Staates.

Die Zusammensetzung des Aktiendepots erfolgt nun stufenweise. Im ersten Schritt werden inländische Aktien aus jenen Branchen ausgewählt, für die das Heimatland des Investors weltweite Anerkennung findet. Im nächsten Schritt werden jene Branchen, die noch nicht abgedeckt sind, durch Aktien ausländischer Gesellschaften bestückt. Für die Auswahl der ausländischen Titel hat sich für einen deutschen Anleger bewährt von Deutschland ausgehend zunächst nach Europa zu blicken, von dort in die USA, dann weiter nach Asien und Japan und schließlich in die Emerging Markets. Anschaulich kann man sich das Verfahren der geschichteten Stichprobe als eine Pyramide vorstellen.

Um das Verfahren der geschichteten Stichprobe noch näher zu beleuchten, sehen wir uns einen deutschen Anleger an, der sein Aktiendepot diversifizieren möchte.

1. Schicht – die Basis der Pyramide: Für einen deutschen Anleger repräsentiert der Deutsche Aktienindex die deutsche Wirtschaft. Nun kauft der Anleger sich jeweils eine Aktie der fünf größten Branchen im DAX. Das sind Automobil- (z.B. Daimler-Chrysler), Chemie- (wie BASF), Versicherungs- (z.B. Allianz) und Versorgerunternehmen (z.B. E.ON), sowie Banken (z.B. Deutsche Bank).
2. Schicht – Mittelkörper der Pyramide: Nun kauft der Anleger innerhalb der EU, Aktien von Gesellschaften aus Branchen, die noch nicht im seinen Portfolio vertreten sind: Energie (z.B. Royal Dutch), Distribution (z.B. Carrefour), Mode (z.B. H&M) und Nahrungsmittel (z.B. Danone).
3. Schicht – Pyramidenspitze: Nun blickt der Investor in einen anderen Währungsraum, z.B. den Dollarraum. Er wendet sich dabei zunächst den USA zu, dann Asien und Japan und schließlich den Emerging Markets. Dort erwirbt er Aktien von Gesellschaften, die er bei diesem hierarchischen Vorgehen noch nicht einbezogen hat. Außerdem sollte der Investor etwas über die Produkte der Unternehmen wissen. Dem Investor fehlen noch folgende Branchen: Kon-

[67] Risiko einer Anlage in einer ausländischen Währung, das durch mögliche Wechselkursveränderungen verursacht wird.

sum (z.B. Samsung Elektronik), Unterhaltung (z.B. Walt Disney), Technologie (z.B. IBM), Software (z.B. Microsoft) sowie Basis Industrien (z.B. General Electric).

So könnte man aus rund 14 Aktien ein gut diversifiziertes Aktiendepot erstellen. Heutzutage bieten die meisten Banken Branchenfonds und Zertifikate[68] aus Branchenindices an. Derartige Anlageprodukte sind interessante Alternativen zu den oben beschriebenen Verfahren.

12.2 Branchenrotation

Bei Umschichtungen innerhalb eines bestehenden Depots hat der private Anleger die dabei entstehenden Kosten, z.B. Kaufgebühren, zu berücksichtigen, denn er muss diese Kosten erst wieder verdienen, um einen Gewinn bzw. Anlageerfolg zu erzielen. Er sollte sich also gut überlegen, ob der Wechsel von Branche zu Branche sinnvoll für ihn ist. Dass einzelne Branchen dem Börsenzyklus vor- oder nacheilen, hängt von gesamtwirtschaftlichen Faktoren ab. Bei der nächsten Hausse oder Baisse kann ein anderes Ergebnis erzielt werden, als bei früheren Börsenzyklen. Deshalb gilt: Streuen auf verschiedene Branchen, statt Konzentration auf eine einzige Branche.

Insofern kann für einen Privatinvestor die Branchenrotation nicht die alleinige Anlagestrategie sein. Im Endeffekt trägt dieser Timingeffekt bei einer langen Anlagefrist von zehn und mehr Jahren kaum zum Gesamterfolg einer Aktienanlage bei. Denn schon eine alte Börsenweisheit sagt aus: »*Nur Lügner oder Glückspilze finden mehr als ein- oder zweimal im Leben die optimalen Ein- und Ausstiegszeitpunkte bei ihren Anlagen.*«

12.3 Zyklische und nichtzyklische Aktien

Eine andere Gruppenbildung der börsennotierten Aktiengesellschaften stellt die Differenzierung zwischen zyklischen und nichtzyklischen Aktien dar. Zyklische Aktien sind dadurch gekennzeichnet, dass sie im Konjunkturverlauf sehr stark schwankende Umsätze und Gewinne aufweisen. Dagegen weisen nichtzyklische Aktien relativ stetig verlaufende Unternehmensgewinne aus.

[68] Zertifikate sind Anlageprodukte, die einen Index 1:1 nachbilden.

Diese Unterschiede wirken sich auf den Aktienkurs aus. Zyklische Aktien haben in der Regel eine höhere Volatilität und auch ein höheres Beta als nichtzyklische Aktien. Allerdings stimmen die Branchengliederungen des Deutschen Aktienindex nicht hundertprozentig mit der Einteilung in zyklische oder nichtzyklische Aktien überein.

Zyklische und nichtzyklische Unternehmen zu unterscheiden ist nicht immer leicht. Unternehmen werden als zyklisch angesehen, wenn ihre Ertragsentwicklung bestimmten Zyklen unterliegt, weil zum Beispiel die Einstandspreise für Rohmaterial stark schwanken. Traditionell gehören die Stahl-, Chemie- und Rohstoffaktien zu den zyklischen Werten, da ihre Ertragslage stark von den schwankenden Preisen ihrer Produkte auf den Weltmärkten abhängen. Aber auch die Automobil- und Maschinenbauunternehmen werden als zyklisch angesehen, weil die Nachfrage nach Autos und Maschinen stark von der Konjunktur abhängt.

Als nichtzyklisch werden Unternehmen bezeichnet, deren Produkte nach Menge und Preisen eine konstante Nachfrage haben. Dies sind meistens Produkte, die von den Konsumenten als Gegenstände des täglichen Bedarfs gekauft werden. Dazu gehören Lebensmittel, Kosmetikprodukte und Haushaltswaren. Zu den nichtzyklischen Unternehmen werden auch die Versorger wie E.ON oder RWE gezählt.

Wenn ein Wirtschaftsaufschwung erwartet wird, kann es sinnvoll sein, in zyklische Aktien zu investieren. Sie profitieren durch höhere Verkaufspreise oder Verkaufsmengen bei unveränderter Fixkostenbelastung überproportional durch einen stark erhöhten Gewinn von einem Wirtschaftsaufschwung. Dagegen sollten nichtzyklische Aktien bei langsamer Wirtschaftsentwicklung gekauft werden.

Aber auch für zyklische und nichtzyklische Aktien gilt das Gleiche wie bei der Branchenrotation. Der Anleger muss vor einer Umschichtung seines Depots im Verlauf des Konjunkturzyklus bedenken, ob die Transaktionskosten durch die zusätzlichen zu erwartenden Kurssteigerungen gerechtfertig sind.

Was bringen die Überlegungen über die Branchenstruktur eines Aktiendepots für den Privatinvestor? Ob der Anleger sein Aktiendepot nach der Branchenstruktur eines Aktienindex zusammenstellt oder nach seiner persönlichen Einschätzung ist zwar bedeutsam, aber nicht ganz so wichtig, wie die grundsätzliche Entscheidung zur Streuung.

Clever resümierte: „Die Branchengewichtung eines Aktiendepots kann relativ einfach gehalten werden, wenn man die Aktien nicht allzu oft tauschen möchte. Man braucht nur die Branchenstruktur eines Aktienindex nachzubilden."

Der Anlageberater stimmte ihm zu: „Das ist sehr vernünftig. Nun kommt es darauf an, die richtigen Aktien auszuwählen."

Clever entgegnete: „Kann ich mein Depot nicht einfach nach den Gewichten der Aktien im jeweiligen Branchenindex zusammenstellen?"

„Falsch wäre das nicht, aber nicht nötig. Denken Sie dabei immer an den Spruch von Voltaire: »*Das Bessere ist der Feind des Guten.*« Besser ist es nämlich, sich auf einige Werte zu konzentrieren. Außerdem ist die Einordnung eines Unternehmens in einem Branchenindex kein Kriterium für ein solides Unternehmen. Das zeigen die Beispiele der insolventen Unternehmen Enron und Worldcom, die sich auf den vordersten Plätzen in den Branchenindices befanden."

Clever fragte erstaunt: „Vermindert sich durch die Konzentration auf wenige Werte nicht die Risikodiversifikation meines Depots? Und nach welchen Kriterien soll man denn Aktien auswählen, wenn die Indices keine zuverlässigen Qualitätsmerkmale für ein Unternehmen sind?"

„Zu Ihren Fragen möchte ich Folgendes anmerken. Die Aufnahme von immer mehr Aktien in ein Aktiendepot führt nicht zu einer besseren Risikodiversifikation. Schon Markowitz sagte »*ein gutes Portfolio ist mehr als eine lange Liste von Wertpapieren. Es ist eine ausbalancierte Einheit, die dem Investor gleichermaßen Chance und Absicherung unter einer Vielzahl von möglichen zukünftigen Entwicklungen bietet*«. Deswegen müssen wir also jedes Unternehmen analysieren, um zu einer Entscheidung zu kommen. Dabei stehen die Produkte und die finanzwirtschaftliche Situation eines Unternehmens im Mittelpunkt. Wir gehen den Dingen quasi auf den Grund."

13. Die fundamentale Aktienanalyse

Die These der Effizienz des Kapitalmarktes sagt aus, dass alle verfügbaren Informationen bereits in den Aktienkursen enthalten sind. Daher können Kursveränderungen nur durch neue, noch nicht bekannte Entwicklungen verursacht werden, die bei Bekannt werden unmittelbar und sofort zu einer Reaktion im Aktienkurs führen. Trifft das zu, so könnte sich ein Privatanleger durch diverse zufallsabhängige Auswahlmechanismen ein genauso gutes Depot zusammenstellen wie mit den ausgefeiltesten Methoden der Aktienanalyse. Wozu soll man sich nun überhaupt noch mit den Methoden der Aktienanalyse beschäftigen? Doch schon Goethe sagte: »*Das Gleiche lässt uns in Ruhe, aber der Widerspruch ist es, der uns produktiv macht.*«

Schließlich gilt, dass weder die Befürworter noch die Gegner dieser These einen überzeugenden Beweis für ihre jeweilige Auffassung vorbringen konnten. Als Konsequenz aus der These der Effizienz des Kapitalmarktes bleibt es dem Anleger überlassen, ob er sein Depot durch Zufallsmechanismen zusammenstellt oder die Methoden der Aktienanalyse anwenden möchte. Aber die Diversifikation darf der Anleger bei der Zusammenstellung eines Depots niemals außer acht lassen.

Damit der Anleger fundiert entscheiden kann, wie er sein Aktiendepot zusammenstellen möchte, werde ich in den nächsten beiden Kapiteln die Grundzüge der fundamentalen und technischen Aktienanalyse darstellen. Letztlich gilt die alte Börsenweisheit: »*Jede Investition birgt ein grundsätzliches Risiko. Die systematische Vermeidung von Fehlinvestitionen führt dabei zu einer dauerhaften Vermehrung von Kapital.*« Hierbei sollen Ihnen die nun vorgestellten Aktienanalysen helfen.

13.1 Grundidee der fundamentalen Aktienanalyse[69]

Mithilfe der fundamentalen Aktienanalyse versucht ein Investor sich aus dem ihm zugänglichen Informationen (meistens handelt es sich um den Geschäftsbericht des Unternehmens) ein Urteil über die wirtschaftliche Lage des Unternehmens und die zukünftigen Gewinnaussichten zu bilden. Nur so kann sich der Investor ein Bild über die Risiken, die er mit einer Investition in die Aktien des betreffenden Unternehmens eingeht, machen.

Das Ziel der fundamentalen Aktienanalyse ist es, »unterbewertete« Aktien zu finden. Dazu wird der innere Wert[70] eines Unternehmens berechnet. Liegt nun der innere Wert unterhalb des Aktienkurses, so ist das Unternehmen unterbewertet. Überdies ist dieses mit der Hoffnung verbunden, dass die Börse diese Unterbewertung früher oder später erkennt, und mit steigenden Kursen darauf reagiert.

---

[69] vgl. Götte, Rüdiger: Das 1 x 1 der fundamentalen Aktienanalyse. ibidem-Verlag, Stuttgart 2004.

[70] Der innere Wert eines Unternehmens ist definiert als die Summe des gegenwärtigen Gewinns und der Gegenwartswert der zukünftigen Gewinne.

Umgekehrt können überbewertete Aktien erkannt werden, wenn der Börsenkurs über dem inneren Wert der Aktie liegt. In diesem Fall ist mit einem Rückgang des Aktienkurses zu rechnen.

13.2 Geschäftsbericht

Die wichtigste Informationsquelle über ein Unternehmen ist der Geschäftsbericht. Er wird meistens jährlich publiziert und enthält den Jahresabschluss, also die Bilanz, die Gewinn-und-Verlust-Rechnung (GuV) und die Kapitalflussrechnung für das vorangegangene Geschäftsjahr. Ist das Unternehmen eine Obergesellschaft eines Konzerns, so werden die konsolidierte Bilanz und die Gewinn-und-Verlust-Rechnung des gesamten Konzerns veröffentlicht. Im Anhang werden dem Leser weitere Informationen bzw. Erläuterungen zum Geschäftsbericht gegeben, wie z.B. Abschreibungsmethoden. Zudem enthält der Geschäftsbericht einen Lagebericht, der den Aktionären aus Sicht des Vorstandes des Unternehmens die Entwicklung des vergangenen Geschäftsjahres und einen Ausblick für das zukünftige Geschäftsjahr gibt. Zusätzlich gibt es einen Bericht der Wirtschaftsprüfer, in dem mitgeteilt wird, ob das Rechnungswesen des Unternehmens den gesetzlichen Anforderungen entspricht und der Jahresabschluss ordnungsgemäß erstellt wurde.

Neben solchen Pflichtveröffentlichungen enthält der Geschäftsbericht im Regelfall weitere interessante Informationen, wie Aussagen über die Geschäftszweige, über Forschungsaufwendungen, Mitarbeiter usw.

Ich möchte an dieser Stelle nur die Bilanz, die Gewinn-und-Verlust-Rechnung (GuV) und die Kapitalflussrechnung näher besprechen, weil der Anleger mithilfe dieser drei Komponenten schon die wesentlichen Grundzüge der fundamentalen Aktienanalyse durchführen kann.

13.2.1 Bilanz

Eine Börsenweisheit sagt: *»Ein Unternehmen ohne aktuelle Zahlen, ist wie Blindflug im Nebel ohne Radar, oder wie ein Kapitän, der mit der Stange im Nebel stochert.«* Damit Sie nicht der Kapitän sind, der blind sein Schiff steuern muss, befassen wir uns nun mit der Bilanz eines Unternehmens.

Die Bilanz ist eine Aufstellung des Vermögens und der Verbindlichkeiten eines Unternehmens zu einem bestimmten Stichtag. Zudem wird die Bilanz eingeteilt in zwei

Teile, nämlich die Aktivseite der Bilanz in der alle Vermögensgegenstände aufgeführt werden und die Passivseite, die die Herkunft der Mittel, mit denen das Vermögen finanziert wurde, erklärt. Zur besseren zeitlichen Vergleichbarkeit werden die Bilanzen stets mit ihren Vorjahreswerten angegeben.

Zudem weist die Bilanz für ein Industrieunternehmen die in Abbildung 14 dargestellte Gliederung auf.

Abbildung 14: Bilanz der Bayer AG zum 31.12.2001

Aktiva	Anhang*	31.12.2001 [Mio. Euro]	31.12.2000 [Mio. Euro]
Anlagevermögen			
Immaterielle Vermögenswerte	18	5.014	4.843
Sachanlagen	19	13.543	13.345
Finanzanlagen	20	3.145	2.156
		21.702	**20.344**
Umlaufvermögen			
Vorräte	21	5.818	6.095
Forderungen und sonstige Vermögenswerte			
Forderungen aus Lieferung und Leistungen	22	5.415	6.244
Übrige Forderungen und sonstige Vermögenswerte	23	2.447	2.414
Flüssige Mittel	24		
Wertpapiere und Schuldscheine		52	213
Schecks, Kassenbestand, Guthaben und Kreditinstituten		719	491
		14.451	**15.457**
Latente Steuern	11	609	413
Rechnungsabgrenzungsposten	25	278	237
		37.039	**36.451**
Discontinuing Operations		1.049	2.000
Passiva			
Eigenkapital			
Gezeichnetes Kapital der Bayer AG		1.870	1.870
Kapitalrücklage der Bayer AG		2.942	2.942
Gewinnrücklage		9.841	9.047
Konzerngewinn		945	1.816
Unterschied aus Währungsumrechnung		759	465
Übriges Comprehensive Income		545	0
	26	**16.922**	**16.140**
Anteile anderer Gesellschafter	27	98	237
Fremdkapital			
Langfristiges Fremdkapital			
Langfristige Finanzschulden	30	3.071	2.803
Übrige langfristige Verbindlichkeiten	32	140	196
Pensionsrückstellungen und ähnliche Verpflichtungen	28	4.407	4.254
Andere langfristige Rückstellungen	29	1.288	1.208
Kurzfristiges Fremdkapital			
Kurzfristige Finanzschulden	30	4.309	3.862
Verbindlichkeiten aus Lieferungen und Leistungen	31	1.993	2.016
Übrige kurzfristige Verbindlichkeiten	32	1.832	2.274
Kurzfristige Rückstellungen	29	1.477	1.701
		18.517	**18.314**
Discontinuing Operations	35	307	821
Latente Steuern	11	1.238	1.595
Rechnungsabgrenzungsposten	34	264	165
		37.039	**36.451**

* Diese Spalte zeigt, wo sich im Anhang nähere Informationen zu den Bilanzpositionen befinden.

Die einzelnen Positionen der Bilanz sind:

- Anlagevermögen: Es umfasst alle Vermögensgegenstände und Rechte, die nach ihrem Verwendungszweck längerfristig dem Unternehmen zur Verfügung stehen. Ferner wird das Anlagevermögen unterteilt in:
  - Immaterielle Vermögensgegenstände (z.B. Patente, Lizenzen)
  - Sachanlagen (z.B. Gebäude, Maschinen) und
  - Finanzanlagen (dauerhaft zum Unternehmen gehörende Wertpapiere)
- Umlaufvermögen: Hierzu werden alle Gegenstände gezählt, die ihrem Verwendungszweck nach nur vorübergehend im Betrieb sind. Das sind:
  - Vorräte (hierzu zählen u.a. Roh-, Hilfs- und Betriebsstoffe)
  - Forderungen aus Lieferung und Leistung (Sie resultieren aus bereits getätigten Geschäften, bei denen aber noch keine Zahlung durch die Kunden erfolgt ist.)
  - Übrige Forderungen und sonstige Vermögenswerte (Hierzu zählen alle Kapitalrechte und verbriefte Gläubigeransprüche, die nicht zum Anlagevermögen zählen.)
  - Bilanzposition Schecks, Kassenbestand, Bundesbank- und Postgiroguthaben, Guthaben bei Banken (Dies sind die flüssigen Mittel des Unternehmens.)
- Latente Steuern: Dies sind Abgrenzungsposten für zukünftige Ertragssteuerzahlungen und Ertragssteuerverpflichtungen.
- Rechnungsabgrenzungsposten: Sie finden sich sowohl auf der Aktiv- als auch auf der Passivseite der Bilanz wieder.
  - Der aktive Rechnungsabgrenzungsposten entsteht, wenn das Unternehmen bereits vor dem Bilanzstichtag Zahlungen leistet, aber erst nach dem Bilanzstichtag die damit erkaufte Leistung in Anspruch genommen wird, wie z.B. Versicherungsprämien oder Mieten.
  - Der passive Rechnungsabgrenzungsposten entsteht, wenn das Unternehmen Leistungen in Anspruch nimmt, dessen Bezahlung aber erst im nächsten Geschäftsjahr erfolgt.
- Discontinuing Operations: Genauso wie die Rechnungsabgrenzungsposten findet man die Discontinuing Operations auf der Aktiv- und der Passivseite der Bilanz wieder:

- Aktiver Discontinuing Operations: Hier wird das Vermögen von Unternehmensteilen aufgeführt, die verkauft wurden bzw. verkauft werden sollen – für Unternehmensteile die verkauft wurden allerdings nur bis zum Verkaufsdatum. Beispielsweise würde für die Bayer AG unter diesen Punkt das Vermögen der zum Verkauf stehenden Geschäftsbereiche Haarmann & Reimer, Fasern und EC Erdölchemie auftauchen.
- Passiver Discontinuing Operations: Unter diesen Punkt werden die Schulden von Unternehmensteilen aufgeführt, die verkauft wurden bzw. verkauft werden sollen – für Unternehmensteile die verkauft wurden allerdings nur bis zum Verkaufsdatum. Für die Bayer AG tauchen unter diesem Punkt die Schulden der zum Verkauf anstehenden Geschäftsbereiche Haarmann & Reimer, Fasern und EC Erdölchemie auf.

- Eigenkapital:
  - Der Posten gezeichnetes Kapital enthält die von den Aktionären des Unternehmens auf die Aktien eingezahlten Beträge.
  - Die Kapitalrücklage ergibt sich im Wesentlichen aus Mehrbeträgen, die dem Unternehmen bei der Ausgabe von Aktien bzw. Anleihen, Wandelschuldverschreibungen[71] oder Vorzugsaktien von außen zugeführt werden. Diese Mehrbeträge resultieren daraus, dass beispielsweise der Preis der ausgegebenen Aktien über dem Nennwert der Aktien liegt. Die Differenz zwischen dem Preis der ausgegebenen Aktien und dem Nennwert ist dann der Mehrbetrag und geht in die Kapitalrücklagen ein. Beispielsweise gibt eine Aktiengesellschaft neue Aktien mit einem Nennwert von 10 Euro zu einem Preis von 20 Euro aus. Der Mehrbetrag, der in die Kapitalrücklage fließt, wäre dann 10 Euro.
  - Als Gewinnrücklage dürfen nur Beträge ausgewiesen werden, die im Geschäftsjahr oder in früheren Geschäftsjahren als Gewinn erwirtschaftet wurden.

[71] Wandelschuldverschreibungen gewähren ihren Besitzer neben Zinsen und Rückzahlung des Nennbetrages ein zusätzliches Umtausch- oder Bezugsrecht in Aktien des Unternehmens.

- Das übrige Comprehensive Income[72] [73] enthält im Wesentlichen unrealisierte Gewinne und Verluste aus Wertpapieren und aus der Währungsumrechnung. Diese unrealisierten Gewinne und Verluste werden nicht im laufenden Ergebnis berücksichtigt.
- Der Unterschied aus der Währungsrechnung (realisierte) ergibt sich, wenn ein Unternehmen in mehreren Ländern aktiv ist.

▪ Anteile andere Gesellschafter:
  - Dieser Posten umfasst die Anteile Dritter am Eigenkapital von Tochterunternehmen, die nicht zu 100 % direkt oder indirekt dem Unternehmen gehören.

▪ Fremdkapital:
  - Unter dem langfristigen Fremdkapital werden alle Verbindlichkeiten verstanden, die eine Restlaufzeit von mehr als 5 Jahren haben.
  - Die „übrigen langfristigen Verbindlichkeiten" resultieren beispielsweise aus Garantieansprüchen von Kunden oder Kundenprovisionen. Wenn Sie hingegen den Charakter von kurzfristigen Verbindlichkeiten haben, werden sie unter dem Punkt „übrige kurzfristige Verbindlichkeiten" eingeordnet.
  - Die Rückstellungen für Pensionen und ähnliche Verpflichtungen ergeben sich daraus, dass viele Unternehmen für ihre Mitarbeiter für die Zeit nach der Pensionierung Betriebsrenten zahlen.
  - Die „anderen langfristigen Rückstellungen" werden zum Beispiel gebildet für laufende oder wahrscheinliche Rechtsstreitigkeiten, wenn diese angemessen abgeschätzt werden können, aber auch für Rabattverpflichtungen gegenüber Kunden. Diese Rückstellungen werden also für Ereignisse gebildet, die aus dem laufenden Geschäftsbetrieb erfolgen, aber erst in Zukunft wirksam werden. Falls die Rückstellungen für Ereignisse getroffen werden, die kurzfristiger Natur sind, werden sie unter dem Punkt „übrige kurzfristige Verbindlichkeiten" eingeordnet.

---

[72] Alternative Bezeichnungen: Other Comprehensive Income oder Übriger umfassender Periodenerfolg.

[73] Häufig wird im Zusammenhang mit dem Eigenkapital auch über den Comprehensive Income berichtet. Es beschreibt die Veränderung des Eigenkapitals ohne Transaktionen mit den Aktionären (z.B. Dividendenauszahlungen). Es besteht primär aus dem Jahresabschluss und den übrigen Comprehensive Income.

- Unter kurzfristigem Fremdkapital versteht man sämtliche Verbindlichkeiten mit weniger als 5 Jahren Restlaufzeit.
- Die „Verbindlichkeiten aus Lieferungen und Leistungen" resultieren aus noch nicht bezahlten Rechnungen von Lieferanten.

13.2.2 Gewinn-und-Verlust-Rechnung

Die Gewinn-und-Verlust-Rechnung kann man näherungsweise mit einem Haushaltsbuch vergleichen. Genauso wie in einem Haushaltsbuch wird bei der Gewinn-und-Verlust-Rechnung versucht, die Ausgaben und die Einnahmen eines Unternehmens mehr oder weniger übersichtlich darzustellen, mit dem Ziel der Ermittlung des Jahresergebnisses und die Darstellung seiner Komponenten in Form von Erträgen und Aufwendungen. Die Gewinn-und-Verlust-Rechnung zeigt also, wie das Jahresergebnis erreicht wurde. Um die Gewinn-und-Verlust-Rechnung möglichst übersichtlich zu machen, werden die Aufwendungen und Erträge nach betrieblichen, finanzwirtschaftlichen und außerordentlichen Posten gegliedert.

International weit verbreitet ist das Umsatzkostenverfahren. Bei diesem Verfahren werden nur die durch den Umsatz bedingten betrieblichen Aufwendungen aufgezeigt. Daneben werden die Erträge und Aufwendungen für Eigenleistungen gegeneinander saldiert und nicht ausgewiesen.

Abbildung 15: Gewinn/Verlust-Rechnung der Bayer AG

	Anhang*	2001 [Mio. Euro]	2000 [Mio. Euro]
Umsatzerlöse	1	30.275	30.971
Discontinuing Operations	6	1.337	2.356
Continuing Operations		28.938	28.615
Kosten der umgesetzten Leistungen		16.542	15.077
Bruttoergebnis vom Umsatz		**12.396**	**13.538**
Vertriebskosten	2	6.980	6.637
Forschungs- und Entwicklungskosten	3	2.488	2.319
Allgemeine Verwaltungskosten		988	885
Sonstige betriebliche Aufwendungen	5	1.178	1.058
Sonstige betriebliche Erträge	4	480	425
Operatives Ergebnis Continuing Operations		**1.242**	**3.064**
Discontinuing Operations	6	368	233
Operatives Ergebnis	7	**1.611**	**3.287**
Beteiligungsergebnis	8	54	283
Zinsergebnis	9	- 349	- 311
Übrige finanzielle Aufwendungen und Erträge	10	- 201	- 269
Finanzergebnis		- 496	- 297
Gewinn vor Ertragssteuern		1.115	2.990
Ertragssteuern		154	1.148
Jahresüberschuss		961	1.842
Andere Gesellschaftern zustehender Gewinn	13	- 4	26
Konzerngewinn		**965**	**1.816**
Ergebnis je Aktie	14	1,32	2,49

* Diese Spalte zeigt, wo sich im Anhang nähere Informationen zu den Bilanzpositionen befinden.

Der Börsenguru André Kostolany sagte einmal: »*Man soll nicht alles wissen, man muss nur alles verstehen.*« Darum werde ich Ihnen nun nicht die einzelnen Komponenten der Gewinn-und-Verlust-Rechnung erläutern, sondern deren Entstehung.

Die Umsatzerlöse werden normalerweise zum Zeitpunkt der Auslieferung des Produktes an den Kunden bzw. der Leistungserbringung realisiert. Um zu den »Umsatzerlösen im fortzuführenden Geschäft« (Continuing Operations) zu kommen, zieht man von den Umsatzerlösen einfach die Discontinuing Operations[74] ab. Von den

---

[74] Dieses sind Umsatzerlöse, welche von den zum Verkauf stehenden Unternehmensteilen stammen. Für die Bayer AG sind dies die Umsatzerlöse von Haarmann & Reimer, Fasern und EC Erdölchemie.

Continuing Operations zieht man die Kosten der umgesetzten Leistungen, wie z.B. Personalkosten oder Materialkosten, ab und erhält das »Bruttoergebnis vom Umsatz«. Um von dem Bruttoergebnis zum »Operativem Ergebnis Continuing Operations« zu kommen, subtrahiert man zunächst vom »Bruttoergebnis vom Umsatz« die Vertriebskosten, die Forschungs- und Entwicklungskosten, sonstige betriebliche Aufwendungen sowie die allgemeinen Verwaltungskosten. Wie der Name schon sagt, enthalten die Vertriebskosten alle Aufwendungen, die zum Vertrieb der Produkte notwendig sind, wie zum Beispiel Versandkosten, Werbeausgaben oder Verkaufsförderungskosten. Dagegen werden sämtliche Aufwendungen, die im Rahmen von Forschung und Entwicklung anfallen, zu den Forschungs- und Entwicklungskosten gezählt. Das sind beispielsweise Kosten für Patente. Unter den allgemeinen Verwaltungskosten fasst man in der Regel alle Verwaltungskosten zusammen die nicht einem anderen Bereich zugeordnet werden können, wie die Kosten für die Konzernverwaltung. In den sonstigen betrieblichen Aufwendungen sind beispielsweise Abschreibungen[75] auf Forderungen (Kredite an Kunden) und Firmenwerte enthalten. Zusätzlich werden in diesem Posten Kosten für Restrukturierungsmaßnahmen oder Strukturmaßnahmen aufgeführt.

Um nun zum »Operativen Ergebnis Continuing Operations« zu kommen, braucht man nur noch die »sonstigen betrieblichen Erträge« zu dem »Bruttoergebnis vom Umsatz« zu addieren. Die »sonstigen betrieblichen Erträge« ergeben sich beispielsweise aus dem Verkauf von Gegenständen aus dem Anlagevermögen, also z.B. Maschinen.

Durch die Addition des »Operativen Ergebnisses Continuing Operations« und der »Discontinuing Operations« erhält man das »Operative Ergebnis«. Die Discontinuing Operations enthalten die Gewinne bzw. Verluste aus den Geschäftsteilen, die verkauft werden sollen bzw. verkauft wurden, allerdings bei Geschäftsteilen die verkauft wurden nur bis zum Verkaufsdatum. Für die Bayer AG ist das die Haarmann & Reimer, Fasern und EC Erdölchemie.

Das Finanzergebnis ergibt sich aus der Addition des Beteiligungsergebnisses, Zinsergebnisses und »Übrige finanzielle Aufwendungen und Erträge«. Im Beteiligungsergebnis werden die Erträge bzw. Verluste aus den Beteiligungen an Tochterunterneh-

[75] Mit Abschreibungen ist gemeint, dass ein Gegenstand durch die Nutzung kontinuierlich an Wert verliert, z.B. eine Maschine.

men zusammengefasst. Dagegen ergibt sich das Zinsergebnis aus der Differenz zwischen den Ausleihen sowie den Erträgen aus den Wertpapieren des Finanzanlagevermögens und den Zinsen, die das Unternehmen auf seine laufenden Kredite bzw. Unternehmensanleihen zahlen muss. In »Übrige finanzielle Aufwendungen und Erträge« werden alle Erträge bzw. Verluste aufgeführt, die nicht den beiden anderen Bereichen zugeordnet werden können, wie beispielsweise Gewinne aus der Veräußerung von Wertpapieren des Umlaufvermögens.

Durch Subtraktion des Finanzergebnisses vom »Operativen Ergebnis« kommt man zum Gewinn vor Ertragssteuern. Um zum Jahresüberschuss bzw. -verlust zu kommen, werden einfach vom »Gewinn vor Ertragssteuern« die Ertragsteuern abgezogen. Unter Ertragssteuern versteht man die gezahlten oder geschuldeten Steuern auf Einkommen und Ertrag sowie die latenten Steuerabgrenzungen.

Um letztlich zum Konzernergebnis zu kommen, wird vom Jahresüberschuss einfach nur noch die Position »Andere Gesellschaftern zustehender Gewinn« abgezogen. Unter diesem Punkt wird berücksichtigt, dass nicht alle Tochtergesellschaften zu 100 % zum Bayer Konzern gehören. Daher steht natürlich den anderen Gesellschaftern der Tochtergesellschaften auch ein Anteil am Gewinn oder Verlust der entsprechenden Tochtergesellschaft zu.

Das Ergebnis je Aktie ergibt sich aus der Division des Konzerngewinnes durch die durchschnittliche Zahl der Aktien (Anzahl der ausgegebenen Aktien 730.341.920).

13.2.3 Kapitalflussrechnung

Schon Aristoteles sagte: »*Eine Sache, welche vielen gehört, wird schlechter verwaltet als eine Sache, die einem Einzelnen gehört.*« Darum ist es wichtig einen Blick auf das Finanzgebaren eines Unternehmens zu werfen.

Das Finanzgebaren in einem Unternehmen ist dabei ein fortlaufender Prozess, welcher aus den beiden gegenläufigen Stromgrößen Einnahmen und Ausgaben gespeist wird. Insofern soll die Kapitalflussrechnung die Veränderung bzw. die Herkunft und die Verwendung liquider Mittel zwischen zwei Abschlussstichtagen transparent machen.

Ein Vorteil der Kapitalflussrechnung ist, dass neben der Ermittlung der selbst erwirtschafteten Finanzmittel auch die Aufnahme externer Mittel (wie Kredite) und zugleich deren Verwendung aufgezeigt werden. Daher gibt die Kapitalflussrechnung ein umfassendes Bild über die Finanzierungsmittel bzw. -weg eines Unternehmens.

Kurz gesagt: Die Kapitalflussrechnung dient als Dokumentation über die Investitions- und Finanzierungsvorgänge und den daraus resultierenden Finanzbedarf sowie dessen Deckung und die Beeinflussung der Liquidität durch diese Vorgänge.

Da die Erstellung der Kapitalflussrechnung relativ kompliziert ist, möchte ich das nicht theoretisch erläutern, sondern direkt am Fallbeispiel der Bayer AG, welche in Abbildung 16 (siehe Seite 156) dargestellt ist.

Aus der Kapitalflussrechnung der Bayer AG ist ersichtlich, dass sie aus einer Vielzahl von Einzelpositionen besteht. Viele dieser Positionen ergeben sich durch Subtraktion der aktuellen Werte von ihren Vorjahreswerten aus der Bilanz, wie beispielsweise bei der Position Zu-/Abnahme der Vorräte. Die anderen Positionen ergeben sich aus dem Anhang des Geschäftsberichtes und werden dort direkt angegeben. Ich möchte an dieser Stelle nicht die einzelnen Positionen der Kapitalflussrechnung erläutern, da das doch relativ ermüdend für Sie als Leser ist und auch keinen wirklichen Nutzen bringt. Vielmehr möchte ich Ihre Aufmerksamkeit auf die wichtigen Punkte der Kapitalflussrechnung lenken.

Abbildung 16: Kapitalflussrechnung der Bayer AG

	Anhang*	2001 [Mio. Euro]	2000 [Mio. Euro]
Operatives Ergebnis		1.611	3.287
Ausgaben Ertragssteuern		- 637	- 873
Abschreibungen Anlagevermögen		2.516	2.139
Veränderung langfristiger Rückstellungen		- 193	- 316
Gewinne aus Abgang von Anlagevermögen		- 374	- 73
Brutto-Cashflow		**2.913**	**4.164**
Ab-/Zunahme Vorräte		146	- 750
Ab-/Zunahme Forderungen aus Lieferung und Leistungen		638	- 548
Zunahme Verbindlichkeiten aus Lieferung und Leistungen		73	351
Veränderung übriges Nettoumlaufvermögen		79	- 126
Mittelfluss laufende Geschäftstätigkeit	**39**	**3.859**	**3.091**
Davon Discontinuing Operations	42	159	302
Ausgaben für Sachanlagen		- 2.617	- 2.647
Einnahmen aus dem Verkauf von Sachanlagen		512	322
Einnahmen aus Finanzanlagen		109	- 45
Ausgaben für Beteiligungserwerbe		- 502	- 4.125
Zins- und Dividendeneinnahmen		138	191
Einnahmen aus Wertpapieren		219	115
Mittelfluss Investitionstätigkeit	**40**	**- 2.132**	**- 6.189**
Davon Discontinuing Operations	42	295	- 298
Kapitaleinzahlungen		0	2
Dividende der Bayer AG und an Fremde		- 1.028	- 953
Kreditaufnahme		2.514	3.952
Schuldentilgung		- 2.551	- 1.893
Zinsausgaben nach Steuern		- 484	- 336
Mittelfluss Finanzierungstätigkeit	**41**	**- 1.549**	**772**
Davon Discontinuing Operations	42	36	11
Mittelfluss laufende Geschäftstätigkeit	39	3.859	3.091
Mittelfluss Investitionstätigkeit	40	- 2.132	- 6.189
Mittelfluss Finanzierungstätigkeit	41	- 1.549	772
Veränderung Zahlungsmittel aus Geschäftstätigkeit		**179**	**- 2.326**
Zahlungsmittel (liquide Mittel) am 01.01. des Geschäftsjahres		**491**	**2.812**
Veränderung Zahlungsmittel aus Konzernkreisänderungen		42	- 3
Veränderungen Zahlungsmittel durch Wechselkursänderungen		8	8
Veränderung Zahlungsmittel aus Geschäftstätigkeit		179	- 2.326
Zahlungsmittel (liquide Mittel) am 31.01. des Geschäftsjahres	**43**	**719**	**419**
Wertpapiere und Schuldscheine		52	213
Flüssige Mittel laut Bilanz		771	704

* Diese Spalte zeigt, wo sich im Anhang nähere Informationen zu den Bilanzpositionen befinden.

Einer der wichtigsten Punkte ist der Brutto-Cashflow. Er wird aus dem Jahresüberschuss ermittelt, indem die auszahlungswirksamen Aufwendungen (zum Beispiel Abschreibungen auf das Anlagevermögen) hinzuaddiert und die zahlungswirksamen Erträge (zum Beispiel Gewinne aus dem Abgang von Anlagevermögen) abgezogen werden. Daher zeigt der Brutto-Cashflow den in der Periode aus eigener Kraft des Unternehmens erwirtschafteten Überschuss der Einnahmen über die Ausgaben durch die laufende Betriebstätigkeit an. Sozusagen zur Feinjustierung wird der Mittelfluss laufende Geschäftstätigkeit aus dem Brutto-Cashflow sowie dem Liquiditätszufluss, der sich aus der Veränderung von Bilanzpositionen ergibt, soweit diese Zuflüsse nicht der Investitions- oder Finanzierungstätigkeit zuzurechnen sind, berechnet. Dieser Mittelfluss aus laufender Geschäftstätigkeit stellt sozusagen den Innenfinanzierungsspielraum zur Deckung der Schulden, der Investitionen und der Dividendenzahlungen dar.

Die Investitionstätigkeit des Unternehmens wird durch den Mittelfluss aus der Investitionstätigkeit charakterisiert. Er berechnet sich zunächst aus der Addition der Erlöse aus Anlagenabgängen (Verkäufe) und Veräußerungen von Wertpapieren. Von dieser Summe zieht man dann die Investitionen in Sachanlagen, Immaterielle Vermögensgegenstände, Akquisitionen sowie Kosten für den Erwerb von Wertpapieren ab und erhält den Mittelfluss aus der Investitionstätigkeit.

Der Mittelfluss aus der Finanzierungstätigkeit stellt den Finanzmittelfluss des Unternehmens von und zu den Kapitalmärkten dar. Er dient deswegen primär dazu, dass Investitionsprogramm eines Unternehmens zu finanzieren. Er berechnet sich sehr einfach ausgedrückt aus der Addition von Einzahlungen aus Kapitalerhöhungen und Einzahlungen aus der Aufnahme von Krediten. Von diesen Einzahlungen zieht man Dividendenzahlungen, sonstige Auszahlungen an Gesellschafter (z.B. Mitgesellschafter an Tochtergesellschaften) und Auszahlungen für die Tilgung von Krediten ab.

Am Schluss der Kapitalrechnung werden die Mittelzuflüsse bzw. -abflüsse der drei Teilbereiche addiert und man erhält die Veränderung der Zahlungsmittel aus der Geschäftstätigkeit. Sie besagt, ob durch die Geschäftstätigkeit des Unternehmens überhaupt ein Mehrwert für den Aktionär erreicht wurde. Ein Mehrwert für den Aktionär wird immer dann erreicht, wenn die Veränderung der Zahlungsmittel aus der Geschäftstätigkeit positiv ist.

Um letztlich zu sehen, ob das Unternehmen Liquidität geschaffen oder »verbrannt« hat, wird die Veränderung der Zahlungsmittel addiert mit dem Geldmittel- bzw. dem

Zahlungsmittelbestand am Anfang der Berichtsperiode. Man erhält dann den Finanzmittel- bzw. Zahlungsmittelbestand am Ende der Periode. Zusätzlich findet noch eine Korrektur mittels der Veränderung der Zahlungsmittel aus den Konzernkreisänderungen (z.B. wegen des Verkaufes von Tochtergesellschaften) und der Veränderungen der Zahlungsmittel durch Wechselkursänderungen statt. Falls der Zahlungsmittelbestand am Ende der Periode kleiner ist als am Anfang der Periode bedeutet dies, dass das Unternehmen Liquidität verbrannt hat. Im umgekehrten Fall hat das Unternehmen Liquidität geschaffen. Aus Abbildung 16 ist zu ersehen, dass die Bayer AG Liquidität geschaffen hat.

13.3 Kennzahlenanalyse

Antoine de Saint-Exupéry sagte: »*Erst dann, wenn sich der Mensch Begriffe formt, begreift er sie auch.*« Darum wenden wir uns nun der Kennzahlenanalyse zu, um Begriffe zu definieren, anhand derer man Unternehmen charakterisieren kann.

Vereinfacht ausgedrückt kann man sagen, dass man mit Hilfe von Kennzahlen einzelne für die Bewertung einer Aktie wichtige Kriterien auf den Punkt bringt. So versucht man mit einer einzigen Kennzahl bestimmte Eigenschaften der Aktie bzw. des Unternehmens zu beschreiben. Diese Kennzahlen messen vor allem die Kapitalstruktur, die Vermögensstruktur, die Liquidität und die Rentabilität eines Unternehmens. Das Kapitel ist so aufgebaut, dass alle vorgestellten Kennzahlen für das Beispielsunternehmen Bayer AG berechnet werden. Die Berechnung und Diskussion der Ergebnisse findet am Ende des Abschnittes Kennzahlenanalyse statt.

13.3.1 Eigenkapitalquote

Eine wichtige Kennzahl zur Messung der Kapitalstruktur ist die Eigenkapitalquote. Sie gibt an, wie hoch der Anteil des Eigenkapitals am Gesamtkapital ist:

$$\text{Eigenkapitalquote} = \frac{\text{Eigenkapital}}{\text{Gesamtkapital}} \cdot 100 \quad (\text{Gesamtkapital} = \text{Fremdkapital} + \text{Eigenkapital})$$

Je höher die Eigenkapitalquote ist, desto weiter ist das Unternehmen von einem Konkurs wegen Überschuldung entfernt. Dagegen ist eine niedrige Eigenkapitalquote meistens ein Anzeichen für ernsthafte wirtschaftliche Schwierigkeiten des Unternehmens, und das oftmals bereits Jahre vor dem endgültigen Zusammenbruch.

Auf der anderen Seite sollte die Eigenkapitalquote nicht zu hoch sein, weil dann die Rentabilität des Eigenkapitals rückläufig ist. Dies liegt daran, dass Fremdkapital in der Regel günstiger zu bekommen ist als Eigenkapital. Deswegen kann durch eine gewisse Verschuldung des Unternehmens die Rendite des Eigenkapitals erhöht werden, solange die Rendite auf das Gesamtkapital höher ist als die des Fremdkapitals.

Die Beurteilung der Eigenkapitalquote wird durch die Tatsache erschwert, dass die Eigenkapitalquote von Branche zu Branche stark schwankt. Im Normalfall liegt die Eigenkapitalquote von Industrieunternehmen zwischen einem Viertel und einem Drittel der Bilanzsumme. Dagegen haben Banken und Versicherungen in der Regel eine Eigenkapitalquote von 2 bis 10 %.

13.3.2 Anlagenintensität und Arbeitsintensität

Wie wir bei der Betrachtung der Eigenkapitalquote gesehen haben, bezieht sich die Kapitalstruktur auf die Passivseite der Bilanz. Dagegen beschäftigt sich die Vermögensstruktur mit der Aktivseite der Bilanz. Die wichtigsten Kennzahlen der Vermögensstruktur sind Anlagen- und Arbeitsintensität.

$$\text{Anlagenintensität} = \frac{\text{Anlagevermögen}}{\text{Gesamtvermögen}} \cdot 100$$

$$\text{Arbeitsintensität} = \frac{\text{Umlaufvermögen}}{\text{Gesamtvermögen}} \cdot 100$$

$$\text{Gesamtvermögen} = \text{Anlagevermögen} + \text{Umlaufvermögen}$$

Eine hohe Anlagenintensität bedeutet immer ein hohes Maß an Inflexibilität und eine geringe Anpassungsfähigkeit des Unternehmens. Dies liegt daran, dass das Anlagevermögen meistens einen langfristigen Charakter hat, und nicht schnell liquidiert werden kann. Zudem gilt, dass Unternehmen mit relativ hohem Anlagevermögen weit inflexibler sind als Unternehmen mit kleinem Anlagevermögen. Deswegen gilt: Je schneller sich das Anlagevermögen in liquide Mittel umwandeln lässt und somit in eine andere Verwendung übertragen werden kann, desto schneller lassen sich Maßnahmen gegen Gewinnrückgänge umsetzen. Eine hohe Anlagenintensität ist gleichbedeutend mit einem hohen vermögensbedingten Fixkostenblock[76] und einem erhöhten Ertragsrisiko.

Zusätzlich gilt, dass je kleiner der Anteil des Anlagevermögens ist, desto größer ist die finanzielle Liquidität des Unternehmens. Denn ein hohes, sich schnell umschlagendes Umlaufvermögen setzt kontinuierlich Liquidität frei. Darüber hinaus deutet eine kleine Anlagenintensität auf eine gute Kapazitätsauslastung hin.

13.3.3 Deckungsgrade

Da schon der berühmte Börsenexperte Martin Pring postulierte: »*Niemals auf der Grundlage von Hoffnung handeln oder investieren*«, müssen wir nun mittels der Kapital-Vermögens-Struktur einem Blick sowohl auf die Aktiv- als auch auf die Passivseite der Bilanz werfen. Dies geschieht mithilfe der Deckungsgrade.

Der Deckungsgrad A bzw. der Anlagedeckungsgrad 1 drückt die Eigenfinanzierung des Anlagevermögens aus. Zur Größe des Deckungsgrades A sind nur branchenbezogene Aussagen ableitbar, da die Höhe der für notwendig gehaltenen Eigenkapitaldeckung des Anlagevermögens vom operativen Ertragsrisiko und von der Anlagenintensität abhängt.

$$\text{Deckungsgrad A} = \frac{\text{Eigenkapital}}{\text{Anlagevermögen}} \cdot 100$$

$$\text{Deckungsgrad B} = \frac{\text{Eigenkapital} + \text{langfristiges Fremdkapital}}{\text{Anlagevermögen}} \cdot 100$$

Was verbindet das Anlagevermögen nun mit der Kapitalstruktur des Unternehmens? Mit der Berechnung der Deckungsgrade soll ermittelt werden, ob langfristig gebundenes Kapital im Anlagevermögen auch langfristig finanziert ist. Im Gegensatz zu den Vermögensgegenständen des Umlaufvermögens kann das Anlagevermögen (wie Maschinen) nicht schnell liquidiert werden. Eine erzwungene Liquidation des Anlagevermögens kann deshalb die Existenz des Unternehmens gefährden. Aus diesem Grund sollte das Anlagevermögen nicht kurzfristig sondern langfristig finanziert sein. Ergo sollte der Deckungsgrad B bzw. der Anlagedeckungsgrad 2 größer gleich 100 % sein. Je mehr nun der Deckungsgrad B den Wert von 100 % überschreitet, desto grö-

[76] Fixkosten sind zum Beispiel der Unterhalt von Maschinen.

ßer ist der Anteil des Umlaufvermögens, das durch langfristiges Kapital mitfinanziert ist. Dies führt zu einer größeren finanziellen Stabilität des Unternehmens.

Ist dagegen der Deckungsgrad B kleiner 100 %, so spricht man von einer Unterdeckung des langfristigen Anlagevermögens. Dies kann zu einer existenziellen Bedrohung des Unternehmens führen, wenn die Anschlussfinanzierung nicht gesichert ist. Außerdem werden die Unterdeckungen meistens durch kurzfristiges Kapital finanziert.

Grundsätzlich kann man davon ausgehen, dass ein Rückgang des Deckungsgrades A und B im zeitlichen Verlauf zu einer Vergrößerung des Ergebnisrisikos des Unternehmens führt.

13.3.4 Liquiditätskennzahlen

Warren Buffet sage einmal: »*Es ist besser ungefähr recht zu haben, als sich tödlich zu irren.*« Damit Sie sich nicht »*tödlich irren*«, leitet die Kapital-Vermögens-Struktur über zur Analyse der Liquiditätssituation des Unternehmens. Das Ziel dieser Analyse ist es herauszufinden, ob das Unternehmen über die erforderlichen flüssigen Mittel verfügt, um die in naher Zukunft zu erfüllenden Zahlungen zu befriedigen. Zur Beurteilung dieser kurzfristigen Liquidität eines Unternehmens werden die Liquiditätsgrade berechnet. Sie ergeben sich aus der unterschiedlichen Fristigkeit des Eigen- und des Fremdkapitals.

Hierbei geht man von der Überlegung aus, dass das finanzielle Gleichgewicht eines Unternehmens erhalten ist, wenn den kurzfristigen Verbindlichkeiten mindestens genauso viele kurzfristige Vermögensgegenstände gegenüberstehen. Das bedeutet, dass den Zahlungsverpflichtungen entsprechende flüssige oder flüssig zu machende Vermögensgegenstände gegenüberstehen. Um dies zu überprüfen, werden die Liquiditätsgrade berechnet.

$$\text{Liquidität 1. Grades (Barliquidität)} = \frac{\text{liquide Mittel} + \text{Finanzanlagen}}{\text{kurzfristige Verbindlichkeiten}} \cdot 100$$

$$\text{Liquidität 2. Grades} = \frac{\text{liquide Mittel} + \text{Finanzanlagen} + \text{Forderungen bis 1 Jahr}}{\text{kurzfristige Verbindlichkeiten}} \cdot 100$$

$$\text{Liquidität 3. Grades} = \frac{\text{Umlaufvermögen}}{\text{kurzfristige Verbindichkeiten}} \cdot 100$$

Die Barliquidität (Cash Ratio) gibt das Verhältnis der Barmittel zu den kurzfristigen Verbindlichkeiten wieder. Je nach Branche sollte das Cash Ratio größer 5 % sein. Nur so ist es möglich, dass keine kurzfristigen finanziellen Engpässe auftreten, wenn zum Beispiel die Kunden die Rechnungen verspätet zahlen.

Überdies sollte die Kennzahl Liquidität 2. Grades (Quick Ratio) um 100 % sein. Die Kennzahl Liquidität 3. Grades (Current Ratio)[77] sollte mindestens einen Wert größer 100 % haben. Nur in diesem Fall ist die Zahlungsfähigkeit des Unternehmens im Augenblick als relativ sicher anzusehen.

13.3.5 Cashflow

Ein schöner Spruch von Peter Bamm lautet etwas frei zitiert: »*Auf den ersten Blick ist jedes Mädchen (Aktie bzw. Unternehmen) zum Verlieben schön. Auf den zweiten Blick kommt es aber an.*« Bis jetzt haben wir unsere Aufmerksamkeit eigentlich nur der Bilanz gewidmet. Blicken wir doch nun mit einem »zweiten Blick« einmal auf die Gewinn-und-Verlust-Rechnung und die Kapitalflussrechnung. Dazu hilft uns der Cashflow.

Ziel der Cashflowanalyse ist es, die zukünftige Innenfinanzierungskraft des Unternehmens anhand seines Cashflows und dessen Auswirkungen auf die Finanzlage des Unternehmens zu beurteilen.

Normalerweise wird der Cashflow jedoch nicht direkt, sondern indirekt ausgehend von einer Erfolgsgröße (wie zum Beispiel dem Jahresüberschuss oder dem Betriebsergebnis) ermittelt. Von dieser Erfolgsgröße werden die auszahlungsunwirksamen Aufwendungen (wie zum Beispiel die Abschreibungen) hinzuaddiert und die zahlungswirksamen Erträge (wie zum Beispiel die Zuschreibungen) abgezogen.

Daher zeigt der Cashflow den in der Periode aus eigener Kraft des Unternehmens erwirtschafteten Überschuss der Einnahmen über die Ausgaben durch die laufende Betriebstätigkeit an. Insofern stellt der Cashflow den Innenfinanzierungsspielraum zur Deckung der Schulden, der Investitionen und der Dividendenzahlungen dar.

Heute braucht man den Cashflow nicht mehr selber zu berechnen, sondern kann ihn direkt aus der Kapitalflussrechnung (siehe dazu Seite 162 ff.) entnehmen. Für die Cashflow-Analyse verwendet man den Netto-Cashflow (bzw. Mittelfluss laufende

---

[77] Von allen diesen Liquiditätskennzahlen gibt die Liquidität 3. Grades den besten Aufschluss über die Zahlungsfähigkeit.

Geschäftstätigkeit). Dabei gilt: Je höher der Cashflow ist, umso positiver ist die Liquiditätslage des Unternehmens.

Eine Mindestanforderung an den Cashflow eines Unternehmens ist, dass er ausreicht, die Zins- und Tilgungszahlungen zu gewährleisten. Um das zu überprüfen, wurden folgende Kennzahlen des Cashflows entwickelt.

Die Kennzahl Cashflow/Umsatzrate sagt aus, wie viel Prozent des Umsatzes dem Unternehmen zur Selbstfinanzierung zur Verfügung stehen.

$$\text{Cashflow/Umsatzrate} = \frac{\text{Cashflow}}{\text{Umsatz}} \cdot 100$$

Mithilfe der Kennzahl Cashflow/Umsatzrate lässt sich das zukünftige Finanzierungspotenzial in Abhängigkeit von der Umsatzentwicklung abschätzen. Man kann den Cashflow aber auch als Indikator für die Verschuldungsfähigkeit eines Unternehmens verwenden, weil die Schulden ja letztlich nur aus selbst erwirtschafteten Mitteln getilgt werden können. Als Maßstab dafür gilt der dynamische Verschuldungsgrad.

$$\text{Dynamischer Verschuldungsgrad} = \frac{\text{Gesamtes Fremdkapital - (Pensionsrückstellungen + liquide Mittel)}}{\text{Cashflow}}$$

Diese Kennzahl kann nur als Indikator für die Tilgungsfähigkeit angesehen werden, weil meistens nicht der gesamte Cashflow zur Schuldentilgung eingesetzt wird, sondern andere Teile des Cashflows auch für Investitionen und Dividendenausschüttungen verwendet werden. Ferner setzt diese Formel voraus, dass der Cashflow konstant über die Dauer der Schuldentilgung ist. Das ist allerdings in der Realität nicht der Fall. In der Praxis hat sich aber gezeigt, dass der dynamische Verschuldungsgrad nicht größer als 3,5 sein sollte. Ansonsten drohen Liquiditätsengpässe.

13.3.6 Rentabilität

Uwe Distel sagte einmal zu einem Anleger: »*Die Börse ist der härteste und auch der schnellste Richter über die Qualität eines Unternehmens.*« Bis jetzt haben wir die Qualität eines Unternehmens mithilfe der Kapital- und der Vermögensstruktur sowie seiner Liquiditätslage ermittelt. Diese Analysen liefern dem potenziellen Aktionär zwar wichtige Entscheidungshilfen. Aber viel bedeutsamer für seine Anlageentscheidung sind die Kennzahlen der Rentabilität. Letztlich gilt, dass nur ein rentables Unternehmen, das einen angemessenen Gewinn auf den Kapitaleinsatz erzielen kann, auf Dauer ein gutes Investment ist.

Dabei drückt die Rentabilität eines Unternehmens die Fähigkeit aus, Gewinne zu erwirtschaften. Deswegen geben die Rentabilitätskennzahlen Aufschluss über den Erfolg bzw. Misserfolg eines Unternehmens. Insofern bilden diese Kennzahlen die Grundlage für Entscheidungen der Unternehmensleitung, der Anteilseigner und der Gläubiger.

Im Allgemeinen bezeichnet man das prozentuale Verhältnis des im Berichtszeitraum erzielten Gewinnes zum eingesetzten Kapital als Rentabilität. Hierbei betrachtet man den Gewinn als Verzinsung des investierten Kapitals. Die Gesamtkapitalrendite gibt an, wie rentabel das Gesamtkapital des Unternehmens eingesetzt wurde.

$$\text{Gesamtrentabilität} = \frac{\text{Jahresüberschuss} + \text{Zinsaufwand} + \text{Steuern vom Einkommen und Ertrag}}{\text{durchschnittliches Gesamtkapital}} \cdot 100$$

Ein Leitsatz bei der Beurteilung eines Unternehmens ist, dass die Gesamtkapitalrendite über den Zinssatz für Fremdkapital liegen soll. Eine über den Fremdkapitalzinssätzen liegende Gesamtkapitalrentabilität drückt aus, dass das Unternehmen in der Lage ist, einen höheren Gewinn zu erzielen, als an Zinsen für Fremdkapital zu zahlen sind. Daraus kann man ableiten, dass eine Aufnahme von Fremdkapital zu einer Gewinnsteigerung und damit zu einer Erhöhung der Eigenkapitalrentabilität führt[78].

Die Eigenkapitalrentabilität stellt die Beziehung zwischen dem Gewinn und dem Eigenkapital her.

$$\text{Eigenkapitalrentabilität} = \frac{\text{Jahresüberschuss} + \text{Steuern vom Einkommen und Ertrag}}{\text{durchschnittliches Eigenkapital}} \cdot 100$$

Die Eigenkapitalrentabilität sollte höher sein als die Gesamtkapitalrentabilität, weil das Eigenkapital primär das Risiko des Unternehmens trägt. Für diese Risikoüber-

[78] Dies gilt aber nur unter der Voraussetzung, dass das Unternehmen das neu zugeführte Fremdkapital zur Finanzierung gleich günstiger Anlagen oder Aktivitäten verwendet.

nahme verdient das Eigenkapital gegenüber den sicheren Zinsen (z.B. Sparbuchzinsen) einen Risikozuschlag[79]. Daher sollte die Eigenkapitalrentabilität mindestens eine so hohe Verzinsung haben wie eine Anlage auf dem langfristigen Anleihemarkt. Meistens wird als Vergleichsmaßstab eine 10-jährige Bundesanleihe oder die Umlaufrendite in Deutschland verwendet.

13.3.7 Kennzahlenanalyse für den Beispielsfall der Bayer AG

Bei der Durchführung der Kennzahlenanalyse sollte man sich stets an den Spruch von Wallenberg erinnern, der lautet: *»Kein Unternehmen kann so schwach sein, dass es nicht durch ein gutes Management wieder belebt werden könnte. Kein Unternehmen kann so stark sein, dass es nicht durch ein schwaches Management zerstört werden könnte.«* Wie wahr dieser Spruch ist, zeigten in der jüngeren Vergangenheit die Probleme der Unternehmen KarstadtQuelle und Opel, die durch Miss-Management an den Rand des Ruins geführt wurden. Darum bleibt für die Aktionäre dieser Unternehmen nur die Hoffnung, dass sich der erste Teil des Spruches von Wallenberg erfüllt und das neue Management die Unternehmen aus der Krise führt. Also seien Sie bei der Auswahl eines Unternehmens stets auf der Hut und sortieren Sie die guten von den schlechten Unternehmen mithilfe der fundamentalen Aktienanalyse.

Die Grundregel bei der Kennzahlenanalyse lautet niemals eine einzige Kennziffer zum Ausschlag für eine Anlageentscheidung zu machen. Deswegen ist es sinnvoll, alle in diesem Abschnitt dargestellten Kennzahlen zu berechnen, um zu einer umfassenden Beurteilung des Unternehmens zu kommen.

[79] Hierdurch erklärt sich auch die langfristig höhere Rendite von Aktien gegenüber Anleihen.

Tabelle 35: Kennzahlen für die Bayer AG

Jahresabschlussdaten	2001	2000
Umsatz	30.275 Mio. Euro	30.971 Mio. Euro
Anlagevermögen	21.702 Mio. Euro	20.334 Mio. Euro
Umlaufvermögen	7.862 Mio. Euro	8.658 Mio. Euro
Eigenkapital	16.922 Mio. Euro	16.140 Mio. Euro
Langfristiges Fremdkapital	8.906 Mio. Euro	8.461 Mio. Euro
Kurzfristiges Fremdkapital	9.611 Mio. Euro	9.853 Mio. Euro
Gewinn- und Ertragslage		
Jahresüberschuss	961 Mio. Euro	1.842 Mio. Euro
Jahresüberschuss vor Ertragssteuern	1.115 Mio. Euro	2.990 Mio. Euro
Ertragssteuern	154 Mio. Euro	1.148 Mio. Euro
Kennzahlenanalyse		
Anlagenintensität	58,6 %	55,8 %
Arbeitsintensität	41,4 %	44,2 %
Eigenkapitalquote	46 %	45 %
Fremdkapitalquote	54 %	55 %
Eigenkapitalrentabilität	5,68 %	11,41 %
Gesamtkapitalrentabilität	4,36 %	9,08 %
Deckungsgrad A	77,97 %	79,37 %
Deckungsgrad B	119,01 %	123,71 %
Liquidität 1. Grades	41 %	23 %
Liquidität 2. Grades	97 %	95 %
Liquidität 3. Grades	150 %	157 %
Dynamischer Verschuldungsgrad	3,5 Jahre	4,3 Jahre
Cashflow/Umsatzrate	13 %	10 %

Bei der Bayer AG handelt es sich um ein unelastisches Unternehmen. Dies wird durch die hohe Anlagenintensität deutlich. Die hohe Anlagenintensität wiederum führt zu einer hohen Kapitalbindung (zum Beispiel in Maschinen) und zu einer starken Fixkostenbelastung. Zudem führt die geringe Anpassungsfähigkeit der Bayer AG dazu, dass das Unternehmen bei steigender Nachfrage nicht kurzfristig mit einer größeren Produktionsmenge reagieren kann bzw. bei einem Nachfragerückgang die Produktion nicht schnell einschränken kann. Letztlich führt das dazu, dass bei einem konjunkturellen Abschwung die Gewinne einbrechen. Die Frage ist nun: Kann die Bayer AG solche konjunkturellen Abschwünge überstehen?

Aus der Kapitalstruktur erkennt man, dass der Eigenkapitalanteil mit 46 % deutlich höher ist als der durchschnittliche Wert der deutschen Industrie, der bei bis zu 33 % liegt. Der hohe Eigenkapitalanteil zeigt, dass die Bayer AG solide finanziert ist. Überdies garantiert er weitgehende Unabhängigkeit von Kreditgebern. Zusätzlich erkennt man aus der Liquidität 3. Grades und den Deckungsgraden A und B, dass bei der Bayer AG keine kurzfristigen oder langfristigen Liquiditätsprobleme auftauchen sollten. Außerdem deutet die hohe Cashflow/Umsatzrate von 13 % zusammen mit der im Rahmen liegenden Schuldentilgungsdauer von 3,5 Jahren an, dass die Bayer AG über hohe Liquiditätspolster verfügt. Folglich sollte die Bayer AG konjunkturelle Abschwünge ohne große Probleme meistern können.

Allerdings führt die geringe Anpassungsfähigkeit auch dazu, dass in konjunkturellen Abschwüngen die Gewinne der Bayer AG, wie im laufenden Jahr, deutlich einbrechen. Das hat zur Folge, dass die Eigenkapital- und Gesamtkapitalrentabilität deutlich abgenommen haben. Da die Gesamtkapitalrentabilität der Bayer AG derzeit so schlecht ist, dass sie unter dem Zinssatz für Fremdkapital liegt, würde eine zusätzliche Aufnahme von Fremdkapital die Eigenkapitalkapitalrentabilität noch weiter verschlechtern. Um diesem Umstand Rechnung zu tragen, hat die Bayer AG ihr Fremdkapital deutlich abgebaut. Das ist wiederum ein Zeichen für die hohe Liquidität der Bayer AG.

Abschließend kann man sagen, dass die Bayer AG ein ertragreiches, äußert solide finanziertes, expandierendes Unternehmen mit gutem Entwicklungspotenzial und hervorragenden Aussichten bezüglich der Ertragskraft ist. Obendrein verfügt die Bayer AG über ein starkes Portfolio von Produkten, die aber nur in Fachkreisen einen hohen Bekanntheitsgrad haben. Gerade dieses Portfolio sollte in der Zukunft für steigende Gewinne sorgen.

13.4 Schnellverfahren zur Ermittlung der Liquidität und Ertragskraft eines Unternehmens

Getreu dem Spruch von Erich Kästner: »*Manche Menschen benützen ihre Intelligenz zum Vereinfachen, manche zum Komplizieren*«, habe ich in einer früheren Arbeit[80] ein Schnellverfahren zur Ermittlung der Liquidität und Ertragskraft eines Unternehmens entwickelt. Dieses Verfahren geht von der Überlegung aus, dass sich die Solidität und die Finanzkraft eines Unternehmens aus der Bonität (siehe zum Thema Bonität auch Seite 51 ff.) der Unternehmensanleihen des betrachteten Unternehmens ableiten lässt. Dabei steht das Bonitätsrisiko für die Gefahr der Zahlungsunfähigkeit des Schuldners. Außerdem steht das Bonitätsrisiko auch für eine mögliche, vorübergehende oder endgültige Unfähigkeit des Schuldners zur termingerechten Erfüllung

[80] vgl. Götte, Rüdiger: Das 1 x 1 der fundamentalen Aktienanalyse. ***ibidem***-Verlag, Stuttgart 2004.

bzw. Bedienung seiner Zins- und/oder Tilgungsverpflichtungen. Man erkennt schon aus der Definition der Bonität einer Anleihe, dass sie im Prinzip genau die Solidität und die Finanzkraft eines Unternehmens misst. Zudem zeigt sich, dass Unternehmen mit einer guten Bonität über eine besonders gute Ertragskraft und logischerweise somit auch über eine gute Zukunftsaussicht verfügen. Darum stellt die Bonität eigentlich alle Informationen, die auch die Bilanzanalyse liefert, und zwar in einer Kennzahl.

In Tabelle 36 sind die Aussagen des Schnellverfahrens zur Ermittlung der Solidität und Finanzkraft eines Unternehmens in Abhängigkeit der Bonität einer Unternehmensanleihe dargestellt.

Tabelle 36: Schnellverfahren zur Unternehmensbewertung

Rating-Symbol		Beurteilung des Unternehmens aus Sicht der Kennzahlenanalyse
Moody	Standard & Poors	
Aaa Aa1 Aa2 Aa3	AAA AA+ AA AA-	Sehr gute Ertragskraft und sehr gute finanzielle Stabilität, d.h. kein Insolvenzrisiko
A1 A2 A3	A+ A A-	Gute Ertragskraft und gute finanzielle Stabilität, d.h. kein Insolvenzrisiko
Baa1 Baa2 Baa3	BBB+ BBB BBB-	Mittlere Ertragskraft und mittlere finanzielle Stabilität. Diese Unternehmen sind zu beobachten, da mangelnder Schutz gegenüber einer Änderung der konjunkturellen Entwicklung besteht. Das bedeutet, dass der wirtschaftliche Rahmen für zukünftige Expansionsbestrebungen zu eng ist.
Ba1 Ba2 Ba3	BB+ BB BB-	Befriedigende bis schlechte Ertragskraft und finanzielle Stabilität, da nur mäßige Deckung für Zins- und Tilgungsleistungen besteht. Diese Unternehmen haben ein erhöhtes Insolvenzrisiko.
B1 B2 B3	B+ B B-	Schlechte Ertragskraft und schlechte finanzielle Stabilität. Insolvenzrisiko ist gegeben.
Caa Ca C	CCC CC C	Sehr schlechte Ertragskraft und sehr schlechte finanzielle Stabilität, d.h. hohes Insolvenzrisiko

Als Privatinvestor sollte man Unternehmen bevorzugen, die mindestens eine mittlere Ertragskraft und eine mittlere finanzielle Stabilität haben, also Unternehmen ab einem Standard & Poors Rating von BBB. Ich werde die Durchführung des Schnelltestes am Beispiel der Bayer AG erläutern.

Als ersten Schritt bei der Durchführung des Schnelltestes müssen wir das Rating für die Anleihen der Bayer AG ermitteln. Dazu geht man am besten direkt auf die Internetseiten der Ratingagenturen www.standardandpoors.com oder www.moodys.com. Dort gibt es eine Suchfunktion, in die man nur noch den Namen des Unternehmens eingeben muss, damit man das Rating erhält.

Moody's stuft die Bayer AG unter dem Ratingsymbol A2 ein. Aus Tabelle 36 entnimmt man, dass das Rating für die Bayer AG eine gute Ertragskraft und eine gute finanzielle Stabilität bedeutet, d.h., es besteht kein Insolvenzrisiko. Somit decken sich die Ergebnisse aus der Kennzahlenanalyse (siehe Kapitel 13.3.) und aus dem Schnelltest.

13.5 Aktienkurs-Bezogene Kennzahlen und der Innere Wert einer Aktie

Die besten Kennzahlen eines Unternehmens nutzen dem Aktionär nichts, wenn der Börsenkurs des Unternehmens überbewertet ist. Demzufolge gilt hier auch die Feststellung von Wilhelm Busch: »*Aber hier, wie überhaupt, kommt es anders, als man glaubt.*«

Schließlich sucht jeder Anleger nach Aktien, die unterbewertet sind, also für die in absehbarer Zeit eine Kurssteigerung zu erwarten ist. Deswegen gibt es noch eine weitere wichtige Gruppe von Kennzahlen, die den Aktienkurs eines Unternehmens berücksichtigen. Eine Kennzahl aus dieser Gruppe ist die Dividendenrendite.

$$\text{Dividendenrendite} = \frac{\text{Dividende je Aktie}}{\text{Aktienkurs}} \cdot 100$$

Allgemein gilt: Je höher die Dividendenrendite ist, desto rentabler ist eine Aktie. Aber Aktien sollten nicht nur wegen ihrer Dividendenrendite gekauft werden. Die heute gezahlte Dividende muss nicht zwangsläufig auch in der Zukunft beibehalten werden. Infolgedessen muss überprüft werden, ob das Unternehmen auch in Zukunft in der Lage ist, die Dividende zu bezahlen. Dazu dient unter anderen die Kennzahl Dividende/Gewinn-Verhältnis.

$$\frac{\text{Dividende}}{\text{Gewinn}}\text{Verhältnis} = \frac{\text{Dividende je Aktie}}{\text{Gewinn je Aktie}}$$

Je mehr die Dividende durch den Gewinn abgedeckt wird, umso größer ist die Wahrscheinlichkeit, dass die Dividende auch in Zukunft beibehalten wird. Für die Einschätzung einer Aktie ist das Kurs-Gewinn-Verhältnis (Abk. KGV)[81] aber wesentlich bedeutsamer.

$$\frac{\text{Kurs}}{\text{Gewinn}}\text{Verhältnis} = \frac{\text{Kurs}}{\text{Gewinn je Aktie}}$$

Das KGV gibt an, mit welchen Vielfachen des Jahresgewinnes ein Unternehmen an der Börse bewertet wird. Ferner ist das KGV von verschiedenen Unternehmen zumeist nicht identisch, doch haben Unternehmen der gleichen Branche oft ein ähnliches Kurs-Gewinn-Verhältnis. Das macht man sich bei der Ermittlung des Inneren Wertes eines Unternehmens zu Nutze. Man gelangt zum Inneren Wert eines Unternehmens, indem der prognostizierte Gewinn je Aktie mit dem prognostizierten KGV der Branche multipliziert wird.

$$\text{Innere Wert} = \text{EPS}_{\text{prognostiziert}} \cdot \text{KGV}_{\text{prognostiziert}}$$

Für die Berechnung des Inneren Wertes unseres Beispielsunternehmens Bayer AG muss man sich ansehen, in welcher Branche die Bayer AG von den Analysten eingeordnet wird. Bayer gehört demnach zur Chemieindustrie. Nun muss man das Branchen-KGV für Chemie einsehen, das beispielsweise bei www.yahoo.de veröffentlicht wird. Das Branchen-KGV für Chemie beträgt zurzeit 14,5. Anschließend muss, ebenfalls bei www.yahoo.de, der Gewinn je Aktie ermittelt werden. Für die Bayer AG wären das 1,5 Euro.

$$\text{Innere Wert}_{\text{Bayer AG}} = \text{Branchen KGV}_{\text{Chemie}} \cdot \text{Gewinn je Aktie}_{2003} = 14{,}5 \cdot 1{,}5 = 21{,}75$$

[81] Das KGV wird auch häufig als Price-Earning-Ratio (Abk. PER) bezeichnet.

Liegt der Börsenkurs einer Aktie unter ihrem Inneren Wert, so gilt die Aktie als unterbewertet und stellt somit eine interessante Anlagemöglichkeit dar. Daher ist die Bayer AG unterbewertet, weil der derzeitige Aktienkurs von 14,03 Euro (Stand 21.03.03) deutlich unterhalb des Inneren Wertes von 21,75 Euro liegt.

Empirische Untersuchungen zeigen, dass Aktien mit einem niedrigen KGV in den folgenden Jahren im Durchschnitt eine bessere Kursentwicklung aufweisen als Aktien mit einem hohen KGV. Es scheint so, als bewege sich das KGV einer Aktie immer auf das Markt-KGV zu. Übrigens gilt dasselbe für die Dividendenrendite, d.h., dass Aktien mit einer hohen Dividendenrendite oftmals eine stärkere Kursentwicklung als Aktien mit niedrigerer Dividendenrendite verzeichnen.

Diese empirischen Beobachtungen führten zu kennzahlengestützten Anlagestrategien. So kann der Anleger beispielsweise zu jedem Jahresanfang die zehn Aktien mit dem niedrigsten KGV kaufen. Diese Vorgehensweise verletzt allerdings eine Grundregel der Asset Allocation, nämlich die Streuung des Aktiendepots über verschiedene Branchen hinweg. Zudem ist meistens der Diversifikationseffekt geringer, als er bei der gleichen Anzahl von Aktien sein könnte.

Will der Investor das Risiko seines Aktiendepots bestmöglich begrenzen, so wird er zunächst die bereits beschriebene Branchendiversifikation vornehmen. Innerhalb der jeweiligen Branche kann der Anleger dann seine Auswahl der Aktien nach der Dividendenrendite oder dem KGV treffen.

Ich möchte dieses Kapitel mit einer Bemerkung von J. Paul Getty abschließen: *»Es ist möglich Geld – und zwar beträchtliche Summen – an der Börse zu verdienen. Aber nicht durch Käufe und Verkäufe, die man aufs Geratewohl startet. Die mächtigen Gewinne gehen dem intelligenten, sorgfältigen und geduldigen Investor zu. Kaufen Sie, wenn die Aktienpreise tief sind, und geben Sie die Papiere nicht aus der Hand. Eine große Schar von Menschen scheint diesen einfachen Grundsatz nicht zu erfassen. Sie fürchten sich vor Gelegenheitskäufen. Sie kaufen erst, wenn sie meinen, jedes Risiko vermieden zu haben. Meistens kaufen sie zu spät.«*

Clever war begeistert: „Das ist ja Wahnsinn, was man alles aus der Bilanz herauslesen kann.“

„Ja“, bestätigte der Anlageberater. „Lassen Sie sich dabei immer von dem Spruch von Warren Buffet leiten: »*Frage nicht nach dem Preis, den Du für ein Unternehmen zahlst, sondern nach dem Wert, den Du für Dein Geld bekommst.*« Einen Schönheitsfehler hat die Bilanz bzw. der Jahresabschluss leider – wenn der Anleger den Geschäftsbericht in Händen hält, ist er immer schon einige Monate alt.“

„Heißt das, dass der Jahresabschluss völlig wertlos ist?“

Der Anlageberater beschwichtigte Clever: „Nein, ganz so schlimm ist es nicht. Bei großen Aktiengesellschaften wie Bayer treten innerhalb weniger Monate meistens keine gravierenden Änderungen auf, die den Jahresabschluss ad absurdum führen könnten. Trotzdem empfehle ich Ihnen auch immer die Bonität einer Aktiengesellschaft anzusehen, weil diese meistens laufend angepasst wird.“

Clever erwiderte: „Wenn ich mir ohnehin die Bonität eines Unternehmens ansehen soll, dann kann ich doch auch gleich den Schnelltest zur Ermittlung der Solidität und Finanzkraft durchführen und muss nicht die Kennzahlenanalyse kennen.“

„Im Prinzip haben sie Recht“, erwiderte der Anlageberater. „Aber es ist sinnvoll, sich mit dem Geschäftsbericht auseinanderzusetzen, damit man weiss, was das Unternehmen verkörpert. Nehmen Sie sich dazu den Ausspruch eines Aktionärs zu Herzen, der sagte: »*Ich kenne alles: Die Gedichte der großen Dichter und die Errungenschaften der modernen Technik. Aber ich wusste nicht, was das Unternehmen macht, deren Aktien ich kaufte. Ich kannte nur den tollen Namen des Unternehmens. Er klang modern und zukunftsträchtig. Heute weiss ich, dass dahinter nichts stand außer heißer Luft.*« Außerdem ist es sinnvoll, sich mit der technischen Seite einer Aktie zu befassen.“

„Die technische Seite einer Aktie? Meinen Sie damit, wie die Produktion des Unternehmens aussieht?“, fragte Clever.

„Nein“, sagte der Anlageberater. „Mit der technischen Aktienanalyse wird die Entwicklung des Kurses und der Umsätze der Aktie untersucht, und daraus versucht man Rückschlüsse für die weitere Kursentwicklung zu gewinnen. Man versucht also herauszufinden, wie der Markt über eine Aktie denkt. Es gibt Zusammenhänge zwischen der aktuellen Kursentwicklung einer Aktie und der künftigen Wertentwicklung. Die werde ich Ihnen nun aufzeigen.“

14. Technische Aktienanalyse[82]

Vorab sei gesagt, dass dieses Kapitel nur die wichtigsten Grundzüge der technischen Aktienanalyse erläutern kann, weil dies eine äußerst vielfältige Analysemethode ist. Den Grundstein für die technische Analyse legte der Amerikaner Charles H. Dow. Dow erkannte in dem von ihm und Edward C. Jones entwickelten Aktienindex Dow Jones wiederkehrende Kursbewegungen. Die technische Aktienanalyse[83] basiert auf drei Annahmen:

- In den Aktienkursen sind alle Informationen enthalten.
- Die Kurse bewegen sich in Trends.
- Die Geschichte wiederholt sich.

Die Anhänger der technischen Aktienanalyse gehen sogar davon aus, dass alle fundamentalen (ökonomischen, politischen usw.) Faktoren, die die Aktienkurse beeinflussen, schon in den Kursen enthalten sind. Ferner beeinflusst die grafische Darstellung (Charts) der Kurse nicht den Markt, sie geben lediglich die Marktentwicklung wieder.

Die technische Analyse teilt sich grob gesagt in die Chartanalyse und die Kennzahlenanalyse ein. Die Chartanalyse hat das Ziel, die Trendverläufe der Kurse möglichst frühzeitig zu erkennen und aus typischen Erscheinungsbildern Kursentwicklungen vorherzusagen. Dagegen soll die Kennzahlenanalyse aus den Kursen bestimmte Indikatoren ermitteln, die Aufschluss über die Zuverlässigkeit oder Stärke eines Trends und damit der zukünftigen Kursentwicklung geben. Doch dazu muss man zunächst die Aktienkurse in ein Diagramm eintragen.

Dafür werden die tatsächlichen Kurse um die Dividenden und Kapitalmaßnahmen (wie Kapitalerhöhungen) bereinigt, um die Kursverläufe möglichst einwandfrei interpretieren zu können. Ein Verzicht auf diese Maßnahmen würde zwar den tatsächlichen Kursverlauf wiedergeben, aber nicht den Wertverlauf einer Vermögensanlage. Ein Chart wird aus einer Zeit- und einer Kursachse aufgebaut.

---

[82] vgl. Götte, Rüdiger: Aktien, Anleihen, Futures, Optionen. Tectum Verlag, Marburg 2001.

[83] Während die fundamentale Aktienanalyse die Gründe für die Kursentwicklung versucht herauszufinden, stellt die technische Analyse die Kursentwicklung selbst in dem Mittelpunkt.

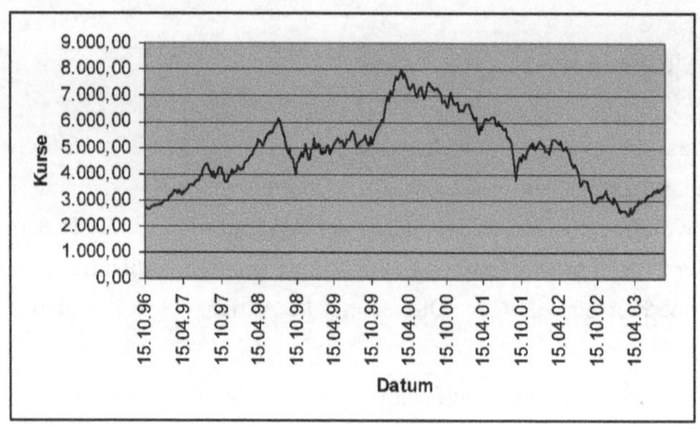

Abbildung 17: Chart des Deutschen Aktienindex

14.1 Chartanalyse

14.1.1 Trendanalyse

André Kostolany sagte einmal: »*Einer Straßenbahn und einer Aktie darf man nie nachlaufen. Nur Geduld: Die nächste kommt mit Sicherheit!*« Die Trendanalyse versucht nun herauszufinden, ob die Straßenbahn schon abgefahren ist oder nicht. Dazu verwendet sie Aktientrends.

Die Trends, mit den sich Aktienkurse entwickeln, werden nach ihrer Dauer in Primär-, Sekundär- und Tertiärtrends unterteilt. Bei der technischen Analyse geht man zunächst von einem langfristigen Primärtrend aus. Innerhalb dieses Primärtrends bilden sich dann weitere mittelfristige Trends (Sekundärtrends) aus, die wiederum durch kurzfristige Trends (Tertiärtrends) überlagert werden. Die Primärtrends können mehrere Jahre dauern, die Sekundärtrends meistens nur mehrere Monate und die Tertiärtrends oft nur wenige Tage bzw. Wochen. Deshalb gilt: Ein Primärtrend ist stabiler als ein mittel- bzw. kurzfristiger Trend, ein mittelfristiger Trend ist stabiler als ein kurzfristiger.

Ferner unterscheidet man bei den Primär-, Sekundär- und Tertiärtrends noch weitere Arten, die die Richtung der Kursbewegung charakterisieren, da die Kurse von Aktien Schwankungen unterliegen. Dabei wechseln sich Aufwärts-, Seitwärts- und Abwärtsschwankungen ab.

Ein Aufwärtstrend bedeutet, dass die aufeinander folgenden Hoch- und Tiefpunkte so angeordnet sind, dass jeder Hochpunkt über dem vorangegangenen Hochpunkt und jeder Tiefpunkt über dem vorangegangenen Tiefpunkt liegt. Entsprechend umgekehrt verläuft ein Abwärtstrend, d.h. also, dass auf jeden aufeinander folgenden Hoch- und Tiefpunkt jeweils ein niedriger liegender Hoch- bzw. Tiefpunkt folgt. Bei einem Seitwärtstrend verlaufen die Hoch- und Tiefpunkte horizontal.

Mithilfe von Trendlinien kann man einen solchen Trend ausfindig machen. Eine Aufwärtstrendlinie ist eine Gerade[84], die nach rechts steigend alle Tiefpunkte der Kursbewegung miteinander verbindet. Dagegen verbindet eine Abwärtslinie alle nach rechts fallenden Hochpunkte. Für eine gesicherte Aussage sollten mindestens drei Hoch- bzw. Tiefpunkte Bestandteil der Trendlinie sein. Je mehr Hoch- oder Tiefpunkte Bestandteil der Trendlinie sind, desto sicherer wird die Aussage.

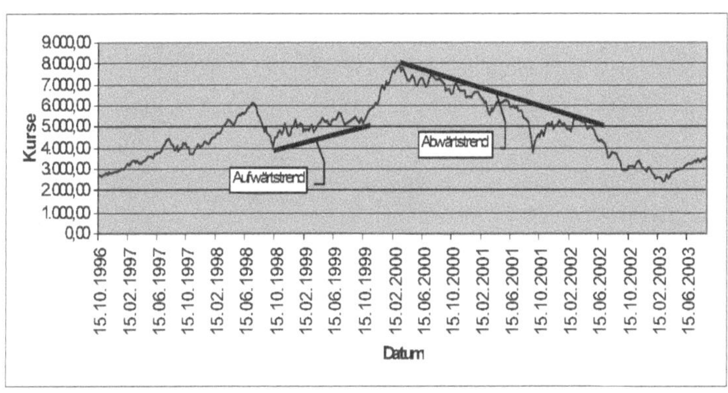

Abbildung 18: DAX mit Aufwärts- und Abwärtstrendlinie

Solange der Aktienkurs der Trendlinie folgt, besteht chartanalytisch kein Grund zu der Vermutung, dass sich die Richtung der Kursbewegung ändert. Durchbricht der Aktienkurs die Trendlinie, so kommt es zu einem Bruch des Trends. In diesem Fall verändert sich die charttechnische Einschätzung der Aktie. Vereinfacht ausgedrückt gilt: Fällt der Aktienkurs bei steigendem Trend unter die Trendlinie, so ist das ein Verkaufssignal. Steigt dagegen der Aktienkurs über die Abwärtstrendlinie, so ist das

---

[84] Eine Gerade ist aus mathematischer Sicht die Verbindung zweier beliebiger Punkte miteinander.

ein Kaufsignal. Daraus leitet sich die Grundregel der technischen Aktienanalyse ab: »*The Trend is your Friend.*«

Aber nicht jede Verletzung der Trendlinie ist sofort mit einer Trendumkehr verbunden[85]. Oftmals wird die Trendlinie nur geringfügig und innerhalb eines Börsentages durchbrochen. Das hat keine größere Bedeutung, wenn der Aktienkurs sich in den kommenden Tagen wieder trendgerecht verhält. Um dieses Phänomen noch besser beurteilen zu können, wurde eine Reihe weiterer Kurs- und Zeitfilter entwickelt, um möglichst wirkungsvoll alle Fehlsignale zu beseitigen. So gilt ein Trend erst dann als verletzt, wenn der aktuelle Kurs einen Abstand von mehr als 3 % zu der alten Trendgeraden hat. Zudem sollte der Aktienkurs wenigstens zwei Handelstage außerhalb der bisherigen Trendlinie liegen.

Häufig verlaufen die Auf- und Abwärtsbewegungen der Aktienkurse innerhalb eines bestehenden Trends in gleichen prozentualen Auf- und Abschwüngen. Ob eine solche Bewegung vorliegt, lässt sich erkennen, indem man die Trendlinie parallel verschiebt. So erhält man einen Trendkanal. Je öfter ein Trendkanal getestet wird, desto sicherer ist der Trend.

Neben der Trendanalyse ist das Umsatzvolumen eine weitere wichtige Größe, um die Stärke einer Kursbewegung abzuschätzen. Das Umsatzvolumen[86], also die Zahl der während einer Zeitperiode (meistens Börsentage) gehandelten Aktien, weist im Zeitverlauf von Titel zu Titel große Unterschiede aus. Allerdings ist das absolute Handelsvolumen nicht von so großer Bedeutung wie die Veränderung des Handelsvolumens im Zeitverlauf.

Es gilt, dass ein charttechnisches Signal immer dann besonderes aussagekräftig ist, wenn es durch hohe Umsätze bestätigt wird. Infolgedessen lautet eine Börsenweisheit »*Volume goes with the Trend*«. So führen hohe Umsätze bei einer Aufwärtsbewegung der Aktienkurse zu weiteren Kurssteigerungen; hohe Umsätze bei einer Abwärtsbewegung signalisieren dagegen weitere Kursrückgänge, da bei einem Kursanstieg und sehr hohen Umsätzen der Aktie auch viele kaufwillige Anleger vorhanden sind. Das bedeutet, dass die Aufwärtsbewegung von einer breiten Anlegerschicht getragen wird. Steigt dagegen der Aktienkurs bei geringen Umsätzen, so standen einem kleinen Kaufauftrag keine Verkauforders gegenüber. Insofern musste der Kaufauftrag zu

---

[85] Dies wird auch als Fehlsignal bezeichnet.

[86] Das Handelsvolumen wird beispielsweise bei www.yahoo.de publiziert.

einem höheren Aktienkurs abgewickelt werden. In einem solchen Fall war der Kursanstieg wahrscheinlich nur kurzfristig. Daher dienen die Umsätze oft auch als Frühindikator für einen bevorstehenden Trendwechsel. Nimmt zum Beispiel das Umsatzvolumen bei steigenden Aktienkursen ständig ab, so ist das ein erstes Anzeichen für eine bevorstehende Trendumkehr.

14.1.2 Widerstands- und Unterstützungslinien

Haben Sie sich auch schon einmal gefragt, warum Kursbewegungen meistens auf einem bestimmten Kursniveau, an dem sie bereits in früheren Zyklen waren, zum Stillstand gekommen sind oder ihre Richtung wechseln (wie beispielsweise am 15.10.1998 in Abbildung 19)?

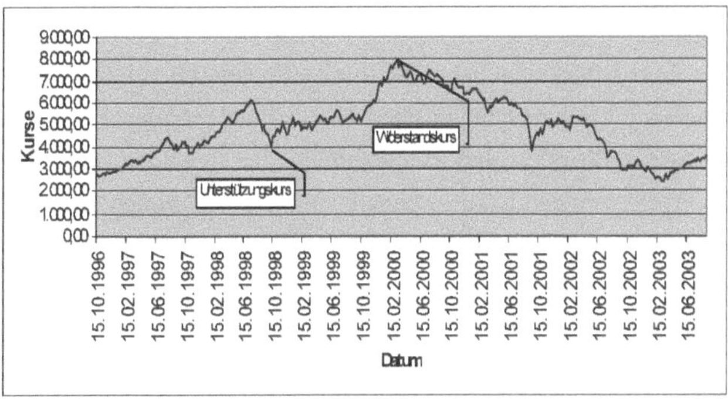

Abbildung 19: DAX mit Unterstützung und Widerstandskurs

Diese Kursniveaus werden in der technischen Analyse als Widerstand oder als Unterstützung bezeichnet. Ein Widerstand liegt vor, wenn der Kurs nach mehreren Aufwärtsbewegungen ein bestimmtes Kursniveau nicht überschritten hat. Eine Unterstützung bildet sich bei einer Abwärtsbewegung dort aus, wo der Aktienkurs ein bestimmtes Kursniveau nicht unterschritten hat. Wenn hingegen kein exakter Widerstands- bzw. Unterstützungskurs festgestellt werden kann, sondern die Auf- und Abwärtsbewegungen in einem Kursbereich enden, so spricht man von Widerstands- bzw. Unterstützungszonen. Als Kaufsignal gilt, wenn ein Widerstand durchbrochen wird. Dagegen gilt als Verkaufssignal, wenn eine Unterstützungslinie bzw. -zone durchbrochen wird.

14.1.3 Trendumkehrformationen

Der Börsenexperte Donald J. Stocking sagte einmal zu einem Anleger: *»Du kaufst keine Aktie, weil sie einen wirklichen Wert hat. Du kaufst sie, weil du glaubst, es gäbe auf der Welt noch einen größeren Narren, der bereit wäre, mehr für sie zu zahlen als du.«* Um nun herauszufinden, ob es in der weiten Welt tatsächlich einen »Narren« gibt, der bereit ist, mehr Geld für die Aktie zu bezahlen als man selbst, wurde das Hilfsmittel der Trendumkehrformationen entwickelt.

Mithilfe von charttechnischen Formationen versucht man, einen einsetzenden Trend im Voraus zu bestimmen bzw. zu charakterisieren.

Bestimmte Konstellationen im Chart können darauf hindeuten, wie sich die Kurse in nächster Zeit voraussichtlich entwickeln werden. Die entsprechenden Formationen im Chart ergeben sich meist aus Erfahrungswerten aus der Vergangenheit.

Zudem muss man unbedingt berücksichtigen, dass mit charttechnischen Formationen keine 100 %-ige Vorhersage über den zukünftigen Kursverlauf möglich ist. Ferner sind die im Folgenden dargestellten Formationen Idealfälle, d.h. sie bilden sich in den Aktiencharts meistens nicht so eindeutig aus. Deshalb kann es vorkommen, dass Signale falsch gedeutet oder übersehen werden.

Es können hier außerdem nicht alle bekannten Chartformationen dargestellt werden, weil dies den Umfang des Buches sprengen würde. Insofern werden hier nur die wichtigsten benannt.

Die Kopf-Schulter-Formation (siehe Abbildung 20) deutet darauf hin, dass die Kurse in nächster Zeit fallen werden. Sie ist eine obere Umkehrformation. Es ist wichtig, dass die Aktienumsätze bei der Ausbildung der ersten Schulter einen Höhepunkt erreichen und dann jeweils bei der Ausbildung des Kopfes und der zweiten Schulter zurückgehen.

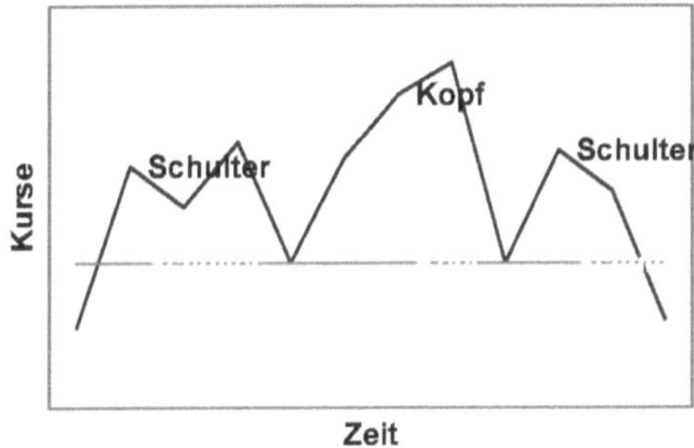

Abbildung 20: Kopf-Schulter-Formation

Eine Doppelspitze liegt dann vor, wenn zwei unmittelbar aufeinander folgende Hochpunkte durch eine Widerstandslinie miteinander verbunden werden können. Dazwischen liegt ein mehr oder weniger gut ausgeprägter Tiefpunkt. Ähnlich wie die Kopf-Schulter-Formation deutet die Doppelspitze auf sinkende Kurse hin.

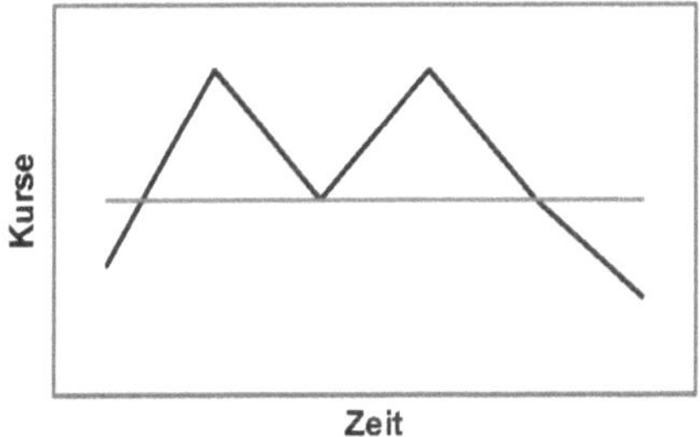

Abbildung 21: Doppelspitze

Dagegen ist ein Doppelboden das Gegenstück zu einer Doppelspitze und stellt eine untere Umkehrformation dar. Ein Doppelboden liegt vor, wenn zwei unmittelbar aufeinander folgende Tiefpunkte durch eine Unterstützungslinie miteinander verbunden werden können. Dazwischen liegt ein mehr oder weniger gut ausgeprägter Hochpunkt. Im Gegensatz zu einer Doppelspitze deutet ein Doppelboden auf steigende Kurse hin.

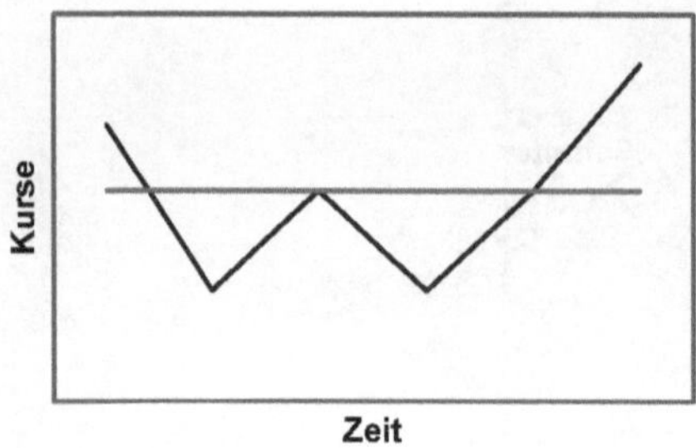

Abbildung 22: Doppelboden

Bei der Wimpelformation werden die Schwankungen auf einem bestimmten Kursniveau immer geringer, sodass am Ende ein Ausbruch nach oben bevorsteht. Wenn man die Unterstützungslinien einzeichnet, erkennt man eine Art Dreieck.

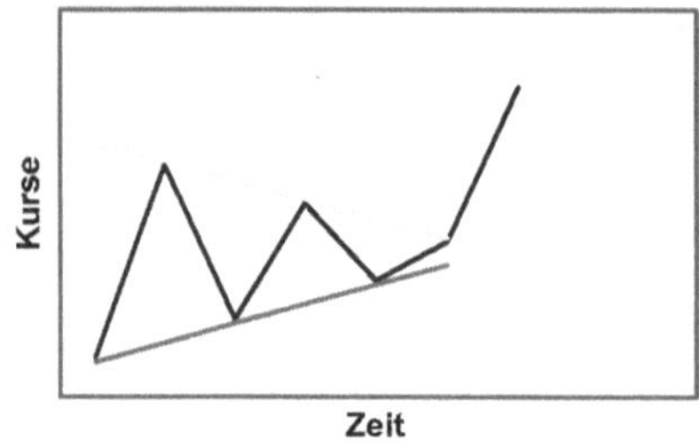

Abbildung 23: Wimpelformation

Im Gegensatz zu einer Wimpelformation können Dreiecks- und Rechtecks-Formationen sowohl einen Trend bestätigen als auch eine Trendumkehr anzeigen. Beispielsweise stellt bei einem Rechteck die untere Begrenzung eine Unterstützungslinie und die obere eine Widerstandslinie dar. Deswegen kann man erst nach einem Ausbruch nach oben oder unten sagen, ob es sich um eine Trendumkehr- oder Trendbestätigungsformation handelt.

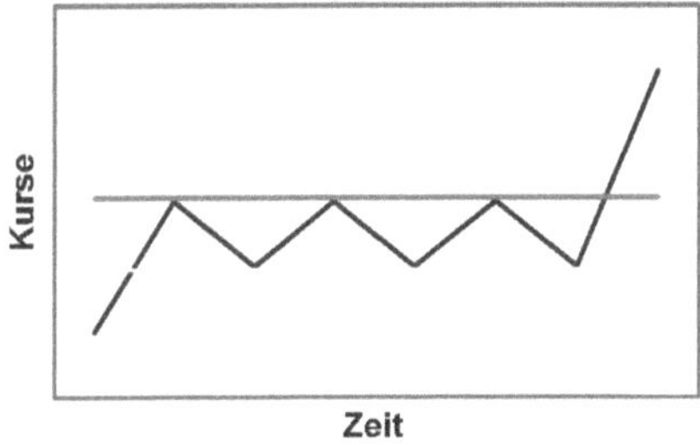

Abbildung 24: Rechteck-Formation

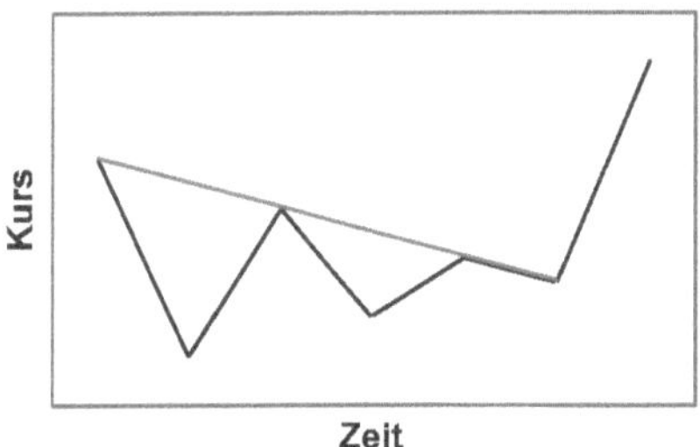

Abbildung 25: Dreieck-Formation

14.2 Technische Indikatoren

Lothar Schmidt antwortete einmal auf die Frage: Wie wird man erfolgreich? »*Erfolg stellt sich ein, wenn man mehr tut als nötig*«. Folglich sollten wir nun noch einem Blick auf die technischen Indikatoren werfen.

Die Analyse mittels Indikatoren tritt stets als Ergänzung der Chartanalyse auf. So kann eine Reihe von Indikatoren nur bedingt zur Trendbestimmung eingesetzt werden. Solche Indikatoren werden daher im Wesentlichen zur Bestimmung günstiger Ein- und Ausstiegszeitpunkte innerhalb eines bestehenden Trends eingesetzt. Wiederum andere Indikatoren lassen durchaus ein kommendes Trendverhalten vorhersagen, ohne jedoch für sich allein eine konkrete Handlungsalternative aufzeigen zu können.

14.2.1 Advance-Decline-Line

Zur Ermittlung der Advance-Decline-Line wird täglich die Zahl der im Kurs gestiegenen und gefallenen Aktien berechnet. Die Zahl der Aktien, deren Kurs sich nicht verändert hat, bleibt unberücksichtigt. Alle berücksichtigten Aktien haben das gleiche Gewicht. An jedem Tag wird die Differenz zwischen den Aktien mit Kurssteigerungen und den Aktien mit Kursrückgängen auf den Wert der Advance-Decline-Line des Vortages addiert. Steigt die Advance-Decline-Line, so steigt auch die Mehrzahl der Aktienkurse. Fällt dagegen die Advance-Decline-Line, so fällt die Mehrzahl der Aktienkurse.

Die Advance-Decline-Line kann nicht auf ein einzelnes Wertpapier angewendet werden, sondern immer nur auf einen Gesamtmarkt wie zum Beispiel den Deutschen Aktienindex. Somit gibt die Advance-Decline-Line Aufschluss über die Breite der Marktentwicklung und ermöglicht daher eine Aussage, ob eine Auf- bzw. Abwärtsbewegung von der Breite des Marktes getrieben wird oder nicht. Steigt beispielsweise bei einer Aufwärtsbewegung des Marktes die Advance-Decline-Line nicht mehr mit, so ist das ein Schwächeanzeichen der Kursbewegung.

14.2.2 Stimmungsindikatoren

Die Stimmungsindikatoren (Sentiment-Indikatoren) bewerten die Stimmung der Marktteilnehmer an der Börse, getreu dem Spruch von Werner Mitsch: »*Die Stimmungen sind die Kontoauszüge des Gemüts.*« Letztlich lassen sich viele Investoren bei ihrer Anlageentscheidung von ihren Stimmungen leiten. Je besser ihre Stimmung ist, desto eher sind sie bereit mehr für eine Aktie zu zahlen.

Einer der wichtigsten Stimmungsindikatoren ist das Put-Call-Ratio. Dieser Indikator beschreibt das Verhältnis der Puts (Verkaufsoptionen) zu den Calls (Kaufoptionen) an den jeweiligen Terminmärkten. Käufer von Puts erwarten fallende Kurse und Käufer von Calls erwarten steigende Kurse. Je pessimistischer nun die Stimmung am Aktienmarkt ist, desto größer wird das Put-Call-Ratio, da viele Investoren mit einem Kursrückgang rechnen.

Das Put-Call-Ratio baut auf die Theorie der Contrary Optionen auf. Diese Theorie sagt aus, dass eine große Mehrheit der Marktteilnehmer zum Ende eines Trends die falsche Seite wählt. So werden in Kursspitzen mehr Calls gekauft (zu viel Optimismus) und am Tiefpunkt werden zu viele Puts (zu viel Pessimismus) gekauft. So deutet ein extrem hoher Indikatorenwert das Erreichen des Markttiefstands sowie ein extrem niedriges Put-Call-Ratio den Markthöchststand an.

14.2.3 Gleitende Durchschnitte

Die gleitenden Durchschnitte (Moving Average) sind die wohl gebräuchlichsten technischen Indikatoren. Mithilfe der gleitenden Durchschnitte ist es möglich, nicht aussagekräftige Tagesschwankungen der Börsenkurse auszuschalten. Dabei werden in der Regel 30-, 38-, 50-, 100- und 200-Tage-Durchschnitte berechnet. Hierbei kann der gleitende Durchschnitt sowohl für einzelne Aktien als auch für einen Index berechnet werden. Überdies werden die Schwankungen der Durchschnittslinie umso geringer, je größer der Zeitraum ist, für den die Moving Average berechnet werden, d.h., dass der 200-Tage-Durchschnitt die kleinste Schwankungsbreite hat. Ein gleitender Durchschnitt wird folgendermaßen berechnet:

- Für einen Börsentag wird zunächst ein Durchschnitt aus den Kursen der letzten 30, 38, 50, 100 oder 200 Börsentage gebildet. Weiterhin wird an jedem folgenden Börsentag der jeweils in die Berechnung einbezogene erste bzw. älteste Börsentag weggelassen und stattdessen wird der aktuellste Kurs eingerechnet.

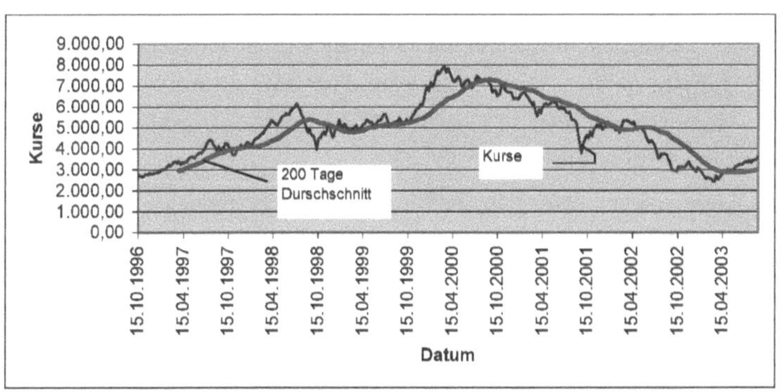

Abbildung 26: DAX mit 200 Tage gleitenden Durchschnitt

Um Kauf- bzw. Verkaufssignale zu erkennen, wird der gleitende Durchschnitt einer einzelnen Aktie oder eines Index mit dem Kursverlauf der entsprechenden Aktie bzw. Index verglichen.

Dabei signalisiert folgendes Ereignis ein Kaufsignal:

- Wenn der Kursverlauf der Aktie oder des Aktienindex die Durchschnittslinie von unten nach oben durchschneidet, spricht man von einem Kaufsignal (vergleiche dazu in Abbildung 26 das Datum 15.04.2003). Allerdings empfehlen die meisten technischen Analysten, nur die langfristigen 100 bzw. 200 Tage gleitenden Durchschnitte zu verwenden, weil diese aussagekräftiger sind als die kurzfristigen Durchschnitte.

Die 30- bzw. 38-Tage-Durchschnittslinien werden nicht zur Aussage über Kauf- bzw. Verkaufsentscheidungen genommen, weil sie noch zu sehr schwanken. So beobachtet man häufig, dass beispielsweise ein negativer Trend fortgesetzt wird, obwohl eine 30- oder 38-Tage-Durchschnittslinie den Kursverlauf kurzfristig von unten nach oben schneidet. Dagegen ergibt sich ein Verkaufssignal, wenn Folgendes eintritt:

- Der Kursverlauf einer Aktie oder eines Aktienindex durchbricht den gleitenden Durchschnitt von oben nach unten (vergleiche dazu in Abbildung 26 das Datum 15.10.2000). Auch hier verwendet man die 100- und 200-Tage-Durchschnitte.

Zudem hat man beobachtet, dass eine länger andauernde Baisseperiode eingeleitet werden kann, wenn der Kurs einer Aktie oder eines Index unter die 200-Tage-Linie fällt.

Eine häufig genutzte Kombination der gleitenden Durchschnitte ist die Double Crossover. Bei dieser Strategie werden zwei unterschiedlich große gleitende Durchschnitte verwendet. Eine bevorzugte Kombination ist, dass man einen gleitenden Durchschnitt wählt, der nur ein Viertel so lang ist wie der zweite gleitende Durchschnitt. Zum Beispiel würde man also einen 200-Tage-Durchschnitt mit einem 50-Tage-Durchschnitt kombinieren. Diese Durchschnitte generieren Signale, wenn sie sich schneiden. Wenn der Kürzere den Längeren von unten nach oben schneidet, wird das als Kaufsignal interpretiert. Schneidet dagegen der kürzere Durchschnitt den längeren von oben nach unten, so ist das ein Verkaufsignal.

Aus den gleitenden Durchschnitten kann man auch ein weiteres Modell ableiten: den Oszillator. Hierbei trägt man die jeweilige prozentuale Abweichung des Index oder der Aktie vom gleitenden Durchschnitt in ein Diagramm ein. Dadurch erhält man eine neue Formation, in der die Null-Linie den gleitenden Durchschnitt darstellt.

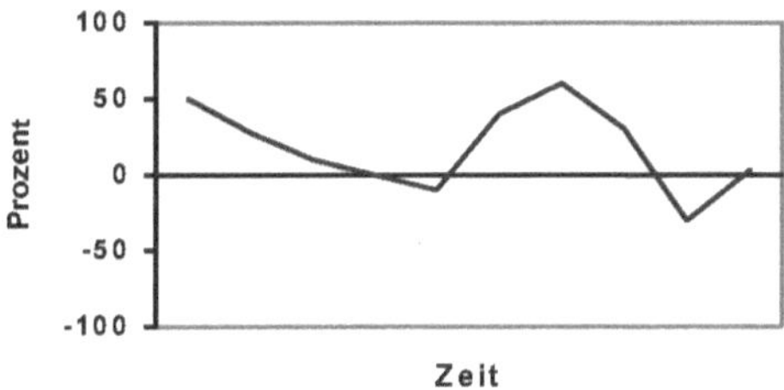

Abbildung 27: Oszillator

Der wohl einfachste Weg zur Interpretation des Oszillators besteht darin, die Nulllinie als Signalgeber zu definieren. Als Kaufsignal gilt, wenn der Oszillator über die Nulllinie steigt. Dagegen gilt als Verkaufssignal, wenn der Oszillator unter die Nulllinie fällt.

Bei einem fallenden Aktienmarkt (Baisse), fungiert die Nulllinie als Widerstand. Daher repräsentiert die Zone um die Nulllinie in einem Aufwärtstrend den Kaufbereich mit niedrigem Risiko, in einem Abwärtstrend entsprechend eine Verkaufszone.

Überdies geben die Oszillatoren Aufschluss über die Vitalität der Kursbewegung. Steigen die Aktienkurse dynamisch an, vergrößert sich die Differenz zwischen dem aktuellen Kurs und dem Vergleichswert der Vergangenheit schnell – die Steigung in der Oszillatorenkurve wird steiler. Solange diese Entwicklung anhält, ist von einer Fortsetzung der gegebenen Trenddynamik auszugehen. Nähern sich allerdings die Kurssteigerungen dem Ende, werden üblicherweise die relativen Kurszuwächse geringer. Obwohl der Kurs der Aktie unverändert steigt, wird die Oszillatorenkurve flacher. Das gilt allgemein als Alarmzeichen.

14.2.4 Beispiel für die Anwendung der technischen Analyse

Eine alte chinesische Weisheit sagt: »*Lernen ist wie das Rudern gegen den Strom; sobald man aufhört, treibt man zurück.*« Obwohl das »Rudern gegen den Strom« eine Menge Kraft kostet, lohnt es sich. Um es Ihnen etwas zu erleichtern, werde ich Ihnen nun anhand eines Beispiels ausführlich die Anwendung der technischen Analyse erläutern.

Als ersten Schritt muss man sich eine Aktie oder einen Index aussuchen, den man analysieren möchte. Wir wählen den Deutschen Aktienindex. Nun sucht man sich für den gewählten Index die Kurse der letzten Jahre heraus, um den langfristigen Trend zu erkennen. Danach werden die Trendlinien in den Chart eingezeichnet.

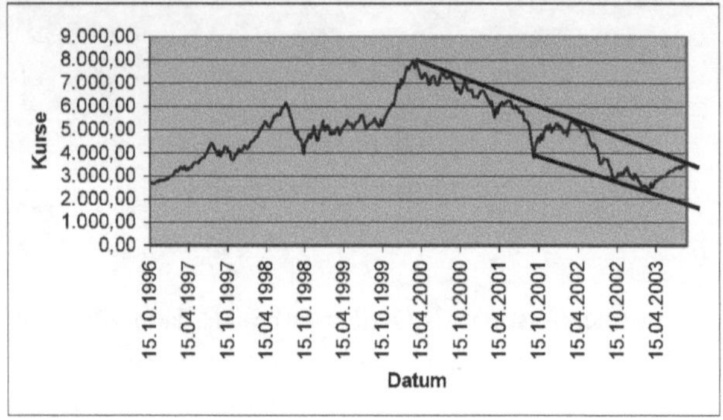

Abbildung 28: Deutscher Aktienindex mit langfristigem Trend

Aus Abbildung 28 erkennt man, dass sich der Deutsche Aktienindex in einem langfristigen Abwärtstrendkanal befindet. Außerdem testet der DAX zurzeit die oberen Widerstände dieses Trendkanals. Um einen noch besseren Einblick zu bekommen, sehen wir uns einen Chart der letzten 2 Jahre an.

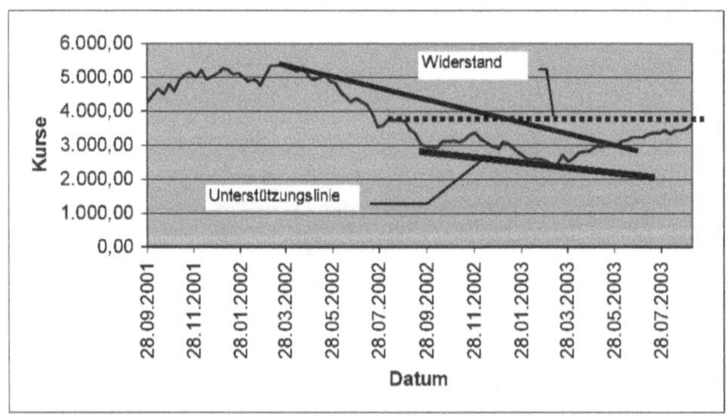

Abbildung 29: Kurse des Deutschen Aktienindex der letzten 2 Jahre

Aus Abbildung 29 sieht man, dass der DAX den Abwärtstrend am 28. Mai 2003 durchbrochen hat. Die Frage ist nun aber, ob es sich bei diesem Ausbruch lediglich um eine Trendverletzung handelt oder ob hier tatsächlich ein Trendwechsel vorliegt.

Dazu wenden wir zunächst die 3- %-Regel an. Sie besagt, dass ein Trendwechsel erst dann vorliegt, wenn der aktuelle Kurs einen Abstand von mindestens 3 % zur alten Trendgerade hat. Die alte Trendgerade hat in unserem Beispiel ein Kursniveau von etwa 3100 Punkten. Aus dem Chart sieht man, dass der DAX dieses Kursniveau in der folgenden Zeit deutlich überschritten hat, bis in der Spitze von ca. 3600 Punkten. Dies bedeutet, dass die 3- %-Regel erfüllt ist und ein Trendwechsel vorliegt.

Um wirklich sicher zu gehen, wenden wir noch die 2-Tage-Regel an, die besagt: Ein Bruch des gültigen Trends ist erst dann gegeben, wenn der Kurs wenigsten zwei Tage außerhalb der bisherigen Trendlinie liegt. Auch dieses Kriterium ist erfüllt. Darum kann man aus charttechnischer Sicht sagen, dass hier ein kurzfristiger Trendwechsel stattgefunden hat, und zwar von einem Abwärtstrend hin zu einem Aufwärtstrend.

Allerdings entnimmt man dem Chart auch, dass sich bei ca. 3800 Punkten ein Widerstand ausgebildet hat. Deshalb sollte der DAX innerhalb eines Korridors von 3000 bis 3800 Punkten schwanken. Um die Aussagen aus der Charttechnik noch zu untermauern, betrachtet man noch die Ergebnisse eines technischen Indikators. Dazu gehen wir von den 50 und 200 Tage gleitenden Durchschnitten aus.

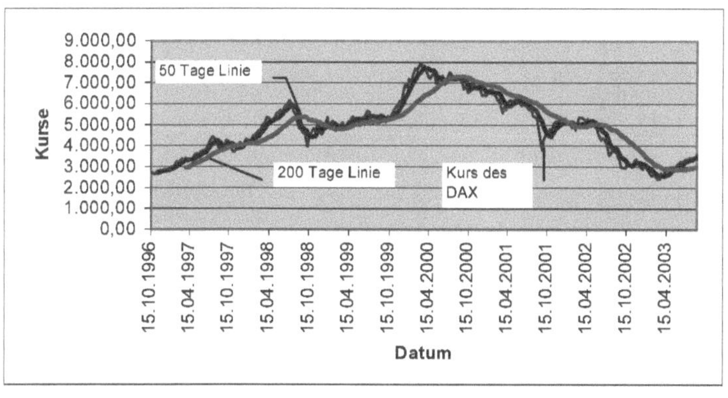

Abbildung 30: Deutscher Aktienindex mit 50 und 200 Tage gleitenden Durchschnitt

Aus Abbildung 30 ist zu erkennen, dass der Kursverlauf des Deutschen Aktienindex sowohl den 50 als auch den 200 Tage gleitenden Durchschnitt von unten nach oben durchkreuzt hat. Dies gilt allgemein als Signal für weiter steigende Kurse. Um wirklich eine fundierte Aussage zu treffen, ziehen wir noch das Konzept der Double Crossover hinzu. Aus Abbildung 30 erkennt man, dass die 50-Tage-Durchschnittslinie die 200-Tage-Durchschnittlinie von unten nach oben am 28. Mai 2003 durchschritten hat. Dies wird allgemein als Kaufsignal interpretiert. Das wahrscheinliche Szenario ist also, dass die Kurse steigen werden und zwar mindestens bis zum Widerstand von 3800 Punkten im Deutschen Aktienindex.

Als Investor muss man heute die Charts nicht mehr selber zeichnen, sondern kann sie mit den entsprechenden gleitenden Durchschnitten und Trendlinien aus dem Internet beziehen, zum Beispiel unter www.yahoo.de und www.comdirect.de. Prinzipiell bieten aber auch alle Banken und Discount-Broker die Charts an. Auch die technische Analyse kann man »fix und fertig« aus dem Internet erhalten.

14.3 Andere Möglichkeiten zur Ermittlung eines Trends

Eine Alternative zur eigenen Erstellung einer Kursprognose stellen die Kursprognosen im Internet dar. So veröffentlichen viele Web-Sites nachvollziehbare Prognosen.

Ein Problem besteht allerdings darin, dass jeder Entwickler einer Prognose die Meinung vertritt, dass seine die Beste ist. Deswegen sollte ein Anleger die verschiedenen Prognosen der Web-Sites auf Plausibilität zu überprüfen, indem er über einen gewissen Zeitraum die Prognosen verfolgt und dann die Web-Site auswählt, die die beste Prognosewahrscheinlichkeit hat.

Nach meiner persönlichen Beobachtung und Auswertung haben die Folgenden Web-Sites eine gute Prognosewahrscheinlichkeit: www.dbs-trade.de, www.charttec.de, www.profit-station.de und www.happyyuppie.com.

Eine weitere Möglichkeit, Prognosen zu erhalten, sind die monatlichen News-Letter von Optionsscheinemittenten. Hier möchte ich stellvertretend den News-Letter der Deutschen Bank X-press nennen.

14.4 Ist die technische Analyse für den Privatanleger wichtig?

Bei aller Beliebtheit der technischen Analyse soll an dieser Stelle eine Warnung ausgesprochen werden. Empirisch hat sich gezeigt, dass für den langfristig orientierten

Anleger die fundamentalen Faktoren viel wichtiger sind als die Ergebnisse der technischen Analyse. Diese Beobachtung veranlasste den amerikanischen Journalisten Charles H. Dow (1851-1902) schon vor mehr als hundert Jahren zu dem Spruch: »*Der größte Fehler der Anleger ist: Sie achten auf den Kurs einer Aktie statt auf ihren Wert.*«

Damit ist gemeint, dass langfristig der Gewinn und die Solidität eines Unternehmens den Kurs der Aktie bestimmen.

Die technische Aktienanalyse kann daher dem Privatanleger nur eine Hilfestellung im kurzfristigen Bereich geben, indem sie zur Bestimmung des optimalen Kauf- oder Verkaufszeitpunktes für eine bestimmte Aktie zu Rate gezogen wird. Aber die grundsätzliche Entscheidung zum Kauf bzw. Verkauf einer Aktie sollte immer nach fundamentalen Kriterien getroffen werden.

J. Doyne Farmer[87] sagte selbstkritisch, dass die Modellierung von Finanzdaten wie Wahrsagen auf dem Jahrmarkt ist. Wenn eine Wahrsagerin auf dem Jahrmarkt ihrem Kunden vorhersagt, er würde während einer Reise mit dem Flugzeug verunglücken, und er tritt diese Reise deswegen nicht an, hat die Wahrsagerin dann trotzdem recht?

Ob sie bei der Auswahl von Aktien auf die Hilfsmittel der technischen oder fundamentalen Aktienanalyse zurückgreifen, bleibt letztlich Ihnen überlassen. Ich persönlich nutze allerdings die technische und fundamentale Aktienanalyse. Damit habe ich bis jetzt nur positive Erfahrungen gemacht.

---

[87] Mitbegründer des Santa Fe Institutes zur Erforschung komplexer Systeme

Clever sagte: „Jetzt haben Sie mir eine Menge über die Aktienanalyse erzählt, doch gibt es auch solche Methoden für Anleihen? Schließlich besteht mein Depot ja auch zu 24 % aus Anleihen."

„Sie haben recht", antwortete der Anlageberater. „Auch Anleihen müssen sorgfältig ausgewählt werden. Aber die meisten Instrumente dazu kennen Sie schon. Sie können den fairen Wert einer Anleihe berechnen und mithilfe der Duration können Sie das Risiko einer Kursänderung abschätzen. Wenn Sie beispielsweise Anleihen von Industrieunternehmen kaufen, müssen sie die Unternehmen auch fundamental unter die Lupe nehmen. Sie möchten ja schließlich, dass das Unternehmen in der Lage ist, seine Zins- und Tilgungsversprechen zu erfüllen. Hier gilt letztendlich auch der schöne Spruch: »*Nicht jeder hält, was er verspricht.*« Zur Überprüfung dieser Fähigkeit bietet sich die Bonität an, die durch das Rating gemessen wird. Zudem kann es vor dem Hintergrund des Zinsänderungsrisikos von Anleihen sinnvoll sein, eine technische Analyse der Marktrendite durchzuführen."

Clever: „Das ist ja toll. So haben wir bei der Besprechung der Aktienanalyse ja gleich zwei Fliegen mit einer Klappe geschlagen. Aber eine Frage habe ich noch: Wie hoch sind die Gebühren beim Kauf bzw. Verkauf von Anleihen und Aktien?"

Der Anlageberater entgegnete: „Die Höhe der Gebühren hängt von Ihrem Anlageverhalten ab. Darum werde ich Ihnen nun den richtigen Umgang mit den Gebühren aufzeigen."

15. Kosten einer Wertpapieranlage

Bei Bankgebühren handelt es sich nicht im engeren Sinne um Gebühren, sondern um Preise für Dienstleistungen. Genauso wie ein Kunde beim Fleischer für seinen Aufschnitt bezahlt, so zahlt der Anleger bei der Bank für die Beratung, den Kauf oder den Verkauf von Wertpapieren und für ihre Verwahrung und Verwaltung. Diese Leistungen unterliegen ebenso den Gesetzen des Wettbewerbs – jeder Anleger kann sich die Bank aussuchen, die ihm die beste Leistung zum günstigsten Preis anbietet.

Um eine Entscheidung sachgerecht treffen zu können, muss der Anleger die Grundstruktur der Preise für Bankdienstleistungen und sein persönliches Anlageverhalten kennen. Beides zusammen ermöglicht ihm, die für ihn und seine Bedürfnisse richtige Bank zu finden.

In der Regel kann man die Gebühren der Banken in die Preise für Kauf und Verkauf von Wertpapieren (Transaktionskosten) und die Preise für die Verwahrung und Verwaltung der Wertpapiere (Depotgebühren) unterteilen. Weiterhin ist zu berücksichtigen, dass nicht für alle Anlageformen gleichermaßen Gebühren erhoben werden. So werden für Sparbücher und Sparbriefe im Regelfall keine Gebühren veranschlagt, dafür bekommt der Anleger aber eine niedrigere Verzinsung. Die Gebühren für den Kauf von Aktien setzen sich im Normalfall wie folgt zusammen:

- Bankprovision: 1 % des Kurswertes, mindestens aber 15 Euro
- Maklercourtage: 0,04 bis 0,08 % des Kurswertes
- Spesen und Porto: 2 bis 5 Euro

Nehmen wir an, Sie möchten zu 1500 Euro Siemens-Aktien kaufen, so müssen Sie folgende Kaufgebühren zahlen:

Bankprovision:	1500 · 1 %	= 15 Euro
Maklercourtage:	1500 · 0,04 %	= 0,6 Euro
Spesen:		= 1,5 Euro
Gesamtkosten:		= 17,1 Euro

Bei einem Kurswert von 1500 Euro beträgt die Transaktionsgebühr ca. 1,14 %, bei einem Anlagevolumen von 1000 Euro schon 1,71 %. Sinkt das Anlagevolumen weiter, nimmt der prozentuale Anteil der Transaktionsgebühren weiter zu, so betragen die Transaktionsgebühren bei einem Auftragsvolumen von 500 Euro 3,42 %.

Deshalb sollte bei jedem Aktienkauf bzw. -verkauf die Grenze überschritten werden, ab der nicht mehr die Mindestgebühr erhoben wird, sondern die normale Provision von einem Prozent des Kurswertes – also ab einem Anlagevolumen von ca. 1500 Euro.

Da sowohl für den Kauf als auch für den Verkauf einer Aktie Transaktionskosten anfallen, sind die oben ermittelten Transaktionskosten zu verdoppeln, um zu ermitteln, ab wann mit einer Aktie Gewinn erzielt wird. Genau genommen müsste der Kursgewinn sogar noch etwas größer sein, da die Gebühren beim Verkauf sich ja auf den (hoffentlich) höheren Verkaufskurs beziehen und somit etwas höher ausfallen als die Kosten beim Kauf.

Auch für den Kauf von Anleihen fallen Transaktionskosten an. Sie werden nach dem gleichen Muster berechnet wie bei Aktien, aber hier beträgt die Provision nicht 1 % sondern nur 0,5 % des Kurswertes, mindestens aber ebenfalls 15 Euro. Wird eine Anleihe bis zur Tilgung gehalten, fallen keine Verkaufsprovisionen an. Insofern ist eine Anlage in Anleihen in Bezug auf die Gebühren meistens günstiger als eine Anleihe in Aktien. Dieser Vorteil steht allerdings einer langfristig geringeren Durchschnittsrendite gegenüber.

Beim Kauf von Investmentfonds muss der Anleger nur einen Ausgabeaufschlag zahlen, der zwischen 3 % (Rentenfonds) und 5 % (Aktienfonds) liegen kann. Neben den Transaktionskosten erheben die Banken auch Gebühren für die Depotverwaltung. Üblich sind hier 1 Promille des Kurswertes einer Aktie oder Anleihe, aber mindestens 5 Euro je Aktie oder Anleihe. Für die Depotgebühren erbringt die Bank eine Vielzahl von Dienstleistungen. So führt die Bank das Depotkonto und versendet mindestens einmal jährlich einen Depotauszug, aus dem der Anleger seinen Wertpapierbestand entnehmen kann. Ferner überwachen die Banken die Zins- und Dividendentermine und überweisen die Zinsen oder Dividenden auf das Konto des Anlegers. Überdies sendet die Bank dem Anleger die Einladung zur Hauptversammlung und weitere Informationen über das Unternehmen zu und vertritt ihn auch auf der Hauptversammlung, wenn der Anleger dies wünscht.

Eine der wohl teuersten Dienstleistungen der Banken wird bis jetzt nicht von der Gebührenordnung erfasst, nämlich die Anlageberatung[88]. Ob ein Investor seine Kauf- oder Verkaufsorders telefonisch erledigt oder sich in der Bank beraten lässt, spielt für die Höhe der Transaktionskosten und Depotgebühren keine Rolle. Für Anleger, die keine Anlageberatung benötigen gibt es aber eine preiswerte Alternative und zwar die Discount-Broker.

Discount-Broker sind meistens Tochtergesellschaften von großen Banken, die sich nur als Plattform für den Wertpapierhandel verstehen. Da sie keine Anlageberatung anbieten, haben sie deutlich niedrigere Transaktions- und Depotgebühren. Sie sind in der Regel um mehr als die Hälfte günstiger als bei »normalen« Banken.

---

[88] Allerdings gehen heute schon einige Banken dazu über, auch hierfür eine Gebühr zu verlangen. Sie beträgt in etwa 50 Euro pauschal oder 30 Euro pro Stunde.

Die Transaktionskosten sind für alle Investoren von Interesse, die ihr Wertpapierdepot relativ oft umschichten. Wer beispielsweise einmal pro Jahr sein gesamtes Depot umschlägt, trägt Transaktionskosten in Höhe von ca. 2,5 % des Depotwertes. Bei einem Depotwert von 100.000 Euro wären das 2.500 Euro. Wer die Aktien in seinem Depot in Ruhe »reifen« lässt, hat natürlich keine zusätzlichen Transaktionskosten zu zahlen. So stellten beispielsweise Terrance Odean und Brad M. Barber[89] bei einer Befragung von mehr als sechzigtausend amerikanischen Privatanlegern fest, dass häufiges Portfolioumschichten bis zu 6,5 % Rendite p.a. im Vergleich zu einem Aktienindex (S&P 500) kosten kann.

Deshalb sollte jeder Anleger gut abwägen, ob die neu ins Depot aufgenommene Aktie wirklich eine so viel höhere Rendite verspricht, dass sie die zusätzlichen Kosten rechtfertigt. Dabei gilt:

- Ein Anleger, der sein Aktiendepot breit gestreut hat, um langfristig mit einer hohen Wahrscheinlichkeit in den Genuss der durchschnittlichen Aktienrendite zu kommen, sollte auf häufiges Umschichten verzichten. Schließlich gilt hier die alte Börsenweisheit »*hin und her macht Taschen leer.*«

Der Anlageberater sagte: „Nun müssen wir uns nur noch mit einem Thema befassen, nämlich den Steuern. Schließlich möchte der Staat auch mit verdienen."

[89] Brad M. Barber und Terrance Odean: Trading is Hazardous to Your Wealth: The Common Stock Investment Stock Investment Performance of Individual Investors. Journal of Finance 55 (April 2000), 2, Seite 773-806

16. Steuerliche Aspekte der Wertpapieranlage

Bitte beachten Sie, dass in diesem Kapitel nur allgemeine Informationen zur steuerlichen Behandlung von Aktien und Anleihen gegeben werden können. Daher sollte sich jeder Investor vor dem Erwerb von Aktien und Anleihen mit seinem Steuerberater in Verbindung setzen und seine individuelle steuerliche Situation erörtern. Daraufhin sollte er dann seine Anlageentscheidung treffen. Dieses Vorgehen ist auch notwendig, weil der Gesetzgeber in regelmäßigen Abständen steuerliche Vorschriften ändert.

Kapitalerträge[90] unterliegen in Deutschland in der Regel der Einkommenssteuer. Zu den steuerpflichtigen Einnahmen gehören die Zinszahlungen von Sparbüchern, Termingeldern, Anleihen sowie die Dividendenerträge aus Aktien.

Für die erzielten Kursgewinne von Aktien und Anleihen muss der Anleger keine Einkommenssteuer abführen. Voraussetzung dafür ist, dass die Wertpapiere mindestens 12 Monate im Besitz des Anlegers sind, sonst fallen für die Kursgewinne ebenfalls Steuern an.

Die Zinserträge werden heute direkt an der Quelle besteuert, d.h. bei der Bank, und zwar mithilfe des Systems des Vorsteuerabzugs, das auch als Zinsabschlagsteuer (ZASt) bekannt ist. Deswegen werden die Zinseinnahmen um 30 % gekürzt.

Hat beispielsweise der Anleger Anleihen mit einem Nennwert von 10.000 Euro und einem Nominalzinssatz von 5 % im Depot, so würde er 500 Euro Zinsen bekommen. Tatsächlich bekommt er aber nur 350 Euro ausgezahlt, also 30 % weniger. Über die fehlende Summe von 150 Euro stellt ihm die Bank eine Steuergutschrift aus. Diese Gutschrift reicht der Investor zusammen mit seiner Einkommenssteuererklärung beim Finanzamt ein. Liegt nun der persönliche Einkommenssteuersatz des Anlegers unter 30 %, so wird ihm der zu Rest-Betrag auf die Einkommenssteuerschuld angerechnet oder wieder zurückerstattet. Um dieses Verfahren zu vereinfachen, hat der Staat das Freistellungsverfahren eingeführt. Bei diesem Verfahren kann jeder Anleger seiner Bank einen Freistellungsauftrag bis zu einer Höhe von 1.421 Euro (bei Ehepaaren ist

[90] Kapitalerträge sind in Deutschland derzeit (Stand 2005) bis zu einer Höhe von 1.421 Euro für Ledige und für Verheiratete von 2.842 Euro steuerfrei. Diese Grenzen können durch den Gesetzgeber jederzeit verändert werden.

dieser Betrag zu verdoppeln) erteilen. Die Bank führt dann die Zinsabschlagssteuer nicht mehr ab, sondern zahlt den Zinsertrag vollständig an den Sparer aus. Übersteigen die Zinseinnahmen die Höhe des Freistellungsauftrages, dann zieht die Bank automatisch die nun fälligen Zinsabschläge wieder ab.

Etwas komplizierter als bei Anleihen oder anderen verzinslichen Anlageprodukten ist die steuerliche Behandlung von Aktien. Die Dividenden werden nämlich nach dem Halbeinkünfteverfahren versteuert. Das bedeutet, dass die Dividenden nur noch hälftig besteuert werden. Hat zum Beispiel der Anleger eine zu erwartende Dividendeneinnahme von 1.000 Euro, wird diese nur zur Hälfte auf den Freistellungsauftrag angerechnet. Falls der Anleger den Freistellungsauftrag schon ausgeschöpft hat, muss er nur 500 Euro versteuern.

Neben den laufenden Kapitalerträgen (wie Zinsen und Dividenden) besteht die Rendite eines Anlegers auch noch aus Kursgewinnen. Während Kursgewinne für den Privatinvestor bei Anleihen eher eine untergeordnete Rolle spielen, stellen die Kursgewinne bei Aktien den größten Teil der Rendite dar. Allerdings sind für einen Privatanleger unter bestimmten Bedingungen die Kursgewinne steuerfrei.

Steuern auf die Kursgewinne werden erhoben, wenn Kauf und Verkauf desselben Wertpapiers innerhalb eines Jahres erfolgen. Dieser Zeitraum wird als Spekulationsfrist bezeichnet. Liegt zwischen dem Kauf bzw. dem Verkauf mehr als 1 Jahr, dann ist der Gewinn steuerfrei[91].

Überdies gibt es noch eine Freigrenze. Falls der Überschuss aus der Summe aller Spekulationsgeschäfte eines Kalenderjahres weniger als 512 Euro ist, so bleiben diese Einkünfte steuerfrei. Ab einschließlich 512 Euro werden die Spekulationsgewinne vollständig berücksichtigt. Daneben steht bei Verheirateten diese Freigrenze beiden Partner zu, und zwar bis zur Höhe ihres jeweiligen Gesamtgewinnes. Zur Zeit ist eine Übertragung eines nicht ausgeschöpften Teils der Freigrenze auf den anderen Ehepartner nicht möglich.

Folgt der Anleger der modernen Portfoliotheorie und stellt sich ein ausgewogenes Depot unterschiedlicher Aktien zusammen, so wird er ohnehin nur sehr behutsam Umschichtungen vornehmen, um die langfristige Rendite seines Wertpapierdepots dem kurzfristigen Spekulationsgewinn vorziehen.

---

[91] In der Diskussion ist, die Spekulationsfrist abzuschaffen, und eine pauschale Versteuerung der Kursgewinne einzuführen.

Nimmt der Anleger die Grundregel der Asset Allocation ernst und streut seine Geldanlagen international, so wird er früher oder später in den Genuss einer bereits im Ausland einbehaltenen Quellensteuer kommen. Nun stellt sich für den Anleger die Frage, ob er die im Ausland gezahlte Quellensteuer zurückerstattet bekommt oder ob sie ihm als Steuer (wie z.B. die deutsche Kapitalertragssteuer) angerechnet wird. Ein Teil der im Ausland gezahlten Quellensteuer kann auf Antrag wieder zurückerstattet werden. Der nicht erstattete Teil kann auf die deutsche Steuer angerechnet werden.

17. Epilog

„Schon die Wall-Street-Ikone Barton Biggs sagte, ein erfahrener Anleger braucht die »*Kraft zur Ruhe, zur Reflexion und zur Umkehr*«. Deswegen sollten wir uns noch etwas Zeit nehmen und die wichtigsten Punkte der Portfoliotheorie wiederholen“, sagte der Anlageberater.

„Ich würde die Portfoliotheorie mit dem Spruch umschreiben »*lege nie alle Eier in einen Korb, denn es könnte ein Loch darin sein*«. Durch die Aufteilung der Vermögenswerte (»Eier«) auf verschiedene Anlageklassen (»Körbe«) wie Aktien und Anleihen kann das Risiko vermindert werden. Das klingt auf den ersten Blick vernünftig, doch was bedeutet das konkret? Wann investiere ich in welche Aktien, wie gewichte ich Branchen, Länder usw. in meinem Portfolio?“ fragte Clever.

„Genau hier setzt die Portfoliotheorie an“, erklärte der Anlageberater. „Die Eigenschaften von Wertpapieren lassen sich demnach im Wesentlichen mit drei statistischen Kenngrößen beschreiben. Dies sind: die durchschnittliche Rendite, deren Streuung (Volatilität) im Zeitablauf und ihre Entwicklung im Verhältnis zu anderen Wertpapieren, d.h. deren Korrelation.“

„Dadurch ist es möglich geworden, einzelne Wertpapiere nach objektiven Kriterien einzuordnen und zu sortieren. Danach kann ich wählen, wo meine Präferenzen liegen, also ob ich für eine hohe Rendite ein hohes Risiko eingehen möchte oder umgekehrt“, führte Clever weiter aus. „Doch der eigentliche Clou der Portfoliotheorie liegt darin, dass man mit einer geschickten Kombination zwischen verschiedenen Anlageinstrumenten ein besseres Risiko-Ertragsverhältnis erreichen kann, als es mit einzelnen Wertpapieren möglich ist. Hat beispielsweise der Aktienanteil am Portfolio starke Kursverluste zu verzeichnen, so können die Anleihen möglicherweise gleichzeitig Kursgewinne verbuchen und so die Verluste verringern. Zusammenfassend kann man sagen, dass sich mit einer gezielten Streuung von Finanzanlagen bei gleichem Risiko eine höhere Rendite erzielen lässt, als mit einem intuitiven Anlageprozess.“

„Beim Anlageprozess unterscheidet man zwischen strategischer Asset Allocation und der taktischen Variante“, ergänzte der Anlageberater. „So spielt die Aufteilung von Vermögen auf verschiedene Anlageformen, Länder und Währungen eine wichtigere Rolle, als die Selektion einzelner Branchen, individueller Titel oder bestimmter Klassen von Schuldnern. Bei der strategischen Asset Allocation entscheidet man sich also für ganze Märkte und stellt sich dabei die Frage, in welchen Regionen man sich unter den verschiedenen Chancen-Risiko-Aspekten wie stark engagieren möchte. Dagegen beschäftigt sich die taktische Asset Allocation mit der Frage, in welche Aktien man investieren möchte."

Clever meinte daraufhin: „Im Nachhinein fühle ich mich sehr an die Worte meiner Mutter erinnert: »*Ess nicht immer so einseitig Pommes, sondern ernähre dich abwechslungsreich, dann bleibst du gesund.*« Das ist, vereinfacht ausgedrückt, die Aussage der Portfoliotheorie."

Der Anlageberater war beeindruckt: „Jetzt habe ich Sie ja zu einem richtigen Finanzexperten gemacht. Doch wir sollten noch einen Blick auf die wichtigen Begriffe Risiko und Rendite werfen."

Clever erklärte: „Der Begriff Risiko wird durch die Volatilität beschrieben. Die Volatilität gibt die Streuung der Rendite bezogen auf ein Jahr wieder. Sieht man sich das Wesen der Renditestreuung unter dem Zeitaspekt an, so ergibt sich kurzfristig, dass die Volatilität, was die Schwankungen der Rendite nach oben oder unten angeht, als Risiko zu interpretieren ist. Auf lange Sicht beschreibt die Volatilität die Chance, über einige Jahrzehnte hinweg reich zu werden. Im Prinzip kann man sagen: Wer jung ist, kann sein Schicksal fordern und die Chance ergreifen, die mit der Volatilität verbunden ist. Für die Älteren ist Volatilität eigentlich nur noch Risiko. Am tiefsten haben mich aber die statistischen Methoden zur Rendite beeindruckt. Ich war doch wirklich naiv, so dass ich davon ausgegangen bin, dass man bei langfristiger Aktienanlage automatisch die jährliche Durchschnittsrendite von 8 % erhält. Ich hätte doch tatsächlich alles in Aktien angelegt, nach dem Motto: »*Die Gier frisst das Hirn.*« Ich hätte bewusst die Volatilität in Kauf genommen, weil sie auf längere Sicht die Chance gibt, reich zu werden."

„Richtig", stimmt der Anlageberater zu. „Doch die Statistik sagt: Der Modus ist das Ergebnis mit der höchsten Eintrittswahrscheinlichkeit. Wer denkt, bei einer Geldanlage über viele Jahre den Erwartungswert (sprich die 8 %) zu bekommen, belügt sich selbst."

„Ich hätte wohl die Anleihen links liegen gelassen. Doch jetzt weiss ich, dass Anleihen diese herablassende Behandlung nicht verdient haben. Ich würde sie heute dazu nutzen meinen Modus zu maximieren. Aber trotzdem würde ich den Großteil meines Vermögens in Aktien investieren. Schließlich ist es langfristig auch ein Risiko, zu risikolos zu investieren. Aber letztlich führt nur eine vernünftige Kombination aus Aktien und Renten zu einer optimalen Chancen-Risiko-Kombination", so Clever.

17.1 Clevers Portfolio

„Ich bin wirklich beeindruckt, was sie alles behalten haben“, lobte der Anlageberater Clever. „Darum ist es Zeit geworden, ihre Anlagestrategie mit Leben zu erfüllen. Sie haben sich ja für die Spekulationsstrategie entschieden, d.h. also für einen Aktienanteil von 66 %.“

„Ja, also 66.000 Euro sollen in Aktien investiert werden. Doch wie viele Aktien kann ich mir mit 66.000 Euro kaufen?“

„Sie können theoretisch 44 Aktien zu je 1500 Euro kaufen. In diesem Fall würden die Transaktionsgebühren bei ca. 1,5 % liegen. Ich empfehle Ihnen aber eine Aktienpositionsgröße von 3.000 Euro, um die Transaktionskosten noch weiter zu senken.“

Clever: „Das erscheint mir plausibel. Zur Auswahl der Aktien gehe ich vom Verfahren der geschichteten Stichprobe (siehe Seite 145 ff.) aus. Dazu stelle ich mir dieses Verfahren als Pyramide vor. Da meine Pyramide ein solides Fundament haben soll, wähle ich aus dem Deutschen Aktienindex die sieben bedeutendsten Branchen aus. Das sind Automobil-, Chemie-, Elektro-, Betriebssoftware-, Versicherungs- und Versorgerunternehmen, sowie Banken. Anschließend wähle ich mittels des Schnelltestes zu Ermittlung der Solidität und Finanzkraft die besten Aktien aus diesen Branchen aus. Zur Zeit wären das BMW, BASF, die Deutsche Bank, SAP, Siemens, die Münchner Rückversicherung und E.ON.

Im nächsten Schritt muss ich den Mittelkörper der Pyramide bauen. Dazu wähle ich Aktien aus der EU aus, deren Branchen noch nicht in meinem Depot enthalten sind, also Energie, Distribution, Mode, Nahrungsmittel und Telekommunikation. Zur Einzeltitelauswahl gehe ich genauso vor, wie bei Auswahl der besten Aktien aus dem DAX. So ergeben sich Royal Dutch, Carrefour, H&M, Nestle und Unilever und Vodafone und Nokia.

Im letzten Schritt baue ich die Pyramidenspitze. Dazu sehe ich mir an, was mir die übrige Welt noch so zu bieten hat. Dort erwerbe ich Aktien von Gesellschaften, dessen Branchen noch nicht berücksichtigt sind, also Biotechnologie, Konsum, Pharma, Unterhaltung, Unterhaltungselektronik, Technologie, Software sowie Basis-Industrien. Die Unternehmen, die ich wähle, wären General Electric, Amgen, Samsung Elektronik, Pfizer, Walt Disney, Sony, IBM und Microsoft.

Meinen 24 %igen Rentenanteil am Depot lege ich in Anleihen von Hypothekenbanken an. Die sind fast so sicher wie Bundesanleihen, haben aber eine etwas höhere

Rendite. Ferner möchte ich meinen Rentenanteil nur auf erstklassige Schuldner mit einem A-Rating begrenzen, da es mir dort hauptsächlich auf Sicherheit ankommt.

Die restlichen 10 % meines Depots lege ich auf einem Tagesgeldkonto an. So kann ich bei Bedarf jederzeit an meinen Notgroschen. Zudem bekommt man auf ein Tagesgeldkonto etwas mehr Zinsen als auf ein Sparbuch."

„Sie haben ihre Strategie sehr gut umgesetzt", sagte der Anlageberater. „Sie haben beim Aktienanteil bewusst höhere Risiken in Kauf genommen, z.B. durch Währungsrisiken, die Sie versuchen durch eine sehr konservative Anlage in Anleihen auszugleichen. Darum habe ich an Ihrer Umsetzung der Strategie nichts auszusetzen."

Clever: „Ich habe noch eine Frage. Gibt es nicht eine Möglichkeit sein Portfolio gegen Verluste zu versichern? Schließlich habe ich in der Zeitung gelesen, dass sich eine Frau ihren Busen versichern lassen konnte. Weshalb sollte es dann nicht möglich sein, mein Portfolio gegenüber Kursverlusten zu versichern?"

„Ja, es gibt eine Möglichkeit ihr Portfolio zu versichern", antwortete der Anlageberater. „Die Portfolioinsurance."

17.2 Portfolioinsurance

Investoren wünschen sich bei ihrer Geldanlage in der Regel:

- den Schutz gegenüber Verlusten
- eine möglichst hohe Rendite
- und die Chance auf weiter steigende Gewinne.

Leider lassen sich diese Wünsche nicht gleichzeitig erfüllen, aber es gibt Substitutionsmöglichkeiten. Wer im Bereich von Anleihen und Aktien bleiben möchte, kann durch eine Erhöhung der Aktienquote seine Chance auf höhere Gewinne steigern. Aber dafür wächst bei der kurzfristigen Betrachtung die Verlustgefahr. Zusätzlich geht mit einer Erhöhung der Aktienquote bei kurzfristiger Betrachtung, sofern man sich im Bereich von 70 % bis 100 % Aktienquote befindet, die Modalrendite[92] zurück.

Eine alte Börsenweisheit sagt, dass *»ein reiner Aktienanleger das Spiel mit weniger Geld als erwartet verlässt, aber sehr hohe Gewinnchancen hatte. Darum schlafen Ak-*

[92] Die Modalrendite ergibt sich aus dem Modus.

tieninvestoren zwar schlecht, aber träumen gut. Dagegen schlafen reine Anleiheanleger gut, aber träumen nicht«.

Möchte ein Anleger den Bereich von Anleihen und Aktien verlassen, so bietet sich eine zusätzliche Substitutionsmöglichkeit an, nämlich Optionen. Mit Optionen ist es nämlich möglich, sein Portfolio gegen Kursverluste abzusichern. Dazu ist es allerdings notwendig, einige Grundkenntnisse über die Optionen zu haben, die ich Ihnen im nächsten Abschnitt vermitteln werde.

17.2.1 Das Wesen der Optionen[93]

Haben Sie keine Angst vor Optionen, schließlich handelt es sich um eine jahrhundertealte Anlageform. Beispielsweise gehörte die Ausgabe von Tulpen-Optionen im 17. Jahrhundert zum täglichen Geschäft in den Niederlanden. Um ihnen die Angst bzw. den Respekt vor Optionen zu nehmen, möchte ich ihnen das grundsätzliche Prinzip anhand der Tulpen-Optionen erklären.

Im 17. Jahrhundert dauerte die Entwicklung einer neuen Tulpenart mindestens sieben Jahre. Um die Finanzierung eines solchen Projektes zu ermöglichen, erfanden die Tulpenzüchter die Idee, nicht nur die Blumen zu verkaufen, sondern die gesamten Kaufrechte für die neue Tulpenart, sobald sie zur Marktreife gekommen ist. Dieses Verfahren nannten die Tulpenzüchter dann Tulpen-Option. Dabei verpflichtet sich der Tulpenzüchter verbindlich zur Lieferung der Tulpen. Als potenzielle Käufer dieser Tulpen-Optionen kamen die Tulpenhändler in Frage, die bestrebt waren, frühzeitig exklusiv an eine neue Tulpenart heranzukommen, um einen möglichst großen Profit zu erzielen. Aber die Tulpenhändler wollten nicht nur die Rechte an der neuen Tulpenart haben, sondern auch schon den zukünftigen Preis für die Tulpen wissen. Daher wurden die Tulpen-Optionen mit einem vorab festgelegten Preis für die Tulpen ausgestattet. Zudem ist der Tulpenhändler nicht verpflichtet, die Tulpen abzunehmen. Wenn er von seinem Recht gebraucht macht und die Tulpen zu dem vorher festgelegten Preis kauft, so spricht man von der Ausübung der Option.

Diese kleine historische Exkursion zeigt das Prinzip der Optionen. Optionen verbriefen das Recht[94], nicht aber die Verpflichtung, eine bestimmte Menge eines Basiswer-

---

[93] vgl. Götte, Rüdiger: Der Weg zum erfolgreichen Investment mit Optionsscheinen. Tectum Verlag. Marburg 2003.

[94] Dies wird auch als Optionsrecht bezeichnet.

tes (z.B. Aktien) zu einem vorher festgelegten Preis[95] zu kaufen[96] oder zu verkaufen[97]. Für dieses Recht zahlt der Käufer der Option dem Verkäufer[98] der Option einen Geldbetrag.[99] Obendrein unterscheidet man zwischen den Call- und den Put-Optionen. Dabei setzt der Käufer einer Call-Option auf steigende Kurse des Basiswertes (z.B. Aktien) und der Käufer von Put-Optionen auf sinkende Kurse.

Falls der Inhaber der Option sein Optionsrecht ausübt, so werden sie von einer entgegengerichteten Zahlung, den Ausübungspreis bzw. Strike, begleitet. Der Inhaber einer Call-Option kann also wählen, ob er vom Stillhalter den Basiswert zum Ausübungspreis abkaufen möchte oder nicht. Dagegen kann der Besitzer einer Put-Option wählen, ob er dem Stillhalter den Basiswert zum Strike verkaufen möchte oder nicht.

Ferner sind Optionen Produkte, die an Terminbörsen wie der Deutschen Terminbörse bzw. EUREX gehandelt werden und so jederzeit verkauft werden können. Bei Optionen sind die Laufzeiten an den Terminbörsen standardisiert. Die Kontrakte laufen alle an einem bestimmten Tag ab, es gibt zum Beispiel die März-, die Juni-, die September- oder die Dezember-Kontrakte.

Der Optionspreis ergibt sich aus zwei Faktoren nämlich dem Inneren Wert und dem Zeitwert:

$$\text{Optionspreis} = \text{Innerer Wert} + \text{Zeitwert}$$

Dabei ergibt sich der Innere Wert einer Option nach den folgenden Gleichungen:

$$\text{Innerer Wert (Call)} = \frac{\text{aktueller Kurs des Basiswertes - Strike}}{\text{Bezugsverhältnis}}$$

$$\text{Innerer Wert (Put)} = \frac{\text{Strike - aktueller Kurs des Basiswertes}}{\text{Bezugsverhältnis}}$$

Aus den Formeln des Inneren Wertes erkennt man, dass der Innere Wert einer Option die Höhe des Kapitals angibt, die aus einer sofortigen Ausübung des Optionsrechts

[95] Dies wird als Strike oder Ausübungspreis bezeichnet.
[96] Diese Optionen werden als Call-Optionen bezeichnet.
[97] Diese Optionen werden als Put-Optionen bezeichnet.
[98] Der Verkäufer einer Option wird auch als Stillhalter bezeichnet.
[99] Dies wird als Optionspreis bezeichnet.

Seitens des Optionskäufers resultiert. Zudem unterscheidet man drei Grundsituationen für den Inneren Wert einer Option:

- im Geld bzw. in the money
- am Geld bzw. at the money
- aus dem Geld bzw. out of the money

Falls der Ausübungspreis (Strike) der Option bei einer Call-Option über bzw. bei einer Put-Option unter dem aktuellen Kurs des Basiswertes liegt, so spricht man von einer Option im Geld. In einem solchen Fall lohnt sich die Ausübung des Optionsrechtes.

Im Gegensatz dazu bezeichnet man eine Option als am Geld, wenn der Ausübungspreis der Option dem Kurs des Basiswertes entspricht. Das hat zur Folge, dass der Innere Wert der Option gleich Null ist und sich somit die Ausübung des Optionsrechts nicht lohnt.

Von einer Option aus dem Geld spricht man, wenn der Ausübungspreis der Option im Falle einer Call-Option unter und bei einer Put-Option über dem aktuellen Kurs des Basiswertes liegt. Dann ist der Innere Wert der Option gleich Null und die Ausübung des Optionsrechts lohnt sich auf keinen Fall.

Optionen »aus dem Geld« bzw. »am Geld« haben aber auch einen Wert (den so genannten Zeitwert), obwohl die Ausübung des Optionsrechts keinen Erlös abwerfen würde. Der Zeitwert ergibt sich daraus, dass bis zum Verfallstag die Option durch Kursteigerungen des Basiswertes bei einer Call-Option bzw. durch Fallen des Kurses des Basiswertes bei einer Put-Option noch »ins Geld« kommen könnte. Hierbei gilt, dass je länger die Restlaufzeit ist, umso höher sind der Zeitwert und damit auch der Preis der Option. Allerdings ist am Verfallstag der Zeitwert der Option gleich Null, d.h., dass der Wert der Option nur noch durch den Inneren Wert der Option ermittelt wird. Dabei vermindert sich der Zeitwert nicht gleichmäßig über die Laufzeit. Im Allgemeinen verringert sich der Zeitwert einer Option bis etwa zu Beginn des letzten Monats der Laufzeit geringfügig und fällt kurz vor dem Ende der Laufzeit sehr schnell ab.

Bei der Bestimmung des Zeitwertes spielen viele Faktoren eine Rolle, aber der wichtigste Faktor ist die Volatilität. Je volatiler der Basiswert ist, desto höher ist auch der Optionspreis. Nimmt hingegen die Volatilität ab, so verringert sich auch der Optionspreis und damit der Zeitwert der Option.

Ein weiteres wesentliches Merkmal einer Option ist der Hebel. Der Hebel einer Option kennzeichnet das Verhältnis von demjenigen Kapitalbetrag, der zum Kauf des entsprechenden Basiswertes aufgewendet werden müsste, und den für den Kauf der Option notwendigen Kapitals.

$$\text{Hebel} = \frac{\text{akt. Kurs des Basiswertes}}{\text{Optionspreis}}$$

Dabei bietet die Größe des Hebels einen Anhaltspunkt dafür, in welchem Maß eine Option an einer Kursveränderung des Basiswertes positiv oder negativ partizipiert.

Bei einer Preisbewegung des zu Grunde liegenden Wertes verändert sich auch der Optionspreis überproportional hinsichtlich des eingesetzten Kapitals, jedoch in einem dynamischen Verhältnis. Dieses Verhältnis ist insbesondere vom Inneren Wert der Option, d.h. von der damit verbundenen Wahrscheinlichkeit einer Ausübung des Optionsrechts, abhängig. Je weiter sich die Option ins Geld bewegt, desto stärker ist ihre Wertveränderung im Vergleich zum Basiswert. Im umgekehrten Fall, – die Option bewegt sich also aus dem Geld – verändert sie langsamer ihren Wert.

Leider gibt der Hebel immer nur den theoretisch maximalen Wert an, um wie viel die Option eine Bewegung des Basiswertes mitmacht. Um den tatsächlichen Wert zu ermitteln, wurde das Delta eingeführt.

Der Deltafaktor bezeichnet die Veränderung des Optionspreises im Verhältnis zur Veränderung des Basiswertpreises. Sie kann bei einer Call-Option zwischen 0 und 1 und bei einer Put-Option zwischen 0 und -1 liegen.

Optionen, die weit aus dem Geld liegen, werden von Veränderungen des Basiswertpreises verhältnismäßig gering berührt und haben daher ein Delta in der Nähe von 0. Dagegen bewegt sich eine Option, die tief im Geld ist, quasi im Gleichschritt mit dem Preis des Basiswertes und hat daher ein Delta in der Nähe von 1 bzw. -1.

Es ist also möglich, dass der Optionspreis nur unterproportional oder sogar überhaupt nicht reagiert, wenn sich der Kurs des Basiswertes stark verändert. Dieses Phänomen beobachtet man häufig bei Optionen, die weit aus dem Geld liegen.

Nach dieser kurzen Einführung in die Welt der Optionen kommen wir zurück zur Portfolioinsurance.

17.2.2 Optionsstrategien zur Portfolioinsurance

Mit Optionsstrategien können auch langfristige Anlagestrategien umgesetzt werden. Dabei wird der Einsatz der Optionen mechanisch Periode um Periode wiederholt, ohne dass der Anleger versucht, die augenblickliche Marktsituation zu erkunden, um auf eine prognostizierte Entwicklung zu setzen.

Die beiden grundlegenden Strategien sind die des Protected-Put-Buying (PPB) und die des Covered-Call-Writing (CCW).

17.2.2.1 Proctected-Put-Buying (PPB)

Mit dem Proctected-Put-Buying ist es möglich, Kursgewinne eines Basiswertes zu sichern. Hierzu verwendet das Proctected-Put-Buying Put-Optionen. Mit dem Kauf von Put-Optionen erwirbt der Anleger das Recht, den zu Grunde liegenden Basiswert der Option zu einem festgelegten Basispreis verkaufen zu dürfen. Wählt der Anleger zum Beispiel eine Option mit einem Basispreis nahe dem aktuellen Kurs des Basiswertes, so kann der Anleger während der Laufzeit der Option zum aktuellen Basiswert verkaufen. Dies bedeutet, dass der Anleger gegen Kursverluste des Basiswertes abgesichert ist.

Stellen Sie sich das Prinzip des Proctected-Put-Buyings an einem lebensnahen Beispiel vor. Dazu nehmen wir an, Sie hätten ein Haus für 250.000 Euro gekauft und möchten es gegen Feuer versichern. Dazu schließen Sie bei einer Versicherungsgesellschaft eine Feuerversicherung ab. Für diese Feuerversicherung zahlen Sie eine Prämie von 250 Euro. Nun brennt das Haus ab. In diesem Fall muss die Versicherungsgesellschaft den Versicherungswert von 250.000 Euro an Sie ausbezahlen. Das Haus ist zwar durch das Feuer wertlos geworden, aber Sie üben Ihre Option aus, und »verkaufen« der Versicherungsgesellschaft das Haus zu einem »vorher festgelegtem Preis« von 250.000 Euro.

Nehmen Sie nun an, dass das Haus nicht abbrennt. In diesen Fall verlieren Sie die gezahlte Prämie von 250 Euro. Als Gegenleistung haben Sie allerdings von der Versicherungsgesellschaft den Schutz ihres Hauses erhalten.

Ähnlich wie bei der Feuerversicherung, zahlen Sie beim Proctected-Put-Buying eine Prämie in Form der Kosten für die Put-Optionen. Auch diese Prämie verfällt, falls der Schadensfall nicht eintritt.

Zum besseren Verständnis sehen wir uns folgendes Beispiel an. Herr Vorsichtig möchte sein Siemens-Aktiendepot absichern, das 100 Siemens-Aktien zu einem Aktienkurs von 150 Euro enthält. Obendrein möchte Herr Vorsichtig seine bisher erzielten Kursgewinne sichern, ohne aber auf einen möglichen weiteren Kursanstieg der Aktie zu verzichten. Deswegen erwirbt Herr Vorsichtig 100 Put-Optionen der Siemens Aktie zu einem Basispreis von 150 Euro mit einem Bezugsverhältnis von 1:1 und einer Restlaufzeit von 6 Monaten zu einem Optionspreis von 10 Euro, also zu insgesamt 1.000 Euro.

In der nachstehenden Tabelle sind unterschiedliche Kursverläufe der Siemens Aktie nach einem halben Jahr und die Auswirkungen auf das Depot von Herrn Vorsichtig dargestellt.

Tabelle 37: Unterschiedliche Kursverläufe der Siemens-Aktie nach 6 Monaten und deren Auswirkung auf das Depot von Herrn Vorsichtig

Stand der Siemens Aktie nach 6 Monaten	Wert der 100 Siemens Aktien	Wert der 100 Optionsscheine nach 6 Monaten, d.h. am Verfallstag	Depotwert von Herrn Vorsichtig **ohne** Absicherung	Depotwert von Herrn Vorsichtig **mit** Absicherung*
170 Euro	17.000 Euro	0 Euro	17.000 Euro	16.000 Euro
150 Euro	15.000 Euro	0 Euro	15.000 Euro	14.000 Euro
130 Euro	13.000 Euro	2.000 Euro	13.000 Euro	14.000 Euro
110 Euro	11.000 Euro	4.000 Euro	11.000 Euro	14.000 Euro

* Der Depotwert mit Absicherung ergibt sich aus der Addition des Wertes der Optionsscheine und dem Wert der Siemens Aktien abzüglich der Kosten für die Absicherung von 1.000 Euro.

Durch die Kosten der Absicherung schneidet Herr Vorsichtig bei steigenden bzw. gleich bleibenden Kursen der Siemens-Aktie immer um ca. 1.000 Euro schlechter ab als ohne Absicherung. Dagegen ist Herr Vorsichtig aber bei Kurseinbrüchen der Siemens Aktie weitgehend vor Verlusten geschützt.

Betrachtet man die Proctected-Put-Buying-Strategie langfristig, so stellt man fest, dass aufgrund der Kosten der Absicherung ein deutlich schlechteres Ergebnis erzielt wird, als ohne Absicherung, da statistisch gesehen die Aktien langfristig eher steigen als fallen[100].

17.2.2.2 Covered-Call-Writing

Heutzutage werden viele Anlagestile, die auf Optionen beruhen, von Investmentbanken als fertiges Produkt in Form eines strukturierten Zertifikates angeboten. Dabei hat ein häufig angebotenes Produkt dieselben Zahlungseigenschaften wie eine Aktie in Kombination mit dem Verkauf einer Call-Option. Solche Produkte werden Discount-Zertifikate genannt. Diese Zertifikate bilden die Covered-Call-Writing-Strategie ab.

Bei Discount-Zertifikaten ist der Ausübungspreis der Call-Option meistens um 5 bis 15 % höher gewählt als der Kurs, den die Aktie bei Auflegung des Discount-Zertifikates hatte. Beträgt beispielsweise die Laufzeit ein Jahr, die Volatilität 30 %, der Strike der Call-Option ist um 15 % höher als der Aktienkurs, dann beträgt der marktgerechte Preis der Call-Option in etwa 8 % des Kurses der Aktie. Deshalb wird das Discount-Zertifikat um etwa 8 % günstiger angeboten als die Aktie zur Auflegung des Zertifikates kostete. Man kann also die Aktie quasi mit Rabatt kaufen. Nachteil ist aber, dass der Anleger, wenn die Kurse der Aktie um mehr als 15 % steigen, nicht mehr an der Wertentwicklung der Aktie partizipiert, weil er eine Call-Option geschrieben hat. In diesem Fall erhält der Anleger des Discount-Zertifikates den Ausübungspreis der Call-Option, ungeachtet wie viel der Aktienkurs oberhalb von 15 % gestiegen ist. Wird die Call-Option nicht ausgeübt, hat der Investor die Aktie zu einem Preis unterhalb des damaligen Kurses gekauft.

Ein Investor könnte beispielsweise die Strategie fahren, immer wieder neue Call-Optionen auf seinen Aktienbestand zu schreiben. Wird der Call bei Verfall nicht ausgeübt, weil der Aktienkurs unterhalb des Strikes liegt, so kann der Investor die Prämie vereinnahmen. Werden dagegen die Call-Optionen ausgeübt, muss der Anleger die Aktien an den Inhaber der Call-Option zum vereinbarten Preis liefern. Im Anschluss daran muss der Anleger sich wieder mit Aktien eindecken und erneut beginnen, Call-Optionen zu schreiben. Diese Strategie wird als Covered-Call-Writing bezeichnet. Typischerweise wird mit Call-Optionen gearbeitet, die eine Restlaufzeit von einem Jahr haben und einen Strike aufweisen, der 15 % über dem aktuellen Kurs des Basiswertes liegt.

---

[100] Siehe dazu auch Kapitel 9.; S. 99 ff.

Bei dieser Strategie verzichtet der Anleger auf Wertsteigerungen bei den gehaltenen Aktien, die größer als 15 % sind. Als Ausgleich dafür bekommt der Investor die Prämie der Call-Optionen.

Langfristig gesehen verkauft der Anleger mit der Strategie des Covered-Call-Writing die Chance auf extrem hohe Gewinne, zugunsten gestiegener Wahrscheinlichkeiten für mittlere Renditen. Zudem wird der Modus bei der Strategie des Covered-Call-Writing höher als bei einer reinen Aktienanlage, d.h, dass die Volatilität abnimmt.

17.2.3 Schlussfolgerung der Portfolioinsurance für den Privatinvestor

Portfolioinsurance ist nicht gratis. Im Prinzip bewirkt die Portfolioinsurance, dass die Anleger die Möglichkeit haben von steigenden Aktienkursen zu profitieren, aber bei Kursrückgängen geschützt zu sein. Das ist aber relativ teuer. Deswegen sollte man sich genau überlegen, ob die Portfolioinsurance wirklich erforderlich ist.

Sehen wir uns doch einmal das Beispiel meines Freundes Peter an. Peter hatte ein Aktiendepot von 100.000 Euro und war sich nicht sicher, ob er das Kapital in zwei Jahren für einen beabsichtigten Hauskauf benötigt. Der Anlageberater zeigte ihm folgende Möglichkeiten auf:

1. Der Wert des Depots kann »eingefroren« werden. Dazu müssen die gesamten Aktien verkauft und der Erlös als Festgeld bzw. in Anleihen mit einer Restlaufzeit von zwei Jahren investiert werden. Wenn sicher ist, ob das Geld benötigt wird, kann es entweder verwendet oder gegebenenfalls wieder in Aktien investiert werden. Der Nachteil ist, dass auf weitere Kurssteigerungen der Aktien verzichtet werden muss. Dafür bekommt der Investor aber Zinsen für das Festgeld bzw. die Anleihen.
2. Um bei einer Aufwärtsbewegung des Marktes mit den Aktien dabei, aber für den Fall einer Abwärtsbewegung geschützt zu sein, bietet sich der Kauf von Put-Optionen an. Das ist aber im Vergleich zum »Einfrieren« des Depots wesentlich teurer. Wenn man gegenüber dem heutigen Wert des Aktiendepots nichts verlieren möchte, so müsste man bei der derzeitigen Volatilität von 25 % für ca. 7.460 Euro Put-Optionen kaufen. Das entspricht in etwa 7,5 % des Depotvolumens.

Im Allgemeinen ist Portfolioinsurance für einen Privatinvestor wegen der hohen Kosten nicht ratsam. Hat der Investor aber ein ausgeprägtes Bedürfnis gegenüber Kursverlusten von Aktien geschützt zu sein, so sollte er Anleihen in hoher Gewichtung kombiniert mit einem geringen Anteil von Aktien den Vorzug vor der Portfolioinsurance geben. Langfristig erzielt er mit dieser Methode mehr Gewinn, als mit der Portfolioinsurance.

Clever staunte: „Das hätte ich nicht gedacht, dass die Portfolioinsurance so teuer ist. Es gilt wohl auch hier der Spruch: »*Im Leben wird einem nichts geschenkt.*« Dass man außerdem langfristig gesehen mit der Portfolioinsurance sogar ein wesentlich schlechteres Ergebnis erzielt als ohne Portfolioinsurance, finde ich auch erstaunlich. Man erkennt, dass Aktien langfristig gesehen eine relativ sichere Anlage sind. Deswegen werde ich keine Portfolioinsurance durchführen, da ich einen langen Anlagehorizont habe. Ich halte es vielmehr mit dem Spruch von Warren Buffet: »*Spekulieren ist weder illegal, noch unmoralisch. Aber es ist nicht das Spiel, bei dem ich mitspielen möchte.*«"

Der Anlageberater antwortete: „Im Prinzip haben Sie recht, Herr Clever. Doch es gibt noch eine Variante der Portfolioinsurance, auf die ich eingehen möchte. Dabei schließt man die Portfolioinsurance dann ab, wenn der Aktienkurs bzw. der Kurs eines Index um mehr als 20 % über den 200-Tage gleitenden Durchschnitt liegt. Das ist nämlich ein Anzeichen für einen überhitzten Aktienmarkt, d.h., es drohen Kursverluste. In einer solchen Phase ist es durchaus sinnvoll, eine Portfolioinsurance abzuschließen, weil die Kosten und Nutzen in einem guten Verhältnis stehen."

Clever fragte: „Ist das nicht spekulieren?"

Der Anlageberater erwiderte: „Nein. Spekulation wäre, wenn Sie als Käufer einer Option daran interessiert sind, die Option noch während der Laufzeit zu einem höheren Preis zu verkaufen, als sie für die Option gezahlt haben. Oder sprichwörtlich ausgedrückt: »*Ein Spekulant ist ein Mann, der ohne einen Cent Geld in der Tasche Austern bestellt, in der Hoffnung, mit einer darin gefundenen Perle zahlen zu können.*«

Dagegen ist Ihre Intention ja, ihr Aktiendepot abzusichern. Um Kosten für die Absicherung zu sparen, führen Sie diese Absicherung nicht permanent durch, sondern nur situationsbezogen und zwar nach klar festgelegten Kriterien. Ob Sie letztlich zu so einer Art der Absicherung ihres Depots greifen, hängt von Ihrer persönlichen Präferenz ab. Doch schon der britische Nationalökonom John Maynard Keynes sagte: »*Aktienmärkte können sich länger irrational verhalten als man solvent bleiben kann.*« Damit ist gemeint, dass sich Aktienkursverluste über mehrere Jahre hinwegziehen können. Um das Kostenargument etwas zu entkräften, können Sie auch Put-Optionen kaufen, die um etwa 15 % aus dem Geld sind. Die kosten Sie im Vergleich zu Put-Optionen am Geld nur ein Drittel der Optionsprämie. Sie würden die Put-Optionen ausüben, wenn in einem Jahr der Index bzw. die Aktie um mehr als 15 % gefallen wäre. Damit wären Sie kostengünstig gegen ganz große Werteinbrüche geschützt, müssten aber Kursverluste von bis zu 15 % in Kauf nehmen."

Clever: „Auch, wenn man es wie Kostolany sieht, also dass »*Börsengewinne Schmerzensgelder sind und erst die Schmerzen kommen und dann das Geld*«, so bin ich doch eher bereit die Schmerzen zu ertragen, als mittels Put-Optionen mein Depot abzusichern. Mir sind Optionen einfach suspekt."

Der Anlageberater entgegnete: „Sie haben jetzt ihre Finanzstrategie gefunden, mit der Sie ihre Ziele verwirklichen möchten. Außerdem ist es richtig, dass Sie, wenn Sie »Angst« vor Optionen haben, keine solchen Geschäfte tätigen. Sie sollten auch bei der Geldanlage auf ihren »Bauch« hören. Schließlich sagte schon der amerikanische Ökonom und Sozialkritiker John Kenneth Galbraith: »*In der Spekulation gerät die Selbstkritik, die beste Garantie für ein Minimum an gesundem Menschenverstand, in Gefahr.*« So laufen Sie auch nicht wie viele andere Investoren Gefahr, durch Gewinne mit der Portfolioinsurance geblendet zu werden, ihre Strategie hin zu mehr Handel mit Optionen zu ändern, um höhere Gewinne zu erzielen. Schließlich sind schon viele Investoren über den Weg der Portfolioinsurance zum reinen Optionshandel gekommen und haben dort ihr ganzes Vermögen verloren.

Zum Abschluss unseres Beratungsgespräches möchte ich Ihnen noch einige praktische Empfehlungen mitgeben."

17.3 Allgemeine Empfehlungen zur Geldanlage

Als Erstes sollten Sie das Anlageobjekt kennen, in das Sie investieren. Bei Aktien sollten Sie sich an das Zitat von Warren Buffet erinnern: »*Kaufe nur Aktien von einem Unternehmen, deren Produkte du verstehst.*« Bei Anleihen sollten Sie sich über das Rating der Anleihe informieren, damit Sie dessen Risiko abschätzen können. Falls Sie beabsichtigen, Fonds zu kaufen, informieren Sie sich über die Managementqualitäten des Fondsmanagements.

Der zweite Aspekt ist: Sie sollten diversifizieren, und zwar zwischen den Assetklassen, sprich den Anleihen und Aktien, und natürlich auch innerhalb der Assetklassen.

Wählt man für die Geldanlage einen Treuhänder (Fonds), so sollte man ihn mit Vorsicht auswählen, um Finanzbetrug zu verhindern, der immer wieder als ein kaschiertes Pyramidenspiel vorkommt. Einer der bekanntesten Finanzbetrüger war Charles Ponzi in den USA um 1920. Er gaukelte eine Spekulation in vorausbezahlten Postkupons vor. Dazu versprach er den Anlegern 50 % Zinsen für 90 Tage Geldüberlassung, eingehende Gelder von Neukunden dienten zur Erfüllung der Versprechen gegenüber den Altkunden. Kurz und gut, Ponzi setzte auf die Idee der Kettenbriefe und übertrug sie auf die Geldanlage. Als das Prinzip erkannte wurde, griffen die Behörden ein und Ponzi wanderte für mehrere Jahre ins Gefängnis. Doch leider bekamen die meisten Anleger ihr Geld niemals wieder. Halten Sie sich also bei allen Ihren zukünftigen Entscheidungen immer den Spruch vor Augen: »*Erkenntnisse und Vernunft sollen unser Handeln leiten und nicht die Unwissenheit und die Unvernunft.*«

17.4 Das Ende der Geschichte der Brüder Clever und Dumm

Ich möchte Ihnen nun auch nicht vorenthalten, wie die Geschichte der Brüder Dumm und Clever ausging.

Dazu sollten wir zunächst die Ausführungen des Börsengurus Benjamin Graham zum Auf und Ab der Börsen beherzigen.

Stellen Sie sich dazu vor, dass die Aktienkurse von einem bemerkenswerten Burschen namens Mr. Börse kommen. Mr. Börse erscheint unfehlbar, da er jeden Tag auftaucht, um entweder von Ihnen Aktien zu kaufen oder zu verkaufen. Manchmal fühlt sich Mr. Börse euphorisch und kann nur die günstigen Faktoren sehen. In einer solchen Stimmung nennt Mr. Börse besonders hohe Preise für Aktien. Zu anderen Zeiten ist Mr. Börse sehr deprimiert und kann nichts anderes als negative Faktoren sehen. Je depressiver nun Mr. Börse ist, desto günstiger werden die Aktien. Mr. Börse hat noch eine andere charmante Eigenschaft. Es macht ihm nichts aus, von Ihnen ignoriert zu werden. Wenn Ihnen ein Aktienkurs heute nicht gefällt, kommt Mr. Börse gewiss am nächsten Tag wieder vorbei und nennt Ihnen einen neuen Kurs. Schließlich ist Mr. Börse da, um Ihnen zu dienen, aber nicht um Sie zu führen oder anzuleiten, vielmehr versucht er Sie zu verführen. Falls Mr. Börse eines Tages in einer besonders närrischen Stimmung zu Ihnen kommt, steht es Ihnen frei, ihn zu ignorieren, aber es führt unweigerlich in die Katastrophe, wenn Sie seinem Einfluss erliegen.

Genau diese Erfahrung musste Dumm mit seinen Wachstumsaktien am Neuen Markt machen. Dort waren Kurssteigerungen von mehreren hundert Prozentpunkten bis ins Frühjahr 2001 eher die Regel als die Ausnahme, d.h., dass Mr. Börse sehr euphorisch war. So verfiel Dumm der Verführung von Mr. Börse. Er träumte, sich durch Spekulationen am Neuen Markt ein Leben in Reichtum und Luxus zu ermöglichen. Doch plötzlich verfiel Mr. Börse in tiefe Depressionen und es kam wie es kommen musste, der damalige Leitindex des Neuen Marktes fiel um mehr als 95 %[101].

Genauso wie der Leitindex des Neuen Marktes verfiel, verringerte sich auch das Vermögen von Dumm, das zwischenzeitlich auf mehre hunderttausend Euro gestiegen war, letztlich auf weniger als 5.000 Euro. Dumm verfiel nämlich in blinde Euphorie. Er hatte quasi »Scheuklappen« auf und nahm überhaupt nicht mehr wahr, dass die Börse zurückging. Deswegen verkaufte er seine Aktien auch nicht. Denn Dumm ist sehr risikobereit, gewinnorientiert und emotional instabil. Diese Paarung führt an der Börse unweigerlich zu Misserfolgen[102].

Schließlich ist die Börse auch »gemein«, man kann immer zeitweise Glück haben, so dass man seine chronischen Schwächen und selbst verschuldeten Misserfolge übersieht bzw. verdrängt. Genau diese Selbstüberschätzung ist meistens der erste Schritt in die Katastrophe. Bedenken Sie daher immer: Man ist nur solange *»ein Finanzgenie, bis der Bankrott eingetreten«* ist.

Dagegen musste Clever auch Kursverluste einstecken, aber diese waren weitaus weniger dramatisch. Zudem hat er auch wieder die Chance, mit steigenden Aktienkursen seine Kursverluste auszugleichen. Zusätzlich kann Clever solche Krisen am Aktienmarkt ruhig aussitzen, weil seine Anleihen deutlich im Kurs zugelegt haben. Letztlich

---

[101] Diese extremen Kursverluste führten dazu, dass der Neue Markt Index schließlich am 28.02.2003 eingestellt wurde, d.h., dieses Marktsegment existiert nicht mehr.

[102] Sie sollten nicht über Dumm's Naivität lachen. Denn viele Menschen an der Börse handeln genauso. So ist die Frage doch, warum das so ist. Zur Beantwortung dieser Frage hilft uns die Psychologie weiter. Dumm's psychische Schwäche tritt dadurch in Erscheinung, dass der Mensch von Natur aus im Spannungsfeld zwischen Intellekt und Emotion steht. Hinzu kommt die Veranlagung, unsichere Entscheidungen primär auf plausible Assoziationen zu stützen, die sich im Allgemeinen an subjektiven Wahrnehmungen orientieren und nicht an objektiven Beobachtungen. Dieses Phänomen nennt sich kognitives Fehlverhalten und beschreibt Situationen, in denen intelligente und wohl-informierte Individuen wider besseren Wissens zu falschen Schlussfolgerungen gelangen. Fällt beispielsweise bei einem Roulettespiel die Kugel mehrmals nacheinander auf »Rot«, so wird vielfach subjektiv »Schwarz« beim nächsten Wurf für wahrscheinlich gehalten, obwohl dies aus rein statistischer Sicht nicht so ist.

ist nach Max Frisch »*jede Krise auch ein produktiver Zustand, wenn man ihr den Beigeschmack der Katastrophe nimmt*«. So kann Clever seine Zinsen und Dividenden nutzen, um sein Depot optimal für den nächsten Aufschwung an den Börsen zu positionieren.

Sie sehen also, wie wichtig es ist, eine vernünftige Portfoliostruktur zu haben. Sie entscheidet letztendlich darüber, ob sie ein Finanzgenie oder doch nur Bankrotteur sind.

17.5 Warum scheiterte Dumm?

Damit Sie aus den Fehlern von Dumm wirklich etwas lernen können, betrachte ich in diesem Abschnitt die Wechselwirkung von Börse und Psyche. Die Phrase »*Hätte ich* ... « machte an der Börse schon so manchen zum Millionär. Letztlich ist das Kaufen und Verkaufen von Aktien oder Anleihen kein Spiel und wenn es eines wäre, dann ist es eines der gefährlichsten Spiele der Welt.

Einer der bekanntesten Sätze in den USA ist »*Honey, it's only a paper* loss«.[103] Diese Einstellung führt dazu, dass in den Tiefen eines Anlegerdepots Verliereraktien vor sich hinfaulen und sich der Anleger mit Honey-Floskeln Hoffnung macht (meistens umsonst).

Das lange Warten bis zur Realisierung von Verlusten ist für Soziologen und Psychologen nichts Unbekanntes. Vielmehr ist es ein bekanntes Verhalten aus dem täglichen Leben. Häufig ändert sich die Wahrnehmung nach einer getroffenen Entscheidung, dahinter steckt die Angst, Ansehen oder Prestige zu verlieren. Nach dem Motto: »*Was nicht sein darf, kann einfach nicht sein.*«

Weil die Börse von Menschen gemacht wird, treten immer wieder Irrationalitäten auf. Und so hielt die Psyche Einzug in das Börsengeschehen, d.h., es entwickelte sich die Behaviour Finance.

Die Behaviour Finance lehrt, dass das Verhalten der Masse eine entscheidende Rolle an den Börsen spielt. So gilt: Wo viel geredet wird, werden die Meinungen gleichförmiger, auch dann, wenn am Anfang die Positionen sehr unterschiedlich waren.

Getreu dem Motto: »*Auch wenn 50 Millionen Menschen etwas Dummes sagen, bleibt es trotzdem eine Dummheit.*«

---

[103] Zu Deutsch: »*Schatz, es ist nur ein Buchverlust.*«

Daraus erwachsen die Irrationalitäten, die in krassem Ausmaß zu den Haussen und Baissen führen. Meistens laufen traditionelle Ansätze (fundamentale Aktienanalyse) in solchen Phasen ins Leere.

Dieser Herdentrieb wird durch die auf die Anleger herein prasselnden Informationen nochmals verstärkt. Und exakt bei der Informationsaufnahme versagt bei den Anlegern das Rationalverhalten. Der Anleger fängt an, nur noch Informationen wahrzunehmen, die seine getroffenen Entscheidungen bekräftigen. Szenarien werden á la Hollywood so konstruiert, dass der Anleger nur noch das wahrnimmt, was er hören möchte. Und so läuft der Investor Gefahr, auf Basis einer Meldung seinen Wunschvorstellungen hinterherzulaufen. Demzufolge werden negative Meldungen (die nicht ins Konzept passen) negiert bzw. nicht wahrgenommen.

Leider kann der Anleger aufgrund eines extremen »Herdings« an der Börse immer eine gewisse Zeit erfolgreich sein, wie der Anstieg des Neuen Marktes bis zum Jahr 2001 zeigt. Die Folge ist, dass der Anleger selbstsicherer und unvorsichtiger wird. Hieraus erwächst schließlich die Gier nach immer mehr Gewinnen. Das ist meistens der Anfang vom Ende. So lautet nicht umsonst eine alte Börsenweisheit: *»Die Gier nach Geld hält euch in Atem, bis die Gier nach Geld euch den Atem nimmt.«*

Nach all der Theorie: Woran scheiterte nun Dumm? Diese Frage kann man mit einfachen Schlagworten beantworten: Überschätzung, mangelnde Disziplin und mangelndes Wissen. Jedem verantwortungsvollen Menschen ist natürlich klar, dass man für die erfolgreiche Erfüllung seiner beruflichen Aufgaben diese Mängel überwinden muss. Doch gerade an den Börsen legen wir meistens unsere angelernten Tugenden ab und stürzen uns in gewagte Transaktionen, die uns finanziell hart treffen können. Wer dann nicht aufhören kann, erleidet früher oder später den finanziellen K.O.

Die menschlichen Eigenschaften Gier, Angst und Egoismus werden auch als inneres Bermuda-Dreieck bezeichnet. Bei jeder Entscheidung, die getroffen wird, zerren diese Pole an uns. Daher beten wir Verluste gesund, klammern uns an alle Strohhalme, die sich uns bieten und uns Recht zu geben scheinen. Wir haben Angst, Verluste zu realisieren, da Verluste etwas »Schlechtes« sind und verfallen dann früher oder später in unüberlegte Panik. Geht ein getätigtes Geschäft gut, fühlen wir uns dagegen wie Könige, unbezwingbar. Dies führt dann zu einer Realitätslücke. Man merkt dann gar nicht mehr, wann die Glückssträhne an der Börse abreißt. Schließlich fühlt man sich ja unbezwingbar. Demzufolge werden Kursrückgänge schön geredet und man hält an den Positionen fest bis zum bitteren Ende. Was dann nicht selten kommt, ist der finanzielle Kollaps.

Als Anleger sollten sie aus Dumm's Fehler lernen und versuchen, diese psychologische Falle[104] zu vermeiden. Sie sollten immer selbstkritisch ihre eingegangenen Investments betrachten, und als verbales Zeichen ihrer Selbsterkenntnis sagen können: »*Honey. I lost, but I will try it again.*«

17.7 Warum scheiterte Clever nicht?

Aus Dumm's Fehlern sollte man lernen, dass langfristig nur der Erfolg hat, der diversifiziert anlegt – in mehrere Aktien und Anleihen. Das wird besonderes durch den rapiden Kursverfall rund um den Globus seit dem Jahr 2001 deutlich. Deshalb darf die Streuung nicht auf eine Anlagekategorie beschränkt bleiben. Denn was für die Mischung innerhalb der Aktien gilt, nämlich die Risikoverminderung, kommt bei der Mischung verschiedener Anlageformen besonders zum Tragen. So lässt sich zwischen Aktien auf der einen und Anleihen auf der anderen Seite oft eine negative Korrelation feststellen. Dies führt zu einem besonders effizienten Risikoabbau in Aktien- und Rentendepots. Insofern gilt: »*Mix it, Baby!*«

Gerade diesen effizienten Risikoabbau hat es Clever zu verdanken, dass sein Portfolio nur begrenzt an Wert verloren hat. So verfügt er trotz Kursrückgängen von mehr als 50 % auf der Aktienseite, durch die Kurssteigerungen bei Anleihen von mehr als 30 % immer noch über einen Großteil seines Vermögens.

Aber selbst eine einmal gewählte und als optimal erkannte Depotstruktur erfüllt diesen Zustand nicht für alle Zeit. Durch Kursschwankungen der Aktien und Anleihen ändert sich der prozentuale Wert der unterschiedlichen Anlageklassen kontinuierlich im Depot. Darum müssen die Diskrepanzen zum Optimum in regelmäßigen Abständen ausgeglichen werden. Die Überprüfung sollte einmal im Jahr erfolgen. Eine Anpassung ist aber nur notwendig, wenn sich die einzelnen Komponenten des Depots nennenswert verschoben haben. Der mit der Überprüfung verbundene Aufwand ist keinesfalls als Nachteil anzusehen. Vielmehr haben derartige Anpassungen, wenn sie konsequent durchgeführt werden, eine weitere wichtige Funktion – sie disziplinieren den Anleger. So gilt: Anlageformen, die sich in der Vergangenheit schwach entwi-

---

[104] Eine gute Möglichkeit sich über die eigenen Schwächen und Stärken klar zu werden, bietet ein Fragebogen auf der Web-Seite www.boersencoach.com.

ckelt haben, werden durch Umschichtungen gestärkt und wieder auf den vorher festgelegten Anteil am Vermögen aufgestockt. Dagegen werden Segmente, die sich sehr erfolgreich entwickelten, reduziert. So paradox diese Strategie auch auf den ersten Blick sein mag: Sie sorgt dafür, dass während eines Aufschwungs mit Aktien immer wieder Gewinne realisiert und in Anleihen investiert werden können. Entsprechend weniger schmerzhaft macht sich ein Abschwung der Aktien bemerkbar. Und Phasen mit niedrigem Kursniveau von Aktien, werden dagegen zur Aufstockung des Aktienanteils genutzt, indem man die Kursgewinne bei Anleihen zum Kauf von Aktien nutzt. Auf diese Weise investiert man zwangsläufig gegen den Zyklus. Zudem werden mit diesem Konzept auch die psychologischen Fallen der Börse wie der berühmte Herdentrieb elegant umgangen.

Letztendlich stellt sich nur noch eine Frage: Wann soll man als Anleger mit alldem anfangen? Der richtige Zeitpunkt mit der Strukturierung seines Vermögens zu beginnen ist: jetzt und heute. Hierbei spielt das aktuelle Kursniveau von Anleihen oder Aktien keine Rolle.

18. Literaturverzeichnis

Lit. 1 : Bauer, Ch.: "Volatilitäten und Betafaktoren – geeignete Risikomaße?" Die Bank 3 (1991). Seite 172 - 175.

Lit. 2 : Bayer: Geschäftsbericht von 2001, Leverkusen 2001.

Lit. 3 : Buchner, Robert: Die Planung von Gesamt-Kapitalanlagen (Portefeuilles) und der Effekt der Markowitz-Diversifikation. In: Wirtschaftswissenschaftliches Studium (WiSt) 7 (1981). Seite 310-323.

Lit. 4 : Eller, Roland: Modernes Bondmanagement. Wiesbaden 1993.

Lit. 5 : Elton, E.J. and Guber, M. J.: Modern Portfolio Theory and Investment Analysis. New York 1991. 4. Auflage.

Lit. 6 : Götte, Rüdiger: Das 1 x 1 der fundamentalen Aktienanalyse. ibidem-Verlag, Stuttgart 2004.

Lit. 7 : Götte, Rüdiger: Aktien, Anleihen, Futures, Optionen. Tectum Verlag, Marburg 2001.

Lit. 8 : Götte, Rüdiger: Aktienanleihen, Discount-Zertifikate, Fonds, Genussscheine. Tectum Verlag, Marburg 2001.

Lit. 9 : Götte, Rüdiger: Der Weg zum erfolgreichen Investment mit Optionsscheinen. Tectum Verlag, Marburg 2003.

Lit. 10 : Götte, Rüdiger: Optionsscheine – Das Kompendium. Tectum Verlag, Marburg 2001.

Lit. 11 : Holzer, CH. S.: Anlagestrategien in festverzinslichen Wertpapieren. Wiesbaden 1990.

Lit. 12 : Kalman Cohen J. and Jerry A. Poague: "An Empirical Evaluation of Alternative Portfolio Selection Models". In: Journal of Business, vol. 40, no. 2 (1967). Seite 169 - 193.

Lit. 13 : Leven, Franz.Josef und Schlienkamp Christoph: Erfolgreiches Depotmanagement. Wie Ihnen die moderne Portfoliotheorie hilft. Wiesbaden. Gabler 1998.

Lit. 14 : Markowitz, Harry M.: "Portfolio Selection" In: Journal of Finance vol. 7 no. 1 (1952). Seite 77 - 91.

Lit. 15 : Markowitz, Harry M.: Portfolio Selection, Efficient Diversification of Investments. John Wiley & Sons New York 1959.

Lit. 16 : Ross, S.A.: "THE CAPM, short sale restrictions and related issue". In: The Journal of Finance 32 (1972). Seite 177 - 183.

Lit. 17 : Schmidt, Reinhard H.: Aktienkursprognose Aspekte positiver Theorien über Aktienkursänderungen. Betriebswirtschaftlicher Verlag Dr. Th. Gabler. Wiesbaden 1976.

Lit. 18 : Sharpe, William F.: "Capital Asset Prices: A Theory of Market Equilibrium under Conditions of Risk". In: Journal of Finance, vol. 19, no. 3 (1964). Seite 425 - 442.

Lit. 19 : Sharpe, William F: "A Simplified Model for Portfolio Analysis". In: Management Science vol. 9 no 2. (1963). Seite 277 -293.

Lit. 20 : Sharpe, William F.: Portfolio Theory and Capital Markets. Mc Graw - Hill Book Co. New York 1970.

Lit. 21 : Spremann, Dr. Klaus: Portfoliomanagement, R.Oldenbourg Verlag München Wien, 2. Auflage 2003.

Lit. 22 : Steiner, Manfred und Steiner, M./Bruns.: Wertpapiermanagement, Schäffel-Poeschel, Stuttgart 2000. 7. Auflage.

Lit. 23 : Trenner, Dieter: Aktienanalyse und Anlegerverhalten. Gabler, Wiesbaden 1988.

19. Stichwortverzeichnis

ibidem-Verlag
Melchiorstr. 15
D-70439 Stuttgart
info@ibidem-verlag.de
www.ibidem-verlag.de
www.edition-noema.de
www.autorenbetreuung.de

Zeitfracht Medien GmbH
Ferdinand-Jühlke-Straße 7
99095 Erfurt, Deutschland
produktsicherheit@kolibri360.de